産学連携と科学の堕落

産学連携と科学の堕落

Science in the Private Interest

シェルドン・クリムスキー
宮田由紀夫＊訳

海鳴社

序　文

ラルフ・ネーダー (Ralph Nader)
(Post 19367, Washington, DC 20036)

大学の独立性の中で受け継がれてきた市民としての価値観が、商業的価値観の巧みな侵入によって犯されていることの指摘には長い歴史がある。一九六三年にカリフォルニア大学総長のクラーク・カー（Clark Kerr）は『大学の効用』（*The Uses of the University*; Harvard University Press）［茅誠司監訳、東京大学出版、一九六六］（＊）という著作の中で「大学は産業界の前にぶら下がる餌となってしまった。それは単に税金や人件費が安いからという以上のものがある」と述べた。カーはこの状況を知的適応への挑戦と見ていたが、ソースタイン・ヴェブレン（Thorstein Veblen）は産業界が大学を支配するというのは、開かれた自由な研究を重苦しい官僚制度下におくようなものであると捉えていた。時を経て、企業から大学へのより多くの資金提供と産学連携を促す政府の方針、それに伴う便益と費用とともに、大学の規範とビジネスとの関りは例外的でなく頻繁におこるものになり、日常化されてきた。

産学連携と知識の商業化という不可避な流れが、キャンパス内の「理論家階級」の安穏な暮らしに影響を与えることはまずなかった。大学と企業との契約をオンラインでもかまわないから開示することへの要求はほとんどない。狭い分野での教育と論文執筆をしていればよい、という心地よい理由があれば少数派も異論をはさんだりはしない。ようやく最近になって、遠隔講義が自分の仕事と競合するようになり、教授たちは知識を企業のために商業化することの結末を指摘しているデイビッド・ノーブル（David Noble）らの同僚を注視するようになった。

（＊）以後、訳注は［　］で示す。

公共の科学が私的な利益と絡み合ってしまうときに生じる相反関係を批判的に分析しまとめあげたきわめて感銘深い本書を執筆したシェルドン・クリムスキー（Sheldon Krimsky）教授は、このように安穏としている「理論家階級」ではない。彼は本書のテーマを序論の中で見事に要約している。その最後の一文はもっとも重要であり、もう一度ここに繰り返すに値する。「大学が自分達の科学の実験室を商業的企業の領域に変換し、この商業目的を達成するために教員を採用するようになるにつれて、大学が公共の利益のために科学を行う機会はほとんどなくなるであろう。それは社会にとって測り知れない損失である」。第一一章でクリムスキーは、大学を拠点に公共の利益のために尽くした三人の勇気ある科学者をとりあげ、彼らがいなければだれも守ってくれない社会的弱者のために、いかに彼らが貢献したかを紹介している。彼らのうち二人は企業からの圧力を受けたが幸運にも彼らは屈しなかったので、今日われわれはいかに彼らの仕事が社会の改善につながっているかを見ることができる。たまに目にする逸話を除けば、社会の必要性に応じて働こうとしている多くの公益優先志向の科学者たちが、キャンパス内の商業主義優位の風潮にいかに悩まされているかを知るよしもない。

急速な産学連携の進展は、大学の科学をゼロサムゲームのさらなる状態に追い込みつつある。産学連携は大学に資金を、そして教授に個人的利益をもたらす。学内の関係図のなかに織り込まれた影響や誘惑の網は、多くの合理性をともなうあまたのつながりにより成り立っているが、その影響力は大きい。開かれた情報交換の場であり、利他的な関係を保ち、権力に対して専門的な立場からの真実の証言を届け、思わぬ発見につながる好奇心を育て、次世代の科学者の卵である学生たちにその研究の遺産をつなげる大学の科学研究の立場は、スポンサーに隷属しているかそれともそれを利用しているかにかかわらず、企業秘密や、利益優先の研究、目的のための政治力志向といった産学共同研究とはあきらかに異なっている。

自由な意思を持った科学者が足りなかったために、助けを求める人々が無視されたり不正義が行われた事例の一覧表には長いものがある。タバコ、製造物の安全性、環境汚染、職場での有害物質、成人・子供向けを問わず薬の有効性と安全性といった分野において、私は四〇年以上にわたって大学の科学者に参加してもらうことに難しさを経験してきた。企業が個々人に制裁を加えることができるような雰囲気のもとで、大学ではそのような人材のプールが貧弱になってきている。彼らの仕事は死亡、怪我、疾病を減らすことである。このような科学者が少なくなることは危険な製品や技術を予想し未然に防ぐ能力が減退することを意味している。

安全性、燃費、排気ガスの分野での自動車技術の進歩の停滞はこの一例である。長年の、死傷者の増加が警笛を鳴らしている間にも、大学は実業界の機嫌を損ねたり、影響力のある同窓会からの圧力を避けるために沈黙、自重、そして研究の優先順位の偏向を行うことで邪まな報酬を得ていたのである。

政府による軍事技術研究は大学において大きな「頭脳流出」を引き起こした。非軍事的研究の重要性は注目されなかった。軍事研究はまた、大学が自分たちの持つ学問的伝統、独立性、公共への奉仕についてさまざまに表現することへの期待を低下させた。同様に、今日、大学に進学する学生は、大学での中心的課題が民主主義を話し合いで建設するという市民としての技能でなく商業的に利益のあがる技能の習得のために、リベラルアーツ（教養）教育でなく職業訓練の機会ばかりが豊富な大学生活を過ごすことになる。われわれが今、問題にあふれ、解決策があっても実行されないような社会に暮らしていることは、クリムスキーが問題探求精神と誠実さに満ちた本書で分析した利益相反問題や腐敗と無関係ではない。

近年、私はさまざまな大学の学長に企業による商業化の影響に歯止めをかける明確な文書化されたポリシーを持っているかとたずねている。彼らの返答はポリシーはケース・バイ・ケースということである。それは学問の自由、公共への貢献、知的独立性といったことを深く考えることなく変化するご都合主義のポリシーであることを意味する。

短いが洞察に富む『大学の伝統の中で』（*In the University Tradition*; Yale University Press, 1957）の中で、エール大学の学長だった故ウィットニー・グリスウォルド（Whitney Griswold）は、「アメリカ社会でリベラルアーツの持つ力がほとんど理解されていない」ことを批判し、その原因を「われわれが社会の政治的・社会的哲学に関して無関心で、はっきり意見を言わないこと」に求めた。われわれの大学は「その存在意味を新鮮で生き生きとした」状態に保つことができないでいる。

企業の増大する影響力から大学の独立性、学問の自由、市民の価値観を守り拡大していくには教員と学生の持続的な行動が必要である。今日的な意義のある枠組みは、次のような理想像である。すなわち、最小限の授業料でなるべく多くの学生が進学できるようにし、将来の市民運動の指導者を教育し、知識を人類の厚生の改善に結びつけること、狭い専門分野を超えた知的生活をキャンパスで送ること、コーネル大学の元学長のフランク・ローズ（Frank Rhodes）が言う「重大な人生の問題や社会にとっての課題に直面するように、学生をまとめて、経験を積んだ学者たちのコミュニティに引き込むこと」である。

まさに、大学そのものが学生にとっての毎年の勉学の対象としてカリキュラムに含まれるべきものである。抽象的な階段のすべての段をつなぐ知的な科目として、それは日々の暮らしの中での精神状態への影響力の緊急性、妥当性、挑発性といった点で他に比べるものがないほどである。クリムスキーを読むことで大学社会内外の人々が、大学を取り巻いている問題がいかに重要で、便益がいかに大きなものかを理解するであろう。

もくじ

謝　辞

私はこの本に資金援助を賜ったロックフェラー財団に感謝する。私はまたこの調査を始めるための時間的余裕を持つことができたサバティカル［教員への充電期間のための長期休暇］を与えてくれたタフツ大学にも感謝する。

次の人々は草稿の全部や一部を読んでコメントしたり、情報を提供してくれたり、インタビューに応じてくれた――キャロル・アヒーン、ジェラード・クラーク、ルズ・クラウディオ、バリー・コモナー、ジョン・ディビアジオ、ラルフ・ノルズ、クレア・ネーダー、ハーバート・ニードルマン、ステュワート・ナイチンゲール、L・S・ローゼンバーグ。

私はまた本書が議論した問題についての多くの記事・報道を書いたジャーナリストや科学記者にも感謝する。彼らの記事が市民に研究倫理と科学の高潔さについての問題への関心を高めてくれた。以下のリストは私が過去二〇年に読んで参考になった記事の執筆者たちである（ただし、カッコ内の所属先は変更になっている場合も多い）――クリス・アダムス（ウォールストリート・ジャーナル）、ゴールディー・ブルーメンスティック（クロニクル・オブ・ハイヤーエデュケーション）、ジョージエット・ブロウン（ロックフォード・レジスター・スター）、マット・キャロル（ボストン・グローブ）、デニス・コーチョン（ユーエスエー・トゥデイ）、アリス・デブナー（ボストン・グローブ）、カート・アイケンウォルド（ニューヨーク・タイムズ）、ピーター・ゴーナー（シカゴ・トリビューン）、ピーター・ゴセリン（ボストン・グローブ、ロサンゼルス・タイムズ）、ジェフ・ゴットリブ（ロサンゼルス・タイムズ）、リラ・グーターマン（クロニクル・オブ・ハイヤーエデュケーション）、ディビッド・ヒース（シアトル・タイムズ）、アンドリュー・ジュリアン（ハートフォード・コーラント）、ダン・ケーン（ニューズ・アンド・オブザーバー）、マティユ・カーフマン（ハートフォード・コーラント）、ラルフ・キング（ウォールストリート・ジャーナル）、ウィル・レプカウスキィ（ケミカル・アンド・エンジニアリング・ニューズ）、モーラ・ラーナー（スター・トリビューン）、キタ・マックファーソン（スター・レッジャー）、テレンス・モンマニー（ロサンゼルス・タイムズ）、ティンカー・レディ（フリー）、ジョー・リッガート（スター・トリビューン）、スティーブ・ライリィ（ニューズ・アンド・オブザーバー）、エドワード・シルバーマン（スター・レッジャー）、シェリル・ゲイ・ストルバーグ（ニューヨーク・タイムズ）、エリス・タノイエ（ウォールストリート・ジャーナル）、ジェニファー・ウォシュバーン（ワシントン・ポスト）、リック・ワイス（ワシントン・ポスト）、ディビッド・ウィッカート（ニューズ・トリビューン）、ディビッド・ウィルマン（ロサンゼルス・タイムズ）、ダフ・ウィルソン（シアトル・タイムズ）、トリッシュ・ウィルソン（ニューズ・アンド・オブザーバー）、ミッチェル・ズコフ（ボストン・グローブ）。

第一章　序　論

今日、政府の意思決定は専門家の意見に大いに依存しているので、われわれ個人は専門家が信用できるのかという ような疑問を抱いている余裕はない。諮問のもとになった科学的裏づけに疑問を呈したり、ある製品の潜在的な危険性に関しての科学者の間での意見の不一致を指摘する報道はときどき行われる。しかし、科学的専門知識の関わった多くの事例では、裁判中に緘口令が敷かれているためか、メディアの注目を集めていないためか、市民の目に明らかにされることはほとんどない。私は数十年にわたって科学的専門知識の活用について調査してきた。そして、この間に大学の科学の文化、規範、価値観が大きく変化したと確信するに至った。私はとくに生物医学に分析の焦点を合わせているが、この分野での変化は他の分野でも同様に見られると信じている。われわれはこの変化をしばしば一般紙や雑誌の見出しから垣間見る。「新企業設立で大学が大金持ちになることができた」「公的機関が製薬会社や科学者を儲けさせている」「生物医学の研究結果がしばしば公表されていない」「企業からの資金の急増が大学の科学の高潔さを損ねる」などである。

これらの報道はアメリカの高等教育の姿をこれまでとかなり違った趣に彩り始めている。そのような描写の中では、大学の科学は企業家精神と一体化してしまい、知識は金銭的価値を求め、ある意見に沿った専門的知識は企業に金で買収されている。このようにして成功し、羨望の的となっている科学者のイメージは、純粋科学に傾倒し、社会改良のための科学者の役割について考えていたライナス・ポーリング（LINUS PAULING）やジョージ・ウォルド（GEORGE WALD）のような科学者とは異なるものである。むしろ、今日、成功した科学者とは科学的知識を創造するとともに、新しい知識を市場の製品に変えていくことにも参加している人物である。「社会改良」に関して言えば、そのような概念は、今日では「知識移転」という言葉で表されている。知識を利潤に変えられる科学者がより良い社会を築くために貢献している科学者なのである、と今日では言われている。反対に、基礎的な知識の創造だけにとどまっている科学者は、知識を市場で商業化できる可能性を実現しないでいるとして批判される。

なぜ、この考え方が問題なのであろうか。このシナリオこそが、技術の進歩した社会が新たな富を生み出し、市民の生活水準を向上させる手段ではないのか。科学と技術が国家の経済力と軍事力の源泉だということはだれも否定することはできない。しかし、ここで問題にしていることは、大学が社会を啓蒙するのを目的として孤高の存在として守られるよりも富を追求する存在に変わるべきなのかということである。この二つの目的を求めることに矛盾は生じないのであろうか。

知識の追究が商業目的に向かうとき、それに伴って疑念が生じる。金銭的な成功の渇望は科学的判断の客観性にバイアス［偏向］を生じさせないであろうか。市民の科学に対するイメージに、疑惑と不信が注ぎ込まれはしないだろうか。大学と企業との棲み分けがあいまいになるとき、大学の科学と企業の科学との境界など存在するのであろうか。

二〇世紀の最後の四半世紀は、この国の有力大学の多くがその使命を再定義した時期であった。大学の学長や理事は次のような疑問を持ち始めた。連邦政府からの科学や応用医学の研究予算が不確実になっているときに、いかにして現代の研究大学は競争的でいられるのか。卒業生からの寄付、政府からの研究予算、校有資産の運用利益が急激に変動したり、もしくは減少したりすることから身を守るために、いかにして大学は収入源を多様化することができるのか。授業料収入が限られているなかで、科学や工学で最先端の研究設備を整え、光ファイバー網をキャンパスにめぐらせるにはどうしたらよいのか。教員が給与の良い企業に引き抜かれたり、ライバル大学に移ってしまうことを防ぐには大学は何をしたらよいのか。

このような議論が行われていた時期に、連邦政府予算が改革のターゲットになっていた。議会ではある提案が注目を集めていた。それは、大学はどうすれば民間企業と連携したり、特許を企業にライセンスしたり、知識や特許化できる発明を売ることによって金儲けできるかを学ぶべきだ、ということである。この考え方によれば、大学は教員の行った知的な仕事を富に換えることをせずに漫然としている。成功のための新しいキーワードは、産学連携、技術移転、知的財産である。いったん、誘因が生まれたならば、これらの関係は大学、企業、社会の三方向から有益な戦略として賞賛された。

この考え方では、大学と企業家的教員は発見を特許にして企業にライセンスしたり、教員の作った企業の株を取得することによって富を勝ち取るのである。民間企業は金銭的に魅力のある研究契約やライセンス契約を大学と結び、それが新薬や新技術といった価値ある製品につながることによって利益を得る。産学の協力がなければうまれなかったであろう新しい製品や治療法のおかげで社会も最終的には恩恵を得る。このシナリオは多くの受益者を生み出しているように見えるという事実のため、大学や非営利研究機関の積極的な商業化がもたらすマイナスの面を考えることは難しい。弊害は恩恵以上に微妙で広範なものである。マイナスの面は長い期間にわたって現れ、劇的な結果は引き起こさない。しかし、新しい商業化のエトス［気質・精神］の結果としておこるアメリカの大学の変容は有害な影響を持つ。

大学の商業化活動への賞賛は多く書かれているので、これが大学組織の高潔さにもたらす悪影響は考えてみることすらめったに行われなくなっている。それらが議論されるときには、大学がいかに新しい商業化の波に合わせていくかという点に焦点を絞って議論されることがほとんどである。別の言葉で言えば、教員が社会のために学問の自由を積極的に行使するという形で社会の利益に貢献する大学の社会的価値、そういう文脈でこの新しい商業化の動きが議論されることは、もし行われたとしても極めてまれである。

本書が批判の対象とする議論は、多くの大学の研究組織で行われている商業化活動という新しいエトスは概して適切であり、純益はプラスとなっており、利益相反は取り除くことはできないが管理することは可能であり、大学の基本的な高潔さは守ることができる、というものである。私の論点は大学の研究者に技術移転を求め、大学と協力して企業を設立し、科学的知識の知的財産権を主張することを許すことのもっとも重大な損失は、大学を異なる組織に変えてしまうということである。もっとも大きな損失は大学の教授職や学術出版に対してではなく、アメリカ人の生活の中での大学の社会的役割に対してである。アメリカの研究機関の高潔さを守るということは、グランドキャニオンのような自然資源を、そこに眠っているかもしれない貴金属を求めての乱掘から守ることである。大学は単なる知識の源泉以上のものである。大学は社会改良のために努力を惜しまない人々が権力に対して真実を語る舞台なのである。大学の科学の価値観を企業のそれと合わせようとする一時しのぎの対策では、複合体となった大学組織が社会にもたらす隠れた弊害を見つけることはできない。大学と連邦政府によって支援される非営利研究機関が営利企業の領域になってしまったら、それらは独立した公平無私の教育の中心になるという役割を失うことになる。さらに、それらは社会問題・環境問題をかかえて困窮するコミュニティならびにすべてのレベルの政府に対する大学の科学者の多様な貢献、という公共の利益のための科学を育むのに適した環境ではもはやなくなってしまう。

　本書を執筆する中で、私は組織としての大学や科学に関してのあからさまな意図を持った主張に出くわした。これは本書の中で追って議論されるが、以下のようなものである。

「金銭的利益相反は大学の科学者の持つ唯一の相反問題ではなく、またもっとも重要なものでもない」

「科学は真理の追究を基にする独自の倫理観を持っているので、研究機関と研究者間の相互批判の枠組みを超えての説明責任は持たなくてよい」

「利益相反を持つことと研究のバイアスとの間には直接の関係はないので、利益相反も産学連携も研究の質には影響を与えない」

「産学連携は新しいことでも独特のことでもない。産業界と大学との協力は常に行われてきた」

「大学において利益相反の禁止と、学問の自由とは両立できない［教授のやりたいようにさせるべきだ］」

「利益相反問題の発生は大学と大学教員が自身の自由で独立した意思決定として、研究の高潔さにおけるなんらかの規範を犠牲にして金銭的利得を求めた結果である」

「利益相反関係の開示を求める政策は、市民の科学に対する信用の問題を解決するであろう」

　この本で私は、大学の科学と生物医学において増大する商業主義の影響について私が調査し研究し発見してきたことを読者諸兄姉と共有したい。科学と商業の混合は、研究の倫理規範を侵食し市民の科学研究の結果に対する信頼を損ない続けている。私は最高のレベルのジャーナリストたちが書いたレポート、私自身によるインタビュー、科学的企業家精神の動きを理解しようとする多くの書物や研究から多くを学んだ。本書は大学において知識の生産を事業に変える新しい誘因の構造を生み出した要因について考察する。連邦政府からの研究予算が減るのではないかという恐れが大学事務局幹部に新しい収入源の必要性を認識させた。ビジネススクールの管理者が大学全体をより効率的に運営するよう依頼された。授業料が生活費以上のスピードで上昇している中で、国中の大学キャンパスは学生サービスを民間委託にしだした。一方、連邦政府の政策が産学連携を促進するための税制面・資金支出面での誘因を与えた。第二次大戦以降初めて、アメリカ経済における産業競争力強化が連邦政府の研究支援政策の新しいテーマになった。本書の各章は、科学の商業化と知識の商品化がわれわれの高等教育機関にもたらした変化とそれが引き起こすジレンマとを観察する窓を提供する。

第二章は、私的な利益が科学研究のテーマに与える影響に関していくつかの事例を紹介する。これらの事例は科学の文化の中で確固たるものになっているもっと多くの変化を象徴しているものだが、それらはまた研究機関としての高潔さを守ろうとする組織が直面する課題も表している。

第三章では、大学と営利組織との間で新しい関係を引き起こす環境について考察する。今の世代の科学者はその指導教授の世代の伝統から用心深く離れて、「大学発ベンチャー」という領域を創った。彼らは特別の目的を持ってそれを行った。「科学者は発見を行い、金銭的に豊かになる機会を見つけ、彼らの履歴書にベンチャー企業のキャリアを加えるべく合理的で経済的な選択を行った」と言うのは単純すぎる。産学の連携を強化するための一連の誘因は政府によって設けられた。これらの誘因に導かれて多くの大学はベンチャーキャピタルに投資し始めたし、すぐに企業家的教員のパートナーになった。これらは、新しい倫理的な困惑、すなわちいかに大学が組織的利益相反を扱うかという問題、を生み出した。たとえばある教員が、大学が出資している企業の製品を批判する内容の研究を発表したとしよう。金銭的利害が充分大きい場合、大学は自分の教員を懲罰するのであろうか。研究結果を論文として発表し、すみやかに伝播する権利は大学組織の収益の目的によって抑圧されるのであろうか。

第四章において、私は生物組織や生命体の構成物の特許化に関する法的・経済的合理性について議論し、それが持つ科学の商業化に対する影響力を分析する。たとえば、どのようにしてわれわれは、遺伝コードで特許を得てもよいと考えるまでに至ったのであろうか。私は初めて生命体への特許を認めた一九八〇年の最高裁判決の論旨から、のちの特許商標庁の動物、遺伝子、DNAの遺伝子配列の一部でさえも特許の対象とした判断までを振り返る。私はまた遺伝子特許が、生物医学研究での技術革新を引き起こす(もしくは妨げる)要因として持つ意味合いについても考えたい。

第五章では、私は科学のイメージが啓蒙主義に基づく理想によって鋳直されていた二〇世紀初めを回顧する。科学者は並外れた知的好奇心を持ち、騒ぎ立てられるものではないが多くの人々によって認知される栄誉というものを報酬として受け入れる存在であった。この行動規範によれば、科学研究の行為はある種の倫理基準が広く共有されていることを必要とした。別の言葉で言えば、科学者を見張る必要はなかった。共有財としての科学は社会学者のロバート・マートン(Robert Merton)によって形作られたもののようなある種の行動規範の採用と結びついていた。この章では今日の科学研究の状況に照らしてマートン流の規範を再評価する。

第六章は連邦政府諮問委員会での科学者の役割を論じ、その諮問段階において利益相反が市民からの不信を招くことを未然に防ぐために適用されるべき防止策について検討する。連邦政府の諮問委員会に関する利益相反対策は法律的には明確であるが、政府の対策が委員会の審議においてどのくらい効率的に(または非効率的に)われわれを委員自身の利益から守ってくれるかは、市民に対して依然として充分に明らかになってはいない。

第七章は大学の研究者がコンサルティングやベンチャー企業を設立し、なおかつフルタイムの教員としての地位も保っているという兼職について分析する。ここで論じるのは医療関係の科学者が製薬会社や医療機器メーカーから多額の報酬を得て、その企業の製品を推奨する論文に執筆者としての名義だけを貸したり、意識してか無意識にかスポンサー企業のためのバイアスが生じるような研究を行っているケースである。

第八章は多くの大学研究者が非営利団体とともに営利組織とも関わりを持っている時代における、利益相反の意味について考える。科学者が複数組織に帰属するようになると伝統的な利益相反の定義そのものや、それが科学研究の倫理規定を作る際に果たす役割に疑問が生じてくる。私は、「利益相反」〔Conflict of Interest〕という言葉の例示する行為があまりに頻繁になったので、この言葉が持っていた蔑視的な意味が薄れてきた時代において、利益相反の伝統的な意味を維持していくことができるのか、という疑問を呈する。私はいかに科学研究における利益相反が例外でなく通常の行為になってしまったかを示す。

第九章は科学研究における利益相反が研究結果に影響を与えるのか、という疑問を投げかける。もし影響を与えないのならば、なぜ皆は騒ぎ立てるのか。結果のバイアスがないように見えるかどうかが問題なのか。しかし、もし、金銭的利益関係を持つことが科学研究のバイアスにつながることが示されたらどうなのか。私は科学の論文における金銭的利益関係の程度を測定したひとつの研究を紹介し、また民間企業が資金を出した研究とその結果との関係についてのいくつかの研究結果を紹介する。

第一〇章は利益相反を管理する学術雑誌の編集者の方針や実践の状況も含めた、学術雑誌における利益相反について、これまで明らかになった点を要約する。どれくらいの雑誌が利益相反ポリシーを持っているのか。雑誌編集者は論文執筆者の金銭的利害関係を開示するのか、それとも個人情報として保護するのか。

第十一章は大学独特の特徴を議論し、公的な科学と私的な科学の概念を分析する。科学者が自分の専門知識を社会の問題のために使うのが「公的な科学」であり、商業的利益のために使うのが「私的な科学」であると定義する。私は公共の利益のための科学者の理想像である三人の注目すべき科学者の経歴、挑んだ課題、辛苦、個人的な達成感を紹介する。科学者は公共の利益のための科学を行うことで社会に大いに貢献してきたが、この章では新しい大学の科学の商業化はその役割を最終的には激減させるだろうと論じる。

第十二章は新しい大学の科学の商業化に対する大学、学術雑誌、政府、学会によるさまざまな倫理的・組織的対応について紹介する。急速な私有化は政府機関や大学に新しい落し所を早急に探すことを促している。彼らの使命は大学の研究者の利益のバランスをとることである。すなわち、一方で利益追求のための技術革新を行いつつ、学問の自由を保ち、頼りになりまた信用される知識の源という大学の研究のユニークな価値も守るということである。この章は、利益相反と大学の企業家精神とに対するこれらの働きかけが、科学に対する新しい倫理的に鋭敏な感性を生じさせるのに充分であるかどうか熟考する。

最後に第十三章は、新しい企業家的大学の中での学問の自由の価値について疑問を呈する。科学者と医学研究者にとって、ここまで踏み込んでよいという倫理的な境界線を再構築するための原理原則を形作り、利益相反を防ぐためにこれらの原理原則をいかに適用すべきかを示す。

本書の諸章を束ねる中心的な議論は次のように要約できる。政府の政策と裁判所の判断は大学そのもの、大学教員、政府によって資金援助されてきた非営利研究機関に、科学や医学研究を商業化し営利企業と連携することの新しい誘因を与えた。この新しい産学連携、非営利—営利連携は科学と医学の研究者の倫理的規範の変化を引き起こした。その結果、秘匿が公開性に取って代わり、知識の私有化が知識の公有主義に取って代わり、発見の商品化が、大学の生み出した知識は自由財で社会の共有物である、という考えに取って代わった。大学における企業家精神の急成長は前例のない利益相反の急増、それがとくに社会にとって重要な分野での急増につながっている。科学者の間の利益相反は、研究のバイアスならびに大学の科学者の間での社会的に価値のある倫理的規範——公平無私の精神——が失われていることに関わってくる。大学が自分達の科学の実験室を商業的企業の領域に変換し、この商業目的を達成するために教員を採用するようになるにつれて、大学が公共の利益のために科学を行う機会はほとんどなくなるであろう。それは社会にとって測り知れない損失である。

第二章　非神聖同盟物語

大学の研究者の相反する役割についてはいくつかの報告が行われている。第一に、目に見えるよりずっと多くの利益相反が存在している。利益相反に関して、われわれが聞いているのは、いわゆる「氷山の一角」であり、大多数の事例は公表されていない。第二に、市民は、臨床試験での副作用など何か問題が起こったり、当該科学者が社会的な論争に関わったりしているときには、利益相反について知ろうとするし問題視する。利益相反について科学者は同性愛者に対する国防省の方針「国防省側は訊かないし、隊員も答えない」と同じ態度である。第三に、科学者に利益相反の問題がある、と市民が知る一番の情報源はマスコミ報道である。政府機関も大学もマスコミからのプレッシャーがなければ科学者の利益相反について市民に知らそうとはしない。第四に、研究結果のバイアスにつながる、またつながっているように見える明白な利益が存在しても、それによって科学者の地位が危うくなるということはめったにない。科学において利益相反は不正行為や捏造よりもずっと軽く見られていて、多くの大学において、研究者にとってよくあることとして受容されている。よく使われる言葉は、（利益相反を）「避ける」「防ぐ」のでなく「管理する」というものである。

これらの要因の結果として、活字メディアはかなりひどい利益相反の事例を市民や政府関係者に明らかにする点で重要な役割を果たすことになる。優れた報道は警鐘を発するかもしれないが、政策に大きな変更をもたらすことは稀である。しかしながら、報道メディアは累積的な効果を持つ。おそらく利益相反を真剣に問題視する独特の文化のためであろうが、活字メディアは科学者の利益相反が日常のものとして受容されることを黙認してこなかった。個々の事件が報道される中で、他のジャーナリストも科学の諸分野に蔓延している隠れた研究結果のバイアスを明らかにすることがジャーナリスト全体の使命だと感じるようになる。

以下に取り上げる事例は、政府研究機関や大学できわめてしばしば起きている利益相反の典型だと評されているものである。しかしながら、われわれは科学者の間の利益相反はアメリカ特有のものでないということも心にとめておかなくてはならない。産学連携のアイディアはヨーロッパやアジアの国々にも輸出されており、そこでは研究機関における信頼についてアメリカと似たような問題に直面しつつある。たとえば、スイスの大学は公立であるが、民間企業から講座に多くの資金が提供されるようになってきた。名門カロリンスカ大学（Karolinska Institute）では講座予算の約三分の一が企業資金によって維持されており、大手製薬会社のアストラ・ゼネカ社（Astra-Zeneca）は、ある教授の給与を負担して、その教授の研究室の研究成果は、国の組織であるスイス医学研究会議が資金の一部を負担した研究の成果も含めて、すべて独占的に所有できる権利を得た(1)。

ポーランドのある医学の研究者は現状を次のように要約している。私有化と商業化は臨床試験の客観性と医療の普及の脅威となっている。なぜならば、利潤を重視する抑制できない市場の論理が、研究成果のバイアスと不信とを科学と医学とに持ち込む利益相反を増殖させているからである(2)。イタリアの国際的な医学雑誌の編集者は「企業主導の利益集団はその財力と人脈とを駆使して医学雑誌の編集や非営利研究機関の研究に介入することに主導的な役割を果たしている。彼らは彼らの利益に反するデータが発表されないように、編集者やコンサルタントとして振舞うのである」(3)と言っている。

事例一——ハーバードの眼科医が彼の会社の無認可の薬で利益を得る

ハーバード大学の臨床医の写真をつけて、「ボストングローブ」（*Boston Globe*）紙のトップ大見出しには「不正な臨床試験で医師が大きな利益」とある。ジャーナリストのピーター・ゴッセリン（Peter Gosselin）による一九八八年一〇月一九日の記事である。ゴッセリンは一九八五年の晩秋に「ドライアイ」の治療をマサチューセッツ耳鼻眼科病院で受けたペンシルバニア州ドレッシャー在住の女性を追跡調査した。

彼女を診察したのはシェファー・ツェン（Schaefer Tseng）

博士であった。彼は台湾国立大学医学部を卒業後、カリフォルニア大学サンフランシスコ校で博士号を取得し、ハーバード大学で二年間の特別研究員となり、マサチューセッツ耳鼻眼科病院で研究をしていた。

患者の女性がドレッシャーからボストンに来たとき、ツェンは約三〇〇人からの臨床試験グループを組織していた。彼は彼女を臨床試験に参加させた。彼女を含め実験の対象になった患者はドライアイのためにビタミンA軟膏を処方された。臨床試験に参加しているどの患者も、その薬がスペクトラ（Spectra Pharmaceutical Services）社という新しい企業で製造されているとは知らなかった。その企業はツェンと何人かの同僚によって設立された。「ボストングローブ」紙の調査によれば、（ハーバード大学医学の研修病院である）マサチューセッツ耳鼻眼科病院におけるツェンの上司はスペクトラ社の株を持っていた。ジョンズ・ホプキンス大学の眼科名誉教授でツェンがその下で研究していたエドワード・マウメニー（Edward Maumenee）も株を持っており、役員でもあった。

一九八〇年代、大学の医師にとって自分で企業を作ったり企業と提携することが当たり前になっていった。製薬会社は連邦政府の食品医薬品局（Food and Drug Administration, FDA）に新薬の安全性と有効性に関するデータを提出する。それらの企業は申請のためのデータを出してくれる臨床試験を行う大学の医師に頼る。政府が臨床試験を行うことは稀である。株式を公開するか大手企業に買収されるまで、特殊な薬の研究開発を専門に行う、ベンチャー企業を設立することに研究医は金銭的成功の可能性を見いだした。

一九八〇年、「ニューイングランド・ジャーナル・オブ・メディスン」（*New England Journal of Medicine*）誌の編集長であったアーノルド・レルマン（Arnold Relman）は論説の中で、臨床医が営利目的のベンチャー企業に関わることへの警鐘を鳴らしていた。彼は医師が製薬や医療関係の企業と関係を持つことは、専門家としての患者に対する責任との間で利益相反を生じると述べた。レルマンは臨床試験を行うことと商業活動との混合は道徳的に支持できないと述べた。「私が示唆していることは、患者を治療する医師はその専門的なサービス以外ではいかなる金銭的利益も医療産業からは受け取らないという原則が採用されれば、医師の立場はより強いものとなり、政府や市民に対する発言は道徳的により一層権威あるものになるであろう、ということだ」（4）。二〇年後、「ランセット」（*The Lancet*）誌の論説は医学の文化の変化を冷静に述べている。「今日の大学は自校の科学者や医師に企業家になること、知的財産を商業化することを促している。しかし、企業と大学との連携、私的利益と公的利益との結合は簡単に悲しい結末に終わることがある」（5）。

ツェンの事例では注目すべき三つの点がある。第一に、当時、臨床試験で使われる薬はその医師が設立した企業が製造したものだと患者に告げるということは通常、行われていなかった。この事例はまさにこのケースである。うちうちにそのような情報を明かされたら、どれだけの人間が臨床試験への参加を拒否するだろうか。薬と直接の利害関係を持つ医師は薬の有効性に関して客観的な評価を下せないと感じる患者もいるであろう。そのような医師は薬のもたらす良い面ばかり見て危険性は見ようとしないのではないであろうか。患者の利益でなく投資家の利益を優先するという間違いを犯すのではないであろうか。

第二に、薬の量や処方期間など臨床試験の実施計画書［プロトコル］の変更が、病院の機関内審査委員会（Institutional Review Board, IRB）と呼ばれるヒト被験者の臨床試験を監督する機関内の委員会の承認を得ずに行われた［ＩＲＢは臨床試験、治験、を審査することが多いので、治験審査委員会と呼ばれることも多いが、臨床試験に達していない遺伝子組み換え実験などの審査も行うので、本書では機関内審査委員会と呼ぶ］。医師が臨床試験の結果に金銭的利害関係を持っている場合のほうが、審査委員会の規則を違反しやすいかどうかは結論できない。しかし、利益相反は、臨床医師が審査委員会の規則違反をより深刻な状況で行っているのではないかという疑惑を生じさせる。

「ボストングローブ」紙の記事によれば、マサチューセッツ耳鼻眼科病院とハーバード大学医学部はツェンの行為について独自の調査を行い、臨床試験（実施法）、利益相反、研究の質、研究の監督の仕方などについての規則違反を発見した（6）。

第三に、スペクトラ社の医師たちは、過去の研究結果のメディアでの発表を使って投資家を安心させ、一方でそれほど良くないデータの発表は意図的に行わないという戦略的な行動をしているように見えた。食品医薬品局は、自分の製品のデータを意図的に選別して発表したり、有効性や危険性など薬の特性に関して医師や市民に誤解を与えようとしている企業を罰する法的な権限を持っている。スペクトラ社の科学者は、まず最初にどのデータをメディアと投資家コミュニティに発表しようか考える。それから、いつ発表したら株価が一番大きくなるかタイミングを計ってい た。「ボストングローブ」紙の報道によれば、ツェンと彼の家族は一九八八年にスペクトラ社の株を売却して少なくとも一〇〇万ドルを得た。

ツェンは、被験者の臨床試験を監督する委員会への報告なしに新しい患者を臨床試験に加え、また、病院と大学の倫理ガイドラインに反して臨床試験を薬の名前を患者に告げずに行ったかどで、大学当局によって召還された。一九八八年の秋までにツェンと彼の共同研究者は、ビタミンAのクリームがある種の稀な眼病に有効である、臨床試験に参加した患者が本来治療してほしかった「ドライアイ」についてはプラセボ［比較のために投与される偽薬］のほうが有効のようであった、ということを発表した。

なぜマサチューセッツ耳鼻眼科病院の医師たちは、彼らが株を持っている企業の製品を処方することが許されたのであろうか。なぜ臨床医は、患者に薬の性格や彼らとの関係を告げることなく臨床試験を行うことができたのであろうか。なぜいつくかのメディアは、査読雑誌に掲載される前に臨床試験の結果を鵜呑みにして報道してしまったのであろうか。

ツェンの事件がきっかけとなって、ハーバード大学や他の大学の医学部は研究の倫理規定を再調査した。大学が見え透いた利益相反を受容しているときに、どうやって真理追究の客観性を主張できるのであろうか。ツェンと彼の同僚がデータを改竄したり解釈にバイアスを加えたという証拠は発表されなかった。彼らがしたことは臨床試験の倫理ガイドラインに違反し、スペクトラ社の株価をあげるために情報発表を意図的に選別したということである。興味深いことに、後者の行為は債券法違反としての政府の債券・株式委員会の調査を受けることがなかった。

ツェンと彼の共同経営者ケネス・ケニエン（Kenneth Kenyen）は、マサチューセッツ州医療委員会に召喚された。聴聞した判事は、ツェンが病院のポリシーと臨床試験実施計画書に反したことは明らかにしたが、州の医療委員会からの問責は棄却した。推定される棄却理由は、ツェンが臨床試験監督委員会が使用を認めていない物質を含んだ薬を臨床試験で使用したことは報告されているが、捏造をしたり非倫理的な行為をしたという証拠はないということである。

有名大学の医学部教授は企業を設立し、企業の将来性に好都合な研究結果を査読雑誌の審査に通る前にメディアを通して流すことで、株価をつりあげ主要な株主に大きな利益をもたらすことができる立場にある。「ボストングローブ」紙のゴッセリンによれば「彼らのやり方は仲買人の間で『大儲け取引（Rich Deal）』と呼ばれるものだ」。マウメニー、ツェン、ケニエンといったインサイダーは四分の三以上の株を持ち、一般投資家が四分の一を持っていた。しかし、値上がりした株の売却益からの同社株への再投資のうちわずか三％が、これらインサイダーによって行われ、残りの九七％は一般投資家によるものであった「インサイダーたちは、スキ誘ンダルが露呈して株価が下がるとわかっていたので、売却益を再投資にまわさなかったのである」(7)。

株の売買は生命科学の研究者を信頼することで成り立つ。有名な科学者の名前が新しい企業の役員会にないならば、だれが投資するであろうか。ベンチャー企業のパートナーになっていないのならば大学の幹部が表に出ることはないが、大学の研究者は自分の大学の名声を使って一般投資家をひきよせる。企業家的科学者は、論文で発表されたり報道されたある種の研究成果から利得を得る企業と科学との両方のインサイダーなのである。彼らは自分がメディアや投資家コミュニティに流す情報に基づいて株を売買することができる。一九八六年から一九八八年の間で、スペクトラ社の株は最高で八・七五、最低で〇・三七五ドルであった。しかし、科学者株主は一般投資家が持つことができない情報をコントロールできるので「濡れ手に粟」の利益を得ることができた。起こったとしても稀にしか、科学者がインサイダー取引で有罪となることはない。しかし、科学者が知識を追究し、情報の流れを管理し、株式価値を最大化しようというすべての役割を演じていて、インサイダー取引を避けよ、というのは土台無理な話である。

企業から大学に提供される研究資金の一年間の総額を測るのは難しい。なぜならば、そのようなデータを集計する組織がないからである。大学に届出られる研究助成金や受託研究費に加えて、研究者はコンサルティング料、謝礼、旅費、顧問料などの名目で届け出ない謝金を受け取る。データの揃う届け出られた研究助成金と受託研究費だけ考えても、企業からの資金はこの二〇年間に実質（一九九六年ドルベース）で一九八〇年の四億六二〇〇万ドルから二〇〇〇年の二一億六〇〇〇万ドルに増加した(8)。連邦政府からの資金は約一六三億ドルなので企業からの資金は一三％に達する。いくつかの産業は大学の科学者にもっと依存している。医薬品産業はまさにそのような産業である。製薬会社は食品医薬品局の認可を得るために、信頼できる臨床試験をしてもらわなくてはならない。薬が認可されたあとでも、製薬会社は有効性や安全性でライバル企業の薬との競争に直面する。特許が切れるころには、企業は生化学者にその薬の有効性を減ずることなく新しい特許が得られるのにちょうど充分な程度の分子構造式の変更をしてもらわなくてはならない。次の事例は、ある科学者が製薬会社との研究契約書の注意書きを読まずに署名してしまったことから生じた問題である。

事例二――科学者が製薬会社と研究契約を結んだために研究をコントロールできなくなった

一九八六年、臨床薬学の専門誌に、実用化されている甲状腺機能低下症の薬はけっしてどれも同じではない、という投稿が掲載された。投稿執筆者たちは二つの特許薬をあげていたがそのうちひとつがシンスロイド（Synthroid）であった(9)。カリフォルニア大学サンフランシスコ校の薬理学の医師であったベティ・ダン（Betty J. Dong）は執筆者のひとりであった。ダンは同大で臨床薬剤学の臨床研修［レジデンシー］を終え一九七三年に助教授として採用された。当然、シンスロイドの製造企業であるフリント（Flint Laboratories）社は、シンスロイドは合成甲状腺治療薬分野のリーダーでありジェネリック薬［先発品の特許が切れた後で参入する後発品］よりも優れていると信じていたので、この投稿を快く思わなかった。

アメリカでは、約八〇〇万人が甲状腺ホルモンの欠乏によって生じる甲状腺機能低下症に患わされている。シンスロイドは合成甲状腺薬の第一世代の薬で毎年六億ドルの売り上げのある市場を支配していた。シンスロイドが最初に食品医薬品局によって認可されたとき、同局は生物学的同等性［患者への作用が同等であること。同じ分子構造式を持っていても、製造技術の差異によって薬効成分の溶け出すスピードなどで差が生じて効き方は異なるかもしれない］に関する審査基準を持っていなかった。最近では、二つの薬は生物学的に同等かどうか審査する基準を設けている。生物学的同等性のテスト結果は、同局によって臨床医に対する薬の選択のアドバイスや、製薬会社が真実の広告をしているかどうかの判断のために使われる。

一九八七年、シンスロイドは市場の八五％を奪う可能性のある廉価なジェネリック薬との競争にさらされていた。フリント社はジェネリック薬に対するシンスロイドの優位性を実証するのに良い時期だと考えた。一九八八年五月に、ダンとカリフォルニア大学サンフランシスコ校が署名した二一ページにわたる契約書の中で、同社は甲状腺機能低下症の主要な薬（シンスロイドのほかにはラボキシルという特許薬と二つのジェネリック薬）に関する生物学的同等性についての六ヶ月の臨床試験の資金を提供することになった。二五万六〇〇〇ドルの契約は試験計画やデータの分析について詳細を定めていた。しかし、それは「この試験実施計画書にあるすべての情報は機密情報であり、この研究のためだけに研究実施者は使ってよい。研究実施者はこの試験から得たデータも機密情報とみなし、論文その他の発表はフリント社からの書面での同意がない限り行ってはならない」という「制限約款」と呼ばれることがある一文が含まれていた(10)。

二つの疑問がここで生じる。なぜカリフォルニア大学サンフランシスコ校は、ダンに彼女の研究をコントロールしてしまう制限約款に署名することを許したのであろうか。ダンは自分の研究に制限が加えられていることに気づいていたのであろうか。ダンがフリント社と契約した当時、彼女の大学は制限約款に対するポリシーを作っていなかった。一年後の一九八九年になって、同大学の改正されたポリシーは「大学は科学的研究結果が論文発表されるか、もしくはすみやかに公表されることが可能な場合にのみ、研究や調査を行う」としている(11)。大学は、契約に同意するときに、「すみやかに公表される」というのが何を意味するかの解釈は、自分で賢明に判断することを研究者に任せている。ダンはフリント社から受け取った契約書の制限の文言について不安になったが、その時は、よくある文言であろうし、結果の論文発表に制限が加わることはないだろうと自分を納得させていた。「私はこの契約への署名を強く望んでいたわけではなかったが、会社側は研究結果の論文発表に関しては心配する必要はないと私に約束した。私が相談した同僚もそのような文言は普通であり心配いらないと言った。それは権力構造が変化する前のことだ」(12)。

ダンの言う権力構造の変化とは、フリント社がブーツ(Boots Pharmaceuticals)社に売却され、それはのちに(ＢＡＳＦ社の子会社である)クノール(Knoll Pharmaceuticals)社と一九九五年の三月から四月にかけて一四億ドルで合併し、さらにＢＡＳＦの子会社となっていった、ということである。企業の売買が進んでいくときに、シンスロイドの市場占有は企業価値を上げるのに重要な役割を持っていた。そのため、シンスロイドの価値を減少させる研究結果の論文発表に企業側は厳しい態度を示した。

ブーツ社がシンスロイドの権利を継承したときに、同社はダンの研究室を定期的に訪ね彼女の生物学的同等性の研究に極めて高い関心を示した。一九八九年一月のある訪問の際、ブーツ社側は合成甲状腺錠剤の(ヒトを対象としていない)予備試験の結果を求めた。しかし、これを明らかにすることは二重盲検の慣例に反することになる。(二重盲検とは、臨床試験で患者も医師も、どの患者が試験している薬を投与され、どの患者が偽薬を投与されているかわからないようにすることである。)二重盲検は研究者と患者の両方でのバイアス［薬が効いたように思い込むこと］を最小限にするために研究におけるきわめて重要な方法である。

このケースでの二重盲検は、二二人の患者が四つの薬を試されていることは知っているが投与される順番がわからないようになっていた。加えて、甲状腺の大きさや医学的数値を測定する医師は、その前に患者がどの薬を投与されていたかはわからない。ダンと同僚はブーツ社の要求を、研究方法を歪め、試験実施計画書に反するものとして拒否した。

一九九〇年の末までに、ダンは試験を終了してブーツ社に結果を送った。詳細な分析をする前の結論として、四つの薬は生物学的に同等であった。この情報を得ると、ブーツ社は今度は学長や何人かの学科長を含めたカリフォルニア大学サンフランシスコ校の幹部に、ダンの実験は誤りであると告げた。大学はダンの研究に対して二つの別個の調査を開始した。薬学の研究者による調査は一九九二年に、ダンの研究には小さな誤りはあるが修正可能であるとの結論を出した。薬学科の学科長が行ったもうひとつの調査は、ダンの試験は厳密で、ブーツ社の批判は「人を惑わすためのもので利己主義的である」と結論した(13)。

一九九四年四月、ダンは研究結果を含んだ原稿を「JAMA」(*Journal of the American Medical Association*)誌に送った。五人のレフリーによって審査され、執筆者が修正し再投稿した。論文は一九九四年十一月に掲載可との判断を得た。ダンの研究のひとつの含意は、医師は廉価な甲状腺の薬を処方でき、患者は推定で年に三億六五〇〇万ドルを節約できるということである。この数字に医療消費者団体や、加入者に定額医療費前払いをしてもらっているので少しでも医療費が下がることを望む、新しい世代の健康維持機構(Health Maintenance Organization, HMO)を含む保険会社が関心を示した。費用節約と生物学的同等性の結果は、医薬品の虚偽や誤解を招く広告を規制する権限を持っていた食品医薬品局にとっても関心があった。

クノール社はダンと同僚に研究結果の分析に関して圧力をかけてきた。ダンの論文の共同執筆者の一人であるフランシス・グリーンスパン(Francis Greenspan)によれば「クノール社はもし私たちが論文発表したら損害を被る。…その賠償は大学と研究者に請求すると言ってきた」(14)。同社は合成甲状腺ホルモンのレボチロキシン(levothyroxine)は他社のより優れている、ダンの研究は薬の甲状腺刺激ホルモン(thyroid-stimulating hormone, TSH)への効果を調べていないので生物学的同等性試験としておかしい、と主張した。同社によれば「ダンの研究は比較ができるよう充分に考慮された研究でなく、レボチロキシン製品がほかのもので完全に代用できる結論には達していない」(15)。心中、ダンは自分に対する訴訟がおきる恐れが膨らんだ。相談を受けた大学の弁護士はダンと六人の同僚に対して、彼女らが署名した(そして大学も認可はした)契約に基づけば、彼女たちは大学の助けなしに裁判を闘わなくてはならないと告げた。この不確定要素に直面して、「JAMA」誌に論文が掲載される二週間前になってダンは論文掲載を辞退した。

一方、ブーツ・クノール社の科学者たちはダンと同僚の研究を調査して、ダンが集めたデータを独自に解釈してダンたちの研究にはまったく言及せず一六ページの論文を書いた。その論文はダンの結論とは逆の内容であったが、ブーツ・クノール社の科学者が共同編集者になっている新しい雑誌に掲載された(16)。「JAMA」誌の編集者たちはブーツ・クノール社の科学者から、ダンの研究を批判し、その掲載を考え直すべきだと主張した手紙を送られた。同社はまた調査員を雇って大学の研究者たちの利益相反を調べさせた。

一般市民は、一九九六年四月二五日付けの「ウォールストリートジャーナル」(*Wall Street Journal*) 紙の報道で、この事件を知った。この記事の数ヶ月後、食品医薬品局はクノール社にシンスロイドの誤解を招く表示は連邦食品・医薬品・化粧品法違反だと告げた。クノール社、大学、ダンとの間では論文発表の問題の話し合いが続いた。新聞報道と食品医薬品局の介入によって、クノール社としても論文発表の袋小路を抜けるためお互いが受け容れられる解決策を見つけようとする気になっていた。一九九六年十一月までに、クノール社はダンと同僚による生物学的同等性の論文の発表を妨げないことに同意し、論文は一九九七年四月の「ＪＡＭＡ」誌に掲載された。

三七の州の司法長官がクノール社に対して、食品医薬品局に情報を公開せず製品の誤った情報を流したとして訴訟を起こした。クノール社は自分たちの合成したレボシロキシンは優れていると主張し続けたが、諸州への四一八〇万ドルの支払いで合意した。クノール社に対しては、同社がシンスロイドが優れているとの誤解を医師に与えたため、高いシンスロイドが処方され消費者は余計な支出をさせられたとして消費者からの集団訴訟もおきた。同社はシンスロイドの服用者への一億三五〇〇万ドルの支払いに同意した。合計八〇〇万人のうち五〇〇万人足らずしか集団訴訟に含まれていなかったので、和解額は最終的には九八〇〇万ドルに減額された。弁護士費用が高すぎるとして、連邦判事が和解を認めないということもおきた(17)。

この事例は、大学が研究契約での制限約款に反対する方針を打ち出すことがきわめて重要であることを示している。大学の弁護士は研究者に提示された企業からの契約書の文言を注意して調べるべきである。論文やデータの発表に関する企業のコントロールをもたらす契約の文言は、論文発表の自由とスポンサー企業の持つ結果の解釈やデータに対する法的権利との間で埋めることができない亀裂を生じさせる。

次の事例は公共政策の意思決定に影響力を持つ地位にいる政府機関の科学者において、利益相反を防ぐ手立てが不充分であったケースである。

事例三——政府の科学者が薬の試験を監督し製薬会社のコンサルティングもしている

われわれは大学の科学者が、知識の探究を行う私欲のない研究者と、発見からの利益を追求する企業家的科学者、という二つの役割を持っていることの話は充分に聞かされている。それほど頻繁でないのが、連邦政府施設で政府の資金で研究しながら、企業のコンサルティングをするなど、政府の科学者が相反する役割を持つことである。われわれがそのような利益相反はあまり聞かないと思えるのは、政府の利益相反に対する規則は大学よりもずっと前から実施されており、違反した場合の罰則もきわめて厳しいからである。

通常よりかなり早いスピードで市場に参入しすぐに退出することになったレズリン（Rezulin）という薬の事例は、連邦政府内の利益相反対策はいろいろ存在するが不適切であるという問題に光をあててくれる。この事例を考察したあとで、私は現行の政府の利益相反に対するポリシーの標準的な解釈を用いてこの行為がそのポリシーに違反しているかどうかについて述べる。私はまた、もしこの事例が法律を遵守しているのならば、いったいどれくらいの大きさの逸脱ならば法律違反になるのか、その答を探してみたい。

この事例は一九九六年七月三一日に、ワーナー・ランバート（Warner-Lambert Company）社が新薬申請（New Drug Administration）（内部ではＮＤＡと呼ぶ）を食品医薬品局に対して提出したところから始まる。レズリンと呼ばれるこの薬は、後天的なⅡ型の糖尿病への有望な治療薬と謳われていた。糖尿病は糖を分解するのに充分な量のインシュリンを生成する能力が欠けることによる疾病である。インシュリンの不足は血糖値を増加させ、治療しなければ心臓病や失明にもつながる。一九九〇年代半ば、Ⅱ型の糖尿病にはいくつかの治療法があった。

しかしながら、レズリンは遺伝子異常によって充分なインシュリンを作ることができなくなっているⅠ型の糖尿病には効果がない。人体の脂肪と筋肉細胞を刺激してより多くの糖を吸収させることによって、レズリンは人体が不足気味のインシュリンを糖の分解のためにより効率的に活用できるように助ける、といわれていた。

ワーナー・ランバート社のレズリンの新薬承認申請書類の提出は、食品医薬品局が薬の認可のスピードアップを議会から求められていたときであった。この政策は「優先審査」(fast track for drug review) と呼ばれ、ほかに助かる治療法がない患者には生命を助ける可能性のある薬をできるだけ早く与えるべきだというエイズ活動家の陳情の結果でもあった。優先審査は製薬会社にとっては追い風、難病の患者にとっては希望の星に思われていた。

後天的糖尿病は総人口の六%ほどにあたる約一五〇〇万人のアメリカ人が患っている。ほかに二一〇〇万人がこの病気の予備軍である。レズリンが新薬として申請されたとき、この種の薬の市場は年に一〇億ドル以上であった。一九九四年、国立衛生研究所 (National Institutes of Health, NIH) は二七ヶ所の研究施設で四〇〇〇人以上のボランティア参加による全国的な糖尿病の調査を行った。製薬会社はこの調査に自社製品を参加させてもらおうと競い合った。この全国調査で有効性が示された薬は市場でも優位に立つと考えられた。ワーナー・ランバート社は二〇三〇万ドルの提供を申し出て、その代わり調査で有望と示された薬の独占的な権利を求めた。

この協力は普通でないように聞こえるだろうか。ある製薬会社が政府の調査の費用を負担する見返りに発見されたものの知的財産権を要求する。政府研究機関と製薬会社との間のこのような関係は親密すぎないかと疑問を呈する人もいるかもしれない。政府研究機関が調査結果に金銭的な利害関係を持つ企業から、その企業との癒着という印象を与えないで、どうしたら資金を受けられるというのであろうか。

一九九六年六月一一日、ワーナー・ランバート社は新薬レズリンがアメリカ最大の糖尿病調査プログラムの一部に選ばれたと発表した。同社の報道陣向けの発表は、国立衛生研究所の糖尿病研究の第一人者であるリチャード・イーストマン (Richard Eastman) 博士の「レズリンは糖尿病の根本的原因を治療する」という言葉を引用した。イーストマンは (国立衛生研究所の一部である) 国立糖尿病・消化器疾患・腎臓疾患研究所 (National Institute of Diabetes and Digestive and Kidney Diseases) の糖尿病・内分泌学・代謝疾患の部門の長であった。その地位における年収は一九九〇年代末で一四万四〇〇〇ドルであった。(連邦政府職員では最高給の一人であった。)

イーストマンはレズリンを臨床試験に使い、食品医薬品局にも迅速な認可を求める、レズリンを支持する熟練した内分泌学者のグループの一人であった。一九九七年一月、ワーナー・ランバート社のレズリンの新薬承認申請は食品医薬品局から最終認可がおりた。糖尿病の薬に優先審査が適用された初めてのケースであった。同年八月に単独でも、他のII型の薬との組み合わせでもよいという広範囲でのレズリンの使用が認められた。

レズリンが市場に出て数ヵ月後の一九九七年の秋、食品医薬品局はレズリンを投与された糖尿病患者が肝不全になったという一般の医師からの報告を何件か受けた。一九九七年三月に導入され一九九八年六月に国立衛生研究所が全国調査から引き上げるまで、II型の糖尿病の患者一〇〇万人以上がレズリンを使用したと推定される。イギリスは一九九七年一二月にレズリンを市場から回収した。しかしながら、食品医薬品局は最初の肝不全の報告から二九ヵ月後の二〇〇〇年三月二一日にレズリンの認可を取り消すまで、追加的な経過監視を行うことを条件にレズリンを支持し続けた。この時までに、少なくとも九〇の肝不全、うち六三件では死亡または肝臓移植が行われなければならないものがあった。死亡した人の中には、オードリー・ラルー・ジョーンズ（Audrey LaRue Jones）というセントルイスの五五歳の高校教師がいた。彼女は糖尿病ではなかったが、ボランティアで国立衛生研究所の臨床試験に参加した。レズリン投与の数ヵ月後、肝臓が悪化し移植しなければならなくなった。移植後の一九九七年五月に彼女は亡くなった。国立衛生研究所は彼女の肝不全はおそらくレズリンによって引き起こされたと結論した。

一九九八年末、「ロサンゼルスタイムズ」（*Los Angels Times*）紙が糖尿病の主要な専門家と製薬会社、とくにワーナー・ランバート社との利益相反を暴く記事を連載した。イーストマンは国立衛生研究所に勤務しつつ一九九五年一一月からワーナー・ランバート社のコンサルタントであった。同紙の報道によると、イーストマンは少なくともその企業から七万八四五五ドルを受け取っていた。一九九一年から、イーストマンは製薬会社六社を含むさまざまな外部組織から、コンサルティング関連の報酬として少なくとも二六万ドルを受け取っていた(18)。イーストマンはワーナー・ランバート社のコンサルタントかつ連邦政府の研究者であった時期に、レズリンに関する多くの審議に参加したことは認めている。その中には、一九九四年から一九九五年の全国的糖尿病調査にレズリンを参加させることを決めた審議、患者の死亡が報告されたあとでもレズリンを調査に参加させておく決定をした一九九七年の審議も含まれている。

社内記録によれば、イーストマンはレズリンを患者に処方するよう医師に勧める講演を行うワーナー・ランバード社お抱えの医療コンサルタントのグループである「レズリン全米講師部」の十一人の講師の一人であった。イーストマンは一九九七年九月七日にダラスでの集まりで基調講演をしている。彼はまたワーナー・ランバート社が部分的に資金提供している組織である全米糖尿病教育協会にも編集委員を含めて二年間かかわっていた。

保険福祉省 (Department of Health and Human Services)［わが国の厚生労働省に相当。食品医薬品局ならびに国立衛生研究所も同省の機関］の高官は定期的に潜在的な利益相反を調査される。連邦の法律では、連邦職員が出入り業者に影響を与える政府の事案に「個人的にも実質的にも」関わることは犯罪となる。国立衛生研究所の倫理ガイドラインは職員が、彼らの公的な責任と「いかなる形でも抵触する」可能性のある民間企業にコンサルティングすることを禁じている。ところが、連邦の法律も国立衛生研究所の規則も政府の科学者がコンサルティングすることは禁止していない。また、規則にはかなり大きな解釈上の許容範囲がある。ある人はイーストマンがいくつもの顔を持っていたことを問題にするであろうが、この意見は彼の上司には受け入れられなかったものだ。

「ロサンゼルスタイムズ」紙のジャーナリストであるデイビッド・ウィルマン (David Willman) によれば、一九九六年六月に連邦政府高官の金銭収支報告書を調べた保険福祉省の法律家は、イーストマンがワーナー・ランバート社から報酬を受け取っていながら、子会社のパーク・デービス (Parke-Davis) 社の製品を含んだ大掛かりな研究調査を指揮していることに懸念を表した。その法律家はイーストマンに手紙を書き、パーク・デービス社（したがって、ワーナー・ランバード社）にかかわるすべての公務から身を引くよう促した。イーストマンの二人の上司、そのうち一人は国立衛生研究所の糖尿病部門の長、はすでに国立衛生研究所の法律家と相談した上でイーストマンのワーナー・ランバート社へのコンサルティング活動を許可していた。彼らの判断によれば、イーストマンは彼の政府での責任ある分野で、政府機関以外のコンサルタントになる権利を持っているということになる。

イーストマンは少なくとも外見上の利益相反を抱えていた、新薬の運命を決める判断にかかわる科学者のうちの一人にすぎなかった(19)。ジェロルド・オレフスキー(Jerrold M. Olefsky)博士は一九九四年以来、国立衛生研究所の糖尿病予防プログラムを率いてきた傑出した糖尿病専門家であった。レズリンの三つの特許に名を連ね、オレフスキーはワーナー・ランバート社から大きな資金を受け取る民間企業の共同設立者で社長となった。オレフスキーはレズリンを全国調査に参加させることの強力な主張者であったし、イーストマンにレズリンとその初期段階での有望な研究成果を紹介した。一九九四年、オレフスキーは臨床試験で採用する薬を協議する国立衛生研究所の検討会の長であった。一九九五年半ばまでに、検討会は全会一致でレズリンを含めることを決めた。のちに一九九五年の夏、オレフスキーはレズリンとの「外見上の」利益相反によって委員長を辞めることになった。しかしながら、「ロサンゼルスタイムズ」紙によれば、彼は検討会の一委員であることは許されており、「外見上」の問題にもかかわらず調査の運営委員会に入っている。


「ロサンゼルスタイムズ」紙によれば、国立衛生研究所の糖尿病調査で中心的な役割を果たした二二人の科学者のうち少なくとも一二人がワーナー・ランバート社から研究支援か報酬を受けていた(20)。加えて、同紙は医師や研究者へ影響を及ぼすために企業がはりめぐらした網の存在をも暴露した。「ワーナー・ランバート社とその関連企業は内分泌学の専門家から一般開業医まで三〇〇人以上に講演料などのお金を渡していた。同社は糖尿病の専門家を一九九六年のアトランタオリンピック観戦に招待し、［高級ホテルの］シャトーエラン・ワイナリー・アンド・リゾートでの宿泊代を負担した」(21)。

レズリンの導入・採用をめぐる利益相反は市民と議会の注目を集めた。なぜならば、薬の副作用を知ったジャーナリストたちは、まず第一に、なぜ、どうやって、その薬が食品医薬品局の優先審査を通ったのか、つぎに、肝不全による多くの死亡例が出ているのになぜ薬が市場からすぐに回収されなかったのか、という点に疑問を持ったからである。もしその薬が成功していたならば、メディアが利益相反問題追求記事のためにあのような努力をするだけの関心をかき立てたか、疑わしい。

本書執筆時点で、レズリンの事件に関連して明らかになったことから、政府が政策を変更した様子はなにもない。多くの利益相反の事例のように、イーストマンとレズリンの関係は特異で例外的なものとして片付けられてしまった。政府の検討会への科学アドバイザーを調査した次のような場合でも、そのような問題は決して起こりえないと自信持って主張されてしまう。

事例四——利益相反に満ちたプロセスで認可された危険なワクチン

食品医薬品局は新薬の審査・認可では世界で一番厳しい基準を持っていると多くの人が指摘する。ひとつの例として、同局はフランスの中絶薬RU486がフランスですでに認可され多くのヨーロッパ諸国で使用されているにもかかわらず、新たなアメリカでの認可のため、効能と安全性の審査に一〇年以上をかけた。また一九五〇年代から一九六〇年代初めにかけて、イギリスで妊婦に対して精神安定剤や嘔吐治療薬として処方されていたサリドマイドという薬をアメリカは認可しなかった。結果として、手足に障害を持つ多くの子供が生まれることを防ぐことができた。

薬の認可のプロセスはいくつもの段階があり、多くのレベルでの審査が食品医薬品局内部の科学者と同局がコンサルタントとして雇った外部の科学者によって行われる。ワクチンは病気を治療するのでなく予防するために使われるという特殊な部類に属する。ワクチン接種の対象は（ポリオの流行時の場合などのように）全国民から、（インフルエンザなどのように）数百万人といった限られたリスク集団までである。ワクチンが害を生じさせるなら、それは疾病を予防するという予測に反することになる。たとえばインフルエンザのような場合、ワクチン接種を受けた多くの人は、接種しなくても病気にならなかったかもしれない。倫理的な立場からは、保険福祉省高官とワクチン製造企業には健康な人に危害を加えることが絶対にないようにする大きな義務がある。病気になっている人にとっては、薬を使用するリスクは、薬による回復の便益または薬を飲まないでいた場合のリスクと比較してバランスがとれている。病気にかかる可能性が小さく、病気そのものも重病でもない場合、何もしないでいるリスクは大変小さいので、ワクチンの安全性はきわめて確実なものでなければならない。

ロタウイルス（rotaviruses）と呼ばれるウイルスは、乳幼児の入院のほぼ半分を占めるひどい下痢を引き起こすこともある消化器疾患の主要な原因である。アメリカでは約三〇〇万件のロタウイルスによる発病があり、合併症による死者は二〇から一〇〇人である。

ワイス・レダリー小児ワクチン（Wyeth Lederle Vaccines and Pediatrics）社はアメリカン・ホーム・プロダクツ（American Home Products）社の子会社であり、ロタウイルスワクチンで初めて食品医薬品局の認可を得た製薬会社であった。一九八七年八月、同社は「ロタシールド」という製品名で申請を出して、一九九八年八月に認可を受けた。許可されて一年のうちにワクチンは接種を受けた子供のひどい便秘が一〇〇件以上報告され、販売中止となった。

連邦議会下院の政府改革委員会（Committee on Government Reform）がワクチン認可の背景を調査すると、食品医薬品局と国立疾病予防センター（Center for Disease Control）の諮問委員会はワクチンメーカーと関係のある委員ばかりであることがわかった。加えて、ワクチン実施計画では利益相反はまるで風土病的に蔓延していたこともわかった（第六章を参照）。もちろん、薬が撤廃されたあとではじめて、われわれは比較的少数が被ると予想される副作用と多くの人が受けるワクチンの便益とを比較するという複雑なプロセスの中で利益相反が果たした役割を認識し始める。ワクチンに個人的に金銭的利益を持っている科学者が中心となる意思決定者であるとき、このプロセスは修正できないほどに妥協を強いられることになる。

これらの事例は当時のスキャンダルである。それら自身は、非倫理的な行為を増強したり再発させたりする条件を明らかにしているわけではない。われわれが、次の世代の価値観や精神の形成を委ねている、崇敬される高等教育機関が、独立性と客観性とを主張しながらスポンサー企業の利益に奉仕する知識ブローカーになってしまうのを防ぐにはわれわれはどうすればよいのであろうか。産業界、政府、学会、医師会、大学を含めたわれわれの社会のすべてのセクターが利益相反を見て見ぬ振りをする役割を果たしてきた。われわれは、大学の美徳と公共の利益のための役割に著しい妥協を強いる一方で、大学を知的財産と富を生み出すための孵化器に変えてしまった、連邦政府の政策変化について調査するところから次の探求を始める。

第三章　産学間の協力

この二、三〇年間で、アメリカの研究大学の目的、価値観、行為は産業界の利益に協力するような形に変形した。これらの変化は二〇世紀にやはり大学が経験した二つの大きな変化――一九五〇年代における戦後科学の振興、一九六〇年代半ばから一九七〇年代初めにおけるベトナム戦争――と同じくらいの影響力を持つ変動であった。

ロジャー・ゲイジャー（Roger Geiger）の一九四〇年代までのアメリカの研究大学の歴史によれば、大学と企業とは独自に研究活動していて交流はあまりなかった(1)。特別な場合に、一九二〇年代に企業がいくつかの大学での応用研究にお金を出していた。大学教員はコンサルティングをしていたが、企業が大学の研究に多額の資金を出すことはなかった。

第二次大戦後、連邦政府からの科学研究資金が急増した。連邦政府が科学研究の資金を負担するという政策が今日の研究大学を生み出した。一九四〇年、大学の科学分野の研究予算はすべての資金源からのを合わせて三一〇〇万ドルであった。四〇年後、それは三〇億ドル、百倍になった。「第二次大戦前は大学の研究は・・・・主に民間の研究支援組織によって支えられていたが、戦後は政府資金が非営利財団など民間の資金源をちっぽけなものにしてしまった」(2)。一九六〇年代初めまで、大学では基礎研究や応用研究の予算の六から八％が企業によって支援されていた。この数字は一九六〇年代半ばから一九七〇年代初めにかけて低下して、二〇年間の底を打って二％にまでなった。この間、連邦政府から大学への研究予算は増加し、大学は企業からの資金にあまり関心を持たなくなった。一方、企業は自身の研究施設に資金投入していた。一九七〇年代末から一九八〇年代初めに連邦政府からの研究予算の増加率が鈍化したときに、大学は再び企業からの資金を求めるようになった。

研究大学に起きた別の変化はアメリカのベトナム戦争への介入によって引き起こされた。その当時、予備役士官訓練課程（Reserve Officers Training Corps, ROTC）、兵器開発、機密研究など軍の高等教育への影響力の役割が議論されていた。一流大学の中には、社会の中での自分たちの役割を再考し機密研究や兵器開発の契約を拒否するところも現れた。「大学の中で、純粋科学と実用性との潜在的に相反する要求は貧困、人種差別、都市問題、環境保護に焦点をあわせることで解決された。大学の社会的責任を主張する人も、大学が企業のために研究することが人々を幸福にする新製品の開発や製造技術の改良につながり、有益な社会目的に貢献することだとはまだ言っていなかった」（3）。しかしながら、農学部、工学部、理学部化学科と企業との間では研究やコンサルティングを通しての関係は続いていた。

一九六八年、ジェームズ・リッジウェイ（James Ridgeway）は象牙の塔の神話の裏側を暴露した『崩壊する大学』（*The Closed Corporation*）［杉浦利英・河合伸訳、朝日新聞社、一九七〇年］を刊行した。彼は、いかにして教授が自分の企業を設立し公共の「大学の」施設を私的な利益のために使っているかなどの豊富な事例をまとめた。リッジウェイはエリート大学の経済学や経営学の教員が、いかにしてシステム分析、統計学、数学モデル、行動心理学などの技法に基づく新種のコンサルティング企業を立ち上げ、「社会問題解決法」なるアドバイスを高額で企業に売って金儲けをしているかを記述した。新しい企業家的教授は現代の大学の性格を変え始めていた。「権力の仲介者として、教授たちは一方で大学、もう一方で大企業の中にいて活動し、企業の影響力を使い大学に研究資金をもたらす」（4）。その次の二〇年で、教授と大学の商業的な役割におきた変化は彼の学者としての名声を企業の利益のために使い、企業でリッジウェイが発見した一九五〇年代、六〇年代の事柄をちっぽけなものにしてしまったであろう。

国際競争力への象牙の塔の障害

一九八〇年代初めまでに、財政緊縮主義と規制緩和主義の影響力が議会でもホワイトハウスでも明らかになっており、大学にもその影響は及んだ。この新しい政治勢力はアメリカの高等教育とは愛憎相半ばした関係を持っていた。

大学はアメリカの経済的競争力低下の原因でもあり救世主でもあると見られた。

否定的な面では、大学はいくつかの点で攻撃されていた。財政緊縮主義者は大学が研究助成金での間接費［研究者が研究を行うには電気・ガス・水道や大学全体の施設である図書館・コンピュータ施設などを利用するので、政府や企業からの研究資金には、間接費が付随して支払われる。これは大学全体に支払われるものなので、大学事務局には大変ありがたい収入となる］を過大に請求したり、政府資金を不適切に使用していることを批判した。ウィリアム・プロキシミア（William Proxmire）上院議員は一九八八年まで一三年にわたり、彼が一番税金の無駄だと思った政府支援の研究に「金の詐取賞」（Golden Fleece Award）を与え、政府の資金で無駄で意味のない研究をしている科学者をからかった。同時に新しい保守派は、社会工学［Social Engineering という言葉は今日ではインターネットでの情報詐取をさすことが多いが、ここでは貧困対策、人種差別是正、環境問題、都市問題など社会問題解決のための学問の意］や「伝統的な」アメリカ家庭の価値観に合わない芸術表現など大学の「リベラル精神」を批判した。

肯定的な面では、大学は充分に活用されていない資源と見なされていた。あまりに多くの有用なアイディアやイノベーションが学術雑誌の中で退蔵され、アメリカの巨大な産業界に移転されず、効率の改善、新しい消費者製品、富の創造につながっていない。アメリカは先進工業国の中で経済競争力を失いつつあり、その原因としてはアメリカが基礎的な科学の発見を応用技術に変換するのを怠っていたり、行ったとしても遅すぎることがあげられていた。なぜアメリカは技術革新が速くないのかについて二つの理由が挙げられていた。ひとつは環境や公衆衛生を考慮して生まれた規制が多すぎること、もうひとつは大学と企業との間の距離が大きすぎることである。この分断のため潜在的に価値のある発見が実用化への開発段階につながらないのである。

たしかに、アメリカの産業競争力の低下を示す例をあげることはできた。自動車、鉄鋼、マイクロエレクトロニクスでは競争力を失っており、コンピュータやロボットなど別の分野では競争力があった。アメリカ総合大学協会（Association of American Universities, AAU）のためにまとめられた報告書によれば「一九六六年から一九七六年の間で、アメリカの特許ライセンス料支払いはイギリス、カナダ、西ドイツ、日本、ソ連に対して悪化し、一九七五年までに最後の三ヵ国に対しては赤字になった。世界の主要な技術革新のうちアメリカによるもののシェアは一九五六―五八年の八〇%から一九七一―七三年の五九%に低下した」(5)。アメリカの競争力は大学と企業との連携を促進することで改善されるというのが、政策立案者の間で魅力的な考えに思われるようになった。

『研究大学とその支援者』(*The Research University and Their Patrons*)という本の中で、ロバート・ローゼンツヴァイグ(Robert Rosenzweig)は「……生産性が科学的、技術的なイノベーションと関係があり、大学はこれらの価値あるイノベーションの主要な源であり、大学と企業との連携が科学的研究を実用的なものにするのを助けるであろうと信じる理由は充分にある」(6)と述べている。当時の雰囲気を要約してローゼンツヴァイグは「多くの思慮深い人々が、産学連携の強化の中にアメリカ企業の競争力の改善と大学の科学の発展の希望を託し始めていた」(7)と述べている。全米科学財団(National Science Foundation, NSF)[わが国の文部科学省に相当する連邦政府機関]が一九七二年に大学と企業との連携を強化する努力を始めていた。しかし、議会指導部からはそのプログラムは体系立っておらず、焦点が定まらず、調整も不充分と見なされていた。そのようなあまり成功していない前例にもかかわらず、大学と企業との連携を強化するアイディアは党派を超えて支持者を集めていた。

レーガン大統領の科学アドバイザーであったジョージ・キーワース(George Keyworth II)は、アメリカの低下しつつある経済競争力の改善のために産学連携を推進することの支持者であった。キーワースにとって、アメリカの科学の誤りのひとつは「大学の研究者も政府の研究者も、企業の専門知識・経験や市場の動向から離れたところで研究していることである」(8)。

一九八〇年代を通して、連邦政府、州政府の政策として、民間企業が大学の研究に資金提供することへの誘因や、大学が教員の研究成果から直接的に利益を得る機会の増大がもたらされた。産学の協力と特許化という二つの基本的なアプローチが、「技術移転」と「基礎研究の知的財産」という言葉で大切に守られた。

産学連携に積極的な一九八〇年代は、遺伝子的に改良された細菌に関して、それを利用するプロセスだけでなく、そのもの自体が特許となることを認めた一九八〇年の最高裁の「チャクラバティ判決」（Diamond v. Chakrabarty）によっても部分的に促進された。この判断は細胞株、ＤＮＡ、遺伝子、動物などさまざまな生物組織が、人間によって充分に改良された「製造物」だと見なされ特許化される大洪水のきっかけになった。最高裁の判断によって、特許商標庁は知的財産権の範囲を細胞の中での役割もわかっていないＤＮＡの切片も含むこととした。この判断は遺伝子を並べ替えた大学の研究者はそれを知的財産化して企業にライセンスしたり、それを使って自分の企業を設立することができることを意味する。

一九八〇年にはまた、全米科学審議会（National Science Board, NSB）は産学連携を調査のテーマとしていた。議会は同年、公法九六ー五一七のバイ・ドール法（Bayh-Dole Act）として知られる、特許商標修正法で特許法を改正して、大学、中小企業、非営利組織にどの省庁からの研究資金であるかに関わらず政府資金による研究の成果としての発明の所有権を与えた。連邦政府資金による発明の権利の所有権は一九八七年四月十日の大統領からの行政命令一二五九一によって〔中小企業に限定しない〕すべての企業に拡大された。

バイ・ドール法は新しい連邦政府政策の中でもっとも目立つものであるが、ほかの政策や行政命令も同法の基本となる考え方を強化した。一九八〇年のスティーブンソン・ワイドラー技術革新法（公法九六ー四八〇）は企業、政府、大学の協力を促進することでアメリカの技術革新を育むことを目指していた。一九八一年の経済再建租税法（公法九七ー三四）は企業が大学に研究機器を寄付することへの税制優遇措置を与えた。同法は「研究開発共同事業体」(Research and Development Limited Partnerships, RDLP) が産学連携を視野に入れて設立されたのならば優遇税制を受けられるようにした。

これらの法律の結果として、大学と企業の関係は進化への大きな第一歩をとげた。一九八四年に、民間企業出身で初めて全米科学財団長官になったエリック・ブロック（Erich Bloch）は全米工学アカデミーを設立し、産学連携を促進する研究センターをいくつか開設した。加えて、州政府の経済発展政策も、多くはバイオテクノロジー振興であったが、産学連携に誘因を与えた。一九七〇年代と八〇年代に、「産学共同研究センター」(University-Industry Research Center,

UIRC）が主に連邦政府と州政府からの資金で設立されていった。一九八〇年以前には、三つの州だけが産学共同研究センターを持っていた。一〇年後にはその数は二六州になった。一九九〇年までに、産学共同研究センターでの研究は大学全体の研究開発予算の約一五％を占めるに至った（9）。

現在は存続していないが議会の技術評価室（Office of Technology Assessment, OTA）の調査によれば、「さまざまな政策やできごとが合わさって、すべての科学の分野で産官学連携を強化しようという関心が大学、政府、企業の関係者の中で大きくなっていった」（10）。技術評価室のレポートは、企業と大学の利益を一致させようという努力から生じるであろう扱いにくい問題についても予想していた。「産学連携は、科学的情報交換の制限、学科間の協力の阻害、同僚の間での摩擦、研究成果の公表の遅れや抑制などによって大学の環境に悪い影響を及ぼすことも可能である。さらに、目的を持った研究資金提供は間接的に、大学で行われる基礎研究のタイプにも影響を与え、潜在的に商業的利得が見込めない基礎研究に対する大学の研究者の関心は減退するかもしれない」（11）。技術評価室の予想は当たっていたことが明らかになった。

一九八〇年代を通して、大学と企業の関係の進展は前例のないものであった。とくにバイオテクノロジーでは大学の使用する研究費に対する企業からの資金の比率は全分野の平均より二〇ポイント高く、ほぼ五〇％のバイオテクノロジー企業が大学に資金提供していた（12）。一九八〇年代に、バイオテクノロジー研究において少なくとも一一件の数百万ドル規模で複数年にわたる大学との連携契約が化学や医薬品のメーカーから発表された。一九八四年までにバイオテクノロジーでは企業から大学への研究資金は一億二〇〇〇万ドルとなり、企業から大学への研究資金全体の約四二％を占めていた。

大学の特許に対するバイ・ドール法のインパクトは全米研究評議会（National Research Council, NRC）による知的財産研究会での総括コメントで次のように強調されている。

> 大学による特許取得は一九六五年から一九八〇年ごろまでも着実に増加していたが、その後、一九九〇年代まで続く急増時期に入った。一九六五年から一九九五年までに、大学の特許は九六件から一五〇〇件と一五

倍（一五〇〇％増）となったが、国全体での特許は約五〇％の増加であった。二〇〇〇年までに、大学は年間三二〇〇件以上の特許を取得するに至った。大学の特許増加のもっとも主要な分野は生物医学であり、多くの大学が主に科学研究にとって有用な発明を特許にしている。

議会の中には、新しい協力関係の進展に加えて大学と企業の研究テーマが接近していることに懸念を表明する人も出始めた。第一に、公的資金の適当な使用ということが問題になった。

大学の研究と企業の研究とが融合するにつれて、議会では政府資金が不注意に企業の研究テーマを進めるために使われているのではないかとの疑問が出ていた。新しい協力関係は不正行為や利益相反につながるのではないか。連邦政府が出した資金から生まれた知的財産を私有化させることによって、納税者は投資から充分な見返りを得ているのだろうか。シェイラ・スローター（Sheila Slaughter）とラリー・レスリー（Larry L. Leslie）によれば、「［一九九七年時点で］アメリカは政府資金で教員が開発した知的財産を大学が持てる唯一の国である」(14)。

これらの疑問への答を探すために、一連の議会公聴会が一九八一年から一九九〇年に開催された。産学連携に関する初期の公聴会を開いた委員長の一人がテネシー州選出の若い議員だったアル・ゴア（Al Gore）であった。開会の挨拶で、ゴアは生物医学の研究の商業化を加速するための政策で問題になっている点を次のように述べた。「これらの技術の源であり土台である大学が、今さかんに行われている商業化のための契約によって永久的に性格が変わってしまうのではないかということをわれわれは心配している」(15)。ゴアは利益相反、資金配分、大学院生の教育、研究の優先順位の変化、研究結果の発表、収益性維持の苦労など、企業と関係を持つ大学が直面する問題点を列挙した。もう一人の委員長のダグ・ウォルグレン（Doug Walgren）は公聴会の中心的な疑問である「企業との連携義務を果たしながら、学生と教員との間の情報交換の自由が保たれるのであろうか」という点について尋ねた。

八年後の一九九〇年、公聴会主催の小委員会委員長の下院のテッド・ワイス（Ted Weiss）議員が産学連携の弊害について長々と説明した。彼は、大きな贈り物は行動を変え、小さな贈り物は態度を変えるという社会心理学の研究を引用した。製薬会社による小さな心づけや旅費負担は大学の医師がその企業と製品に好意的な態度を持つように仕向ける。しかし、ワイスの小委員会は薬の評価における利益相反に対して大変厳しい態度を表明し、保健福祉省に対して「自分が大きな利害関係を持っている薬や治療法の評価を研究者が行っていることに関連して、研究者の金銭的利害関係を厳しく制限する規制」を同省内の公共保健局にすぐに作らせるように命じた(17)。

次の一九九〇年代は連邦・州政府によって設けられた誘因によって(数え切れないほどの)大学教員が活躍する寛容な時代であった。彼らは大学事務局の積極的な働きかけか是認によって助けられ、倫理的に問題がある企業家的ベンチャー事業に関わった。地方のメディアによる報道は全国的な注目を集めることもあった。私は、大学または政府と企業との間の新しい関係の範囲を示すためにいくつかの事例をここに紹介する。

公立大学が薬を開発し製造する

州立大学の医学の研究者が薬を発見し、患者のために開発し、違法に他の医療機関向けに製造、販売し、その注文に応えるために公的な資金を使って施設をつくるといったケースを想定してみよう。もしこのようなことはありそうもないと思うのならば、ミネソタ大学に行ってみればどのようにして実際に起こったのかわかるであろう。

一九七〇年に食品医薬品局はミネソタ大学に抗リンパ球グロブリン(Antilimphocyte Globulin,以下ALG)の治験届(Investigative New Drug, IND)を認可した[「大学が臨床試験を行うことを認められた」]。ウマの組織から作られ、臓器移植の際の拒絶反応を緩和するものであった。ヒトの細胞をウマに注射して、ウマから採血し血清を抽出することで得られる。ALGは免疫システムを抑制することで移植された臓器への拒絶反応を弱めることができると期待された。ALGはミネソタ大学医学部の外科のメンバーによって開発され二〇年にわたって用いられていた。しかしながら、その薬は試験段階に過ぎず、食品医薬品局から一般使用の認可は得ていなかった。同大学の当時の外科部長であるジョン・ナジャリアン（John Najarian）によれば、ＡＬＧは大学で二二年間製造され、一〇〇ヵ所以上の医療施設で一〇万件以上の治療に使われた。

「スター・トリビューン」（*Star Tribune*）紙の二人の記者、ジョー・リガート（Joe Rigert）とマーラ・ラーナー（Maura Lerner）は一九九〇年代初めにこの事件を追跡した。彼らによれば「ＡＬＧの事例では、大学が小さな製薬会社の設備を自分で運営していた。ＡＬＧの売り上げによって一二五〇万ドルの新しい製造設備まで新設した」(19)。

ミネソタ大学医学部の教員は、非営利民間企業をいくつか立ち上げていたが、これらは一九八〇年代半ば以来四〇〇万ドルもの研究資金を受け入れてきた。そのうちのひとつであるブラッド（Biomedical Research and Development, BRAD）社は通常行われてきた大学の監視を受けずに受託研究を行い、料金を集め、資金を分配していた。二人のジャーナリストは露骨な利益相反を発見した。ブラッド社に関係している大学のある研究者は、彼の研究室で行う試験のスポンサー企業のコンサルタントであった。ミネソタ大学が関わる二番目の組織がアイバース（Institute for Applied and Basic Research in Surgery, IBARS）社であるが、この組織は企業からの研究資金を調達するためのものであった。

一九九二年、大学を現地調査した食品医薬品局の調査官はＡＬＧのプログラムに二九件の違反を摘発した。これらの違反は、副作用の報告を怠る、研究の監督を怠る、薬を不正に輸出する、試験結果に多くの欠落がある、薬の安全性に関する誤った主張をするなどが含まれていた(20)。一九九二年八月までに、食品医薬品局は大学に対してこの数百万ドル稼ぐ移植薬の販売を中止するよう命じた。ミネソタ大学の学科長は、副作用が生じるかもしれないので、移植患者に新たな服用をしないよう求める手紙を各地の移植センターに送った。彼はまた薬のビンの漏れから細菌に汚染されている可能性があるので、ビンひとやまを回収することも発表した。さらにこのプログラムの責任者は、カナダの会社へのＡＬＧの売り上げ金数万ドルを着服していたことがわかり解雇された。その人物の肩書きは外科の准教授であったが、奇妙なことに、彼は医学博士号取得者でも医学部卒でもなかった。

薬事法は明確である。食品医薬品局が認証した施設で製造・生成されない限り、薬は別の州に販売したり、他の物品との交換を行ってはならない。ミネソタ大学医学部の外科部は人命を救う薬の開発、評価、製造、販売を自分たちで行った。それは大学の手続きを迂回し、連邦の法律や規制を破ることで行われた。

薬の開発、売り込み、販売は大学設立のときの認可状に含まれている目的ではない。最終決算を良くするため手抜きをする、法の抜け穴をさがす、規制に反対の立場をとるといったことが日常的に行われる世界に大学を引き込むことになる。大学と事業が混同された環境の中で、企業家的教員集団による非道徳的な一歩が、その大学全体に大きく暗い影を落とすことになる。

カリフォルニア大学バークレー校と多国籍企業との契約

二〇〇〇年の秋、私は環境学助成協会 (Environmental Grantmakers Association) での講演で、将来の架空の見出しとして「モンサント社がプリンストン大学を買収、非営利組織としての維持は約束」というのを紹介した。多くの人々にとって、名門私立大学が営利企業に売られるということは、ありそうもないことで真剣に議論する気にもならないであろう。このようなアイディアは、イエローストーン国立公園を私有化するというくらい文化的にタブーとみなされるものである。しかし、大学の企業家精神の傾向を追っている人々にとっては、このような予想もあながちないとは言えない。カリフォルニア大学バークレー校（UCB）は産学連携を、憂慮すべき程度において新しい段階にまで押し上げた。

ゴードン・ロウサー（Gordon Rausser）は一九九四年にカリフォルニア大学バークレー校の天然資源学部の学部長になった。彼の任命が行われたのは、カリフォルニア大学機構全体への民間企業からの資金が年一五%増加しているのに、連邦・州政府からの資金は六%しか増加していないときであった。州政府の予算削減の結果、州からの資金は学部予算の三四%に過ぎなくなっていた。経済学者であったロウサーは、学部の知的財産と名声とを引き換えに企業から資金を提供してもらうことをはっきりと入札で決めるという計画を表明した。彼は一六の農業、バイオテクノロジー、生命科学関連の企業に、「研究提携の正式な提案を受け付けています」と誘った。ノバルティス(Novartis)、デュポン（DuPont)、モンサント（Monsanto)、パイオニア・ハイブレッド（Pioneer Hi-Bred)、住友、ゼネカ（Zeneca）の各社が関心を示し、正式な提案がモンサント社、ノバルティス社ならびにデュポン社とパイオニア・ハイブレッド社とのペアとから提出された。学部はノバルティス社を選んだ。同社は「年間」二一〇〇億ドルの食品・医薬品企業でバイオテクノロジーに進出したかった。

結局、ノバルティスの子会社であるＮＡＤＩ（Novartis Agricultural Discovery Institute）社とカリフォルニア大学の天然資源学部の植物・微生物学科が五年間で二五〇〇万ドルの包括的提携を行うこととなった。この前例のない広範な提携では、学科のすべての教員が研究契約に参加することができた。一九九八年一二月までに、三二人の教員のうち三〇人が契約に署名したか署名の意思を表していた。「高等教育新聞」（*The Chronicle of Higher Education*）は「この連携は、研究者個人や研究グループが特定のテーマに取り組むのでなく学科全体が参加する点でこれまでにない」(21)と指摘した。

資金の三分の二（年間で三三三万ドル）は制限のつかない研究に向けられた。そのことで大学事務局は学問の自由が守られていることを示した。資金の三分の一（年間で一六七万ドル）は研究に伴う間接費・施設費に使われた。これも政府資金の減少の穴埋めに苦労していた大学にとっては大きなプラスだと学部長は強調した。

契約は二つの管理委員会を作ることを定めていた。ひとつの委員会は企業（ＮＡＤＩ社）からの二人を含んだ五人による委員会で、どの研究が資金を得るか決定する。民間企業はプロジェクトを規定しないが、どの研究が行われるかの判断に充分に意見が反映される（そして強い影響力を行使できる）。もうひとつの委員会は六人による委員会で企業と大学との関係を管理するのが責務である。三人は企業側、三人が大学側からで、大学のうち一人はこの学科以外の教員で、この契約にかかわっていない教員である。

ノバルティス社は二五〇〇万ドルで何を得たのであろうか。ノバルティス社は大学に出した研究資金による研究、ならびに研究者同士の共同研究からの研究成果のライセンスを最初に交渉する権利を得た。契約では、NADI社と大学の研究者の共同研究の成果である特許は大学が保有し、NADI社の研究者が大学の施設で行った研究の成果である特許は大学とNADI社との共有となっていた。

企業の研究者は大学の内部の研究委員会に出席することができた。これによって、資金が渡る大学の研究について企業が影響力を持てた。たとえば、植物・微生物学科の教員がノバルティス社の製品のマイナス面を研究するようなことは考えにくい。

契約は署名したすべての教員に制限を課していた。NADI社は結局、学科の予算の二〇%を出すことになった。参加した教員は企業機密であるNADI社の遺伝子データベースにアクセスするときは機密を守る署名をした。いったん、機密保護契約に同意したら、教員はそのデータが関わる研究成果の論文発表を親会社のノバルティス社の許可がなければ行うことができない。

二〇〇〇年五月、カリフォルニア州議会上院は、トム・ハイデン（Tom Hayden）議員が中心になり、バークレー校とノバルティス社との契約に関する公聴会を開いた(22)。校ロウサー学部長は次のような質問を受けた。「機密保護契約に署名した教員が、研究の結果として市民に対する重大な危険を意味するデータを得て、それを発表しようとしたならば、大学は教員の側につくのか」。答は明確であった。大学は、たとえ情報を明らかにすることが市民の利益であったとしても、機密保護契約を破る科学者を擁護する義務はないというものであった。

契約では、NADI社は新しい発見について特許申請する余裕が持てるように、教員に対して一二〇日までの論文発表を延期するよう求めることができた。ノバルティス社は大学に企業の費用で特定の発明を特許化するよう求めることができた。いったん、特許化されたら、同社は特許を実用化するため大学から排他的なライセンス受けることを交渉する権利を持っていた。契約はまた、ある種のリサーチマテリアルの外部の研究者との交換について制限を課していた。NADI社の研究者以外との情報交換はノバルティス社の許可が必要であった。この前例となった契約の結果、悲しいことに、ほかの大学も同様に提携した企業の利益を守るために、科学における自由な情報交換を妨げる広範な制限を持った包括的連携契約に、いまや署名しつつあることである。

カリフォルニア州議会上院の公聴会で、ハイデン議員は、カリフォルニア大学バークレー校において遺伝子組換え作物の危険性について客観的な研究を行う州立大学の独特の役割が、妥協を迫られることになるかもしれないと述べた。彼はバイオテクノロジー産業に関わる大学教員の利益相反に規制を加える法案を作るべきだと主張した。彼の心配は歴史的前例がないわけではなかった。一九六九年、ユニオンオイル社の油田からサンタバーバラ海峡に流出した大量のオイルの環境への影響に関して、州政府も連邦政府も情報を至急必要としていた。当時、石油会社は大学の地理学、地球物理学、石油化学工学の大学教員と親密な関係を持っていた。州政府はユニオンと他の三社に対する五億ドルの損害賠償訴訟において証言してくれる地元の専門家を見つけることができなかった。カリフォルニア州司法長官によると、協力が得られなかった理由は「カリフォルニア大学のサンタバーバラ校ならびにバークレー校、私立の南カリフォルニア大学の石油化学工学の教員は企業からの助成金やコンサルタント契約を失いたくなかったからである」(23)。

カリフォルニア州は州立大学の教職員に対してもっとも厳しい情報開示をすでに課している州であるが、州議会上院の公聴会によって、ノバルティス社との契約やカリフォルニアの利益相反に対する政策には目に見える影響を与えなかった。しかしながら、よかったことは学生や教員の中にあった産学連携の危険性についての認識を強化したことである。公聴会は組織的利益相反――大学が民間企業と連携したり株を持つことで数百万ドルの長期的利益関係を結ぶこと――のもたらす問題に関する全米の注目を集めた。

いくつかのノバルティス社の製品はバークレー校が源になるだろう。遺伝子組換えの食用穀物がバークレー校で開発、試験、特許化され、ノバルティス社によって世界的に商品化されるのにどれくらいの時間がかかるであろうか。あるバークレー校の生物学者でこの契約に批判的な人物は「大学は（環境問題、社会問題に関する）独立した批判的な考えを育む場所であることをやめるのであろうか」と述べた(24)。

二〇〇一年秋、バークレー校の生物学者イグナシオ・チャペラ（Ignacio Chapela）と彼の大学院生デイビッド・キスト（David Quist）は「ネイチャー」（*Nature*）誌にメキシコの在来種のトウモロコシに遺伝子組換え株が混入していることを示した論文を載せた(25)。遺伝子組換えトウモロコシは加工のためにアメリカからメキシコに輸出されていたが、メキシコで栽培することは禁じられていたので、この発見は特別憂慮すべき結果であった。遺伝子組換えトウモロコシがメキシコで違法に栽培されたり種子から育てられたりしていることを示唆したのである。「ネイチャー」誌にはこの論文に対する多くの批判的なコメントが寄せられた。キストとチャペラの結論は「インバースPCR」［逆ポリメラーゼ連鎖反応］と呼ばれる検出方法によって作り上げられたものに過ぎない［本来、この方法を使うべきでないのに使ってしまったので正しくない結果が出た可能性が高い］という意見もあった。「ネイチャー」誌はこの論文を載せたことを読者に弁明したが削除はしなかった。かわりに、コメントを募集した。「ネイチャー」誌に来た手紙のうち、バークレー校の植物・微生物学科の六人の科学者がキスト・チャペラの結果に疑問を呈した(26)。チャペラがバークレー校とノバルティス社との契約の強硬な批判者であることはよく知られていた。論文を批判した科学者とバイオテクノロジー産業との特別な関係から、その投書はチャペラがバークレー校と遺伝子組換え製品の主要なメーカーとの連携を批判したことへの報復ではないか、という疑念がもちあがった(27)。批判の投書を書いた科学者たちは自分たちの投書は科学的立場に基づくものだとして、疑惑を否定した。

メキシコの環境省は、二つの独立した調査団を設置し、メキシコのオアハカ（Oaxaca）で栽培されている在来種のトウモロコシに、遺伝子組換え特有の遺伝子配列が混ざりこんでいるというキスト・チャペラの発見を、独自に調査した。二〇〇二年八月にメキシコ国立環境学協会は混入を確認したと発表した(28)。

明らかにされなくてはならないことは、この国の大学での知識の生産が私有化されるという傾向が、大学の研究の根本的な価値観、客観性、信頼性に影響を与えているのではないのか、もしくはこの変化はアメリカの研究者コミュニティや彼らが奉仕する広範な社会に犠牲をもたらさずに起きているのか、ということである。たぶん、これらの影響は、アメリカのエリート大学が裕福な企業を正当化する意見を平然と述べて、大学の独立性を犠牲にしているときに、よりはっきりと注目されるであろう。ハーバード大学の公衆衛生学部の政策センターがその例である。

ハーバード大学リスク分析センター

二〇〇一年三月、アメリカの有力消費者団体である「パブリック・シチズン」（Public Citizen）は、公害を起こしている大企業がいかにしてハーバード大学の政策研究センターに接近し影響力を及ぼしているかを明らかにした報告書を出した。『危機に立つ安全装置――ジョン・グラハムとアメリカ企業のブッシュ政権への裏口』（*Safeguards at Risk: John Graham and Corporate America's Back Door to the Bush Whitehouse*）というタイトルの一三〇ページにわたる報告書は、ハーバード大学のリスク分析センター（Harvard Center for Risk Analysis, HCRA）の創設者でセンター長のジョン・グラハム（John Graham）とセンターの実績について調査した(29)。パブリック・シチズンがスキャンダルをあばいた報告書を出したちょうどその月に、グラハムはブッシュ（George W. Bush）大統領によって強力な行政管理予算局（Office of Management and Budget, OMB）の中の情報・規制室（Office of Information and Regulatory Affairs）の長に任命された。

パブリック・シチズンはリスク分析センターのスポンサー企業を列挙し、企業の利益とセンターによって行われた研究との直接的な関係を論じた。たとえば、グラハムはタバコ会社からの資金援助を求める一方で、受動的喫煙の危険性については否定的見解を出した。同センターはＡＴ＆Ｔワイヤレス通信（AT&T Wireless Communications）社からの資金提供で、運転中の携帯電話の使用を禁止する規制に反対する報告書を作った。センターのニューズレター（*Risk in Perspective*）は、子供が殺虫剤や可塑剤（ビスフェノールＡやフタル酸エチル［どちらも内分泌攪乱物質］）から受ける危険性に否定的な記事を載せたが、その調査がそれらを製造している企業によって資金を受けて行われたことは読者に知らせなかった。

パブリック・シチズンによれば、リスク分析センターはダウ社、モンサント社、デュポン社などの大企業や、塩素化学協議会や化学製造業者協会（全米化学協議会と改称）などの業界団体、合せて一〇〇以上から資金を受けていた。これらのほとんどは使途を限定しない助成金を出しているが、全米農作物保護協会や塩素化学協議会のように使途を限定した助成金を出しているものもある。

企業組織からの助成金が使途を限定しているか否かが問題なのではない。問題は贈与、助成金、受託研究は寄付する企業にとって恩恵がないのならば大学に来ないということである。ハーバード大学のリスク分析センターの場合、企業からの多額の資金を集める努力をしていた。これらの何百もの企業は純粋科学には興味がない。教員と企業家的事務局職員は市場調査のように企業が何を求めているかを明らかにして、センターの目的をそれに合わせた。企業にアピールする思想を持ったセンターからの資金懇願は、企業からより好意的に受け入れられる。たとえば、リスク分析センターは規制に対抗して、より強力な市場原理を唱導したり、また数量的リスク分析（リスクの存在の証明が難しくなる）、比較リスク分析（自発的にかぶるリスクとそうでないリスクとを同一視してしまう）、費用便益分析（人間の健康を企業の利潤と比較する）といった産業界のさまざまなグループが望む規制の手法を喧伝したりしたのである。

二〇〇〇年四月一九日づけの、環境保護庁長官キャロル・ブラウナー（Carol M. Browner）への手紙の中で、［消費者団体である］消費者連合（Consumer Union）は、一九九六年の食品品質保護法（Food Quality Protection Act, FQPA）によって実施される殺虫剤規制の経済的効果についてリスク分析センターが行った調査を批判した。ハーバード大のリスク研究グループは、食品品質保護法の実施によってコストが増加し、食料の消費が減少し栄養を取れなくなった乳幼児が年に一〇〇〇人死亡すると主張した。食品品質保護法は過去数十年のなかでもっとも支持を集めた環境保護法のひとつであり、さまざま利害関係者の間での交渉の最終的な成果であった。議会両院でほぼ全会一致で採決され、食品品質保護法は農業関係者、環境保護団体含めた五五の組織の支持を得ていた(30)。消費者連合の指摘によれば、リスク分析センターの調査は食品品質保護法への反対運動をしていた業界団体である全米農場事務局連合会（American Farm Bureau Federation）によって資金提供されていた。

ジョン・グラハムは、環境保護庁が主張する受動的喫煙の危険性を否定する意見を企業のために出せると言ってフィリップ・モリス（Philip Morris）社に資金提供を懇願していた。ハーバード大学の公衆衛生学部がタバコ会社からの資金を受け取ることを禁止していることを知って、グラハムはフィリップ・モリス社に小切手を返し、かわりに子会社のクラフト（Kraft）社から資金を受け取った(31)。

大学の研究は少数でなく多くの企業から支援されたほうが、特定の企業の意見が大学の価値観に強く反映されないので好ましい、という大学事務局の意見を聞いたことがある。ハーバードのリスク分析センターは多くの企業から資金を受けているが、これらの企業は、規制を減らし、健康安全面での危害が生じる前の用心のための規制には反対するという点で価値観を共有していて、センターもそれに合わせている。企業からの支援を分散化・多角化することで、リスク分析センターは規制、健康、安全の問題でこれらスポンサー企業の利益にみずから偏向していくことを示している。「ワシントンポスト」（*Washington Post*）紙のコラムニストであるディック・ダーバン（Dick Durban）は「グラハムの研究では環境規制は金の浪費ということになる。規制を選択することは、ほかのより費用節約型プログラムと比べて、より多くの資源が費やされるという意味で『統計上の殺人』［社会にとっての金銭的純益がマイナスになるので、それを人命に換算すれば多くの死者を出していることと同じになる］を犯すことになる」と書いている(32)。

リスク分析センターのような政策研究センターは、科学や医学の学科以上に企業からの資金の影響を受けやすい。その理由は、政策分析には恣意的な前提やイデオロギー的分析が取り込まれているからであり、それらは数量的な分析、技術的な用語、特定の結論に合うよう主観的に選ばれたデータなどによってごまかされている。たとえば、もし効率性ということが金銭的な節約を意味するのならば、肺疾患の治療費が生涯一人一万ドルかかるとき、そのような患者を八〇人減らすために一〇〇万ドル使うことは正当化されない。

企業は研究結果が企業の製品にとって好ましいものでなくても、大学の科学研究への資金提供を続けるかもしれない。もちろん、企業が自分たちの望む結果を得ようと科学者に圧力をかけることもおこるであろう。もし、科学者が従わなかったら、企業は資金提供をやめるだろう。しかし、多くの企業は大学の研究の支援を続ける。それは規制の下で必要となる科学的な方法を取り入れなくてはならないからである。標準的と認められた科学の手法は広く使われ、多くの実験は再現可能でなければならない。同様なことは政策分析には言えない。標準化された手法はもしあったとしてもきわめて稀であるし、データはスポンサーを喜ばす結果になるように加工される。ジャーナリストのダービンによれば、「グラハムの場合、議論の分かれる研究ではいつも、民間企業へのこれ以上の規制はいらない、という同じ結論になっているように思われる」(33)。

たとえば、全米農場事務局連合会が殺虫剤の規制を強化する新しい法案を批判することに関心を持っているとしよう。彼らが金銭的に見合った結果が得られる(またはそうでない結果は日の目を見ない)という保証がないままにハーバード大学に研究資金を提供すると予想することはきわめて愚かなことである。この点で、政策研究センターは法律事務所に似ており、大学の科学研究の学科よりも企業からの資金の影響力を受けやすい。イデオロギーによるバイアスは、いくつかのセンターではリスク分析センターほど露骨ではない。ジョン・グラハムは、その企業家的精神によって二〇〇一年五月に行政管理予算局での地位を得たが、そのことによって彼がハーバード大学でつくったセンターは民間企業の利益の「サクラ」だという批判をうまく乗り切った。

大学での批判精神の鈍化

一九七〇年代、私は若く政治的に純朴なテニュア〔終身在職権〕をまだ取っていないタフツ大学の助教授であった。一九七〇年代の終わりに、私は立ち上がったばかりの政策プログラムを実質的に統括していた。高等教育改善基金(Fund for the Improvement for Post Secondary Education)からの助成金で、私は学生が、地域の有毒廃棄物問題の論争をグループをつくって調査するという大変新しい試みの授業を持っていた。その事例の企業はグレース社(W. R. Grace Co.)、場所はボストン郊外のマサチューセッツ州アクトンであった。一九七八年一二月にアクトンの二つの井戸が化学汚染のため閉鎖された。町は汚染源はグレース社の化学工場の施設だと信じていた。生産設備拡張を町に認めてもらった見返りに、グレース社は公害の発生源を調査するための資金を住民に提供した。独立した毒性汚染の水質調査の結果、グレース社が化学汚染物質のいくつかの源であることがわかった。学生たちの務めは次のとおりであった。グレース社の環境に関する記録の調査、影響を受けた土壌と帯水層に関するいくつかの水質調査の比較検討、汚染された井戸と帯水層で見つかった化学物質の毒性に関する情報収集、連邦と州政府によって実施された規制と企業側の対応の調査などであった。学生たちはよく教育を受けた若い学者ができることはすべて行動に移した。彼らは関係者にインタビューをして、政府の関係文書を調査し、一次データを集め、情報源・引用文献も注意して記述した。

最終レポートが準備されているときに、グレース社はレポートが私のもとで作成されており、それは同社のイメージにとって好ましくないという情報を得た。同社の副社長がタフツ大学の当時の学長、世界的に有名な栄養学者であるジーン・マイヤー（Jean Mayer）博士に面会した。マイヤーは政府が社会的責任として飢餓に取り組み、貧困のもとでも妊婦や新生児が充分の栄養を摂取できるようにすべきであることを、頻繁にまた多くの著作で主張しており、婦子女に食料品クーポンを給付する「女性、幼児、児童支援プログラム」（Women, Infants, and Children (WIC) Program）の立案者のひとりであった。

グレース社の副社長の訪問の目的は、「水質の化学汚染――マサチューセッツ州のアクトンの事例」（Chemical Contamination of Water: The Case of Acton, Massachusetts）というタイトルの私の学生のレポートの公表を差し止め、指導教員としての私を非難するよう求めることであった。たぶんグレース社の副社長はタフツの学長に、企業に好意的でないクリムスキーのような教員なしでも大学はうまくいく、と伝えたかったのであろう。私と学生たちにとって幸運だったことに、マイヤー学長はその訪問者の言葉を受け入れず、教員がその分野で適切と考えることを教育し発表し発言する学問の自由を大学は守ると伝えた。

このケースでは、グレース社はタフツ大学に足場を築いていなかった。同社は大学の理事会にメンバーを送り込んでいなかったし、大きな助成金を出してもいなかった。さらに、数年後に私が知ったことだが、ジーン・マイヤー学長は化学メーカーとしてのグレース社のライバルであるモンサント社の社外重役であったのである。

一度ならずもさまざまなケースで、私は学問の自由とお金が衝突した場合、大学は金額が充分に大きければお金のほうを選択するのを見てきた。テニュアを保証されていない限り、大学は教員を解雇できる。学問の自由でなくお金が偉大な大学をつくると考えている事務局にとって、お金かテニュアを持っていない教員か、どちらかを取れといわれれば、お金、ということで決着する。

いかに頻繁にそのようなトレードオフが起きているかは誰も本当にはわからない。逸話的なものばかりである。大学事務局は、重要な資金提供者を困らせる問題発言のために教員を解雇したり採用を拒否したりしたことを認めたがらない。

たとえば、デイビッド・ヒーリィ（David Healy）はトロント大学で中毒・精神衛生センターの臨床試験の長として年に二五万ドルの給与で採用された。二〇〇〇年一一月に、ヒーリィはセンターで彼とスタッフの研究結果としてプロザック（Prozac）という薬は自殺を誘発する可能性があると発言した。プロザックの製造元であるイーライ・リリイ（Eli Lilly）社は同大の付属病院への主要な寄付者であり、同社の人間がその発言のあった場にいたと伝えられている。

彼の発言から数週間後、ヒーリィはセンターの内科部長からの手紙で、彼は大学のプログラムのリーダーとしては適格でないので彼の採用は取り消されたと告げられた。ヒーリィはプロザックと自殺との関係を話したすぐ後での任命取り消しは学問の自由の侵害だとして、数百万ドルの損害賠償をトロント大学と付属病院に対しておこした(34)。トロント大学のセンターの公式見解は、彼の任命取り消しは外部の寄付者からの影響でなく内部の決定だということであった。二〇〇二年五月までに、大学とヒーリィとは公表されていない金額で和解し、大学はヒーリィを医学部客員教授に任命した。両者共同の発表によれば、ヒーリィは彼の採用取り消しは彼がプロザックを批判した二〇〇〇年一一月のスピーチにあると今でも思っているが、企業が大学の判断に対して影響力を行使していないという大学の説明は受け入れたということであった(35)。この種の状況では、製薬会社は実際にヒーリィの運命に影響を与える役割をほとんどかまったく果たしていないであろう。企業の価値観・利益はすでに病院と大学の管理職の頭脳にインプットされていて、あらためてスポンサー企業のことを考慮する必要はないのである。

もうひとつの事例は、病院と医学部との間でいつも存在してきた緊張した関係に注目を集める。臨床医は通常、異なる倫理規定を持つこの二つの組織両方から任命されている。これらの規則を調和させようとするには、両者は（メンバーの重複はあるが）異なる理事会や執行役員会を持つ独立した組織で、相互利益のために協力するのだということを認識しておかなくてはならない。

デイビッド・カーン(David Kern)は職業病の内科医で、ロードアイランド州ポータケットの記念病院に勤めていた。そこで、彼は一九八六年以来、内科主任兼産業・環境衛生学センター長であった。カーン博士は給与のすべては病院からであったが、プロビデンスのブラウン大学医学部の准教授でもあった。一九九四年、（ロードアイランド州ポータケットにある）マイクロファイバー（Microfibres）社の工場のひとりの労働者が息切れや咳の症状を訴えていた。彼はカーンの診断を受けた。マイクロファイバー社のすべての工場（オンタリオ州キングストンにも工場があった）の製造過程は、（毛くずと呼ばれる）ナイロンの細かい切れ端を綿やポリエステルの生地に糊付けする作業を含んでいた。この工程で自動車や家具向けシートカバーに使われるビロード状の生地ができた。

機密保護条項に署名して、カーンは工場を訪問したが原因はわからなかった。一年後、第二の工員が同様の症状でカーンを訪れたとき、カーンは会社側に工場の何かが二人の病気の原因ではないかと告げた。彼は会社に自分を記念病院を通して雇って工場に健康に有害なものがないか調査させるよう進言した。また、会社に国立労働安全衛生研究所（National Institute of Occupational Safety and Health, NIOSH）に連絡することも勧めた。その結果、マイクロファイバー社は同研究所と接触し、カーンを口頭での依頼だったがこの不思議な肺疾患の原因究明のために雇った(36)。ついに、その病気は「毛くず工員肺疾患」と呼ばれるようになった。実際、ほかの症例が一九九〇年代初めに同社のオンタリオ州キングストンの工場でも報告されていた。

一九九六年一〇月、医学調査は進行中であったが、カーンは一九九七年のアメリカ胸部疾患学会でその病気に関して発表するため要旨を作成した(37)。彼が要旨を執筆した目的はほかの医師にこの病気のことを知らせることと、彼らから何か情報を得ることの二つであった。マイクロファイバー社は彼の結論は最終的でなく彼は一九九四年に工場を訪れたときに機密保護に同意しているとして、要旨発表に反対した(38)。カーンは彼の署名した機密保護の同意は彼が工場で発見した職業病について発表することまでカバーしないと考えたが、マイクロファイバー社は同社が彼に支払ったすべての仕事の結果をカバーしていると主張した。カーンは企業名や場所を隠すよう書き直すという妥協案を出した。マイクロファイバー社はこの提案を拒否したが、カーンは公表することに決めた。ブラウン大学では、事務局は要旨を公表する法的権利に関してカーンと異なる見解を持っていた(39)。大学の副学部長はカーンにマイクロファイバー社の調査で発見したことの発表を取りやめるよう求めた。そして、カーンは従わなかった。

一九九七年五月のアメリカ胸部疾患学会の発表から一ヵ月後、カーンは手紙で、記念病院とブラウン大学(両者からの任命は一体であった)は一九九九年に五年間の任期が終了した後は契約を更新しないと告げられた。病院側はこれは要旨を発表したことへの報復ではないと主張した。

多くのメディアが報道するように、カーンのケースは企業に雇われた臨床研究者として職場での潜在的な危険を評価する(そして報告する)という責任と、機密を守りたい会社との衝突である。なぜ臨床研究者としての契約は、彼が発表をした直後に切れたのだろうか。ひとつの理由は、病院は訴訟が怖かったのである。もうひとつの理由はカーン自身が言うように、マイクロファイバー社を所有する一族が病院に多額の寄付を行い、病院の経営陣の中にもいるからであろう(40)。カーンは「ボストングローブ」紙に、「結局、煙が晴れると、科学的発見は金銭的利益の前では抑圧されるということが明らかになった。公衆衛生にとって意味があろうとなかろうと、大学からの反応はほとんどないであろう」(41)と語ったと報道された。

カーンの場合と同様に、次の事例では、企業が強い影響力を行使して(一時的とはいえ)臨床研究者が医療プログラムの長からはずされるという事態に医師、大学、病院が巻き込まれた。

ナンシー・オリビエリ(Nancy Olivieri)博士は遺伝性の血液病、とくに正常な血液細胞をつくることができなくなるサラセミアの治療法の専門家であった。彼女はトロント大学とその研修病院のひとつである疾病小児病院に勤務していた。オリビエリのサラセミアの患者は異常な血液細胞を取り除くため定期的に輸血を受けなくてはならなかった。輸血そのものも、過剰な鉄分が主要な内臓に沈着することによる危険があった。あまりに過剰な鉄分は致死的なので取り除かなくてはならなかった。オリビエリは試験中だったデフェリプロンという鉄キレート剤〔カニのはさみのように金属と鎖体結合して金属を体外に排出させる薬剤」に関心を持った。そのときには、その薬は鉄分の蓄積を抑制するのに有望に思われた。

一九九三年、オリビエリはカナダの製薬会社アポテックス（Apotex）社とランダム化［無作為化］臨床試験での協力に関する契約を結んだ。臨床試験の目的は、この薬の有効性を標準的に使われているデフェロキサミンという薬と比較することであった。オリビエリはスポンサー企業が臨床試験終了後一年間、臨床試験を公表する権利を独占的に持つことを認めた機密保護条項も含んだ契約に署名した。契約のこの条項は外部との研究契約に関する大学のポリシーとも一致するものであった。一方で、大学とアポテックス社はキャンパスに建てる新しい医学研究センターへの多額の寄付を話し合っていた。拘束力のない合意ではあったが、一九九八年にアポテックス社はトロント大学のリサーチセンターに一二七〇万ドルを寄付することに同意した。これほど大きい寄付なら、どんな大学でも、企業の利益にきわめて鋭敏になるだろう。実際、大学がカナダ政府に対してジェネリック薬産業の不利益になる規制の実施延期を陳情することが寄付の条件であった(42)。サラセミアの患者の肝臓の鉄分量を減少もしくは維持しておくことに関して、新しいキレート剤の結果は当初は有望であった。しかしながら、有効性について疑問が生じた。この疑問に答えるため、オリビエリは二度目の臨床試験を行ったが、このときには彼女はアポテックス社と機密保護条項に署名していなかった(43)。

一九九六年、オリビエリは二回目の臨床試験に入ったが、彼女は薬の効能は減少し始め、時として患者に有害な場合も生ずることを発見した。危険性についての解釈で彼女ともめていたアポテック社は、もし彼女が二回目の臨床試験の結果を患者や同僚に知らせたら、最初の臨床試験のときの利益相反契約に違反するとして法的に訴えると脅した。同社は彼女が試験実施計画書に反したと非難し、彼女が監督していた試験を打ち切った。

オリビエリが署名し、トロント大学と研修病院である疾病小児病院が認めた最初の契約には、明らかに、臨床試験中ならびに終了後一年間、企業は結果公表を抑制する権利を持つとある。病院の研究倫理委員会（Research Ethics Board, REB）はひどい副作用がある場合でさえ、臨床試験に参加している患者の利益を守るための安全に関する条項を試験実施計画書に含めることを求めなかった。通常は、そのような条項があれば、一年間の緘口令をひっくり返し、医師が報告の義務をまっとうできることになる。研究倫理委員会の委員長は、オリビエリが患者との臨床試験参加同意書の中で薬のリスクを知らせるということには賛同した。これは企業の方針とは合わないものであった。一九九六年五月にオリビエリが改定された患者との同意書を研究倫理委員会に提出したあとで、企業は臨床試験を打ち切った。

もし彼女が、会社の同意なしに、患者をふくめて誰かにリスクについて話したら、アポテックス社は彼女を訴えると脅していたが、彼女は「患者への報告の義務」を契約上の義務の中で優先させた。彼女は中止させられた臨床試験の中から集めたデータをもとに二つの報告要旨を発表し、一九九七年の学会で発表した。

要旨が発表されたあとで、オリビエリは疾病小児病院のヘモグロビン治療プログラムの長をはずされた。彼女の更迭後、大学と病院はアポテックス社に対する彼女の法的係争の責任を引き受け、彼女の学問の自由を肯定し、彼女が不当に批判されていたことを認めた。一九九八年、大学とアポテックス社はオリビエリの問題が解決するまで、数百万ドルの寄付についての話し合いは中断することに同意した。一年後、アポテックス社は寄付のことを白紙に戻した。二〇〇一年一〇月、三人の教授による委員会はナンシー・オリビエリは倫理的にも職務としても正しい行動をとったと認定した(44)。その結果、彼女はもとの地位に再任命された。カナダ大学教員協会と内科・外科医師会による別の調査もオリビエリの名誉を回復した。

この事例は大学の利益相反の問題に注目を集めさせることになった。教員は倫理的に正しいことをしようとしているのに、大学側にバイアスが生じている。二〇〇一年三月、トロント大学と付属研修病院は、臨床医が患者にリスクを開示することを制限した条項のある契約を認めない新しいポリシーを採用した。しかしながら、最近の調査によると、この種の制限約款はアメリカやカナダの多くの大学で依然として認められている(45)。

大学の利益相反――規範を求めて

産学連携に対するメディアの急速な関心は奇妙な効果をもたらしている。一方で、対外関係に関わる事務局幹部は問題に気をつけるようになった。しかしながら、企業との関係が新しい規制や政府からの資金の喪失につながらない限り、大学幹部は教員に高い倫理的規範を課す理由はない。もう一方で、民間からの資金を制限する規範を公然と非難する大学はその地位を確固たるものにしている。実際の記録として、倫理的ガイドラインを緩くすると民間セクターから大学への資金は増加する。私は、タフツ大学のジーン・マイヤー元学長の言葉が印象に残っている。彼は兵器開発の資金受け入れには反対していたが、ミサイル防衛網開発計画（スターウォーズ計画）では方針転換した。彼は冗談で、「汚れたお金が悪い唯一の理由は量が少ないということだ」と言った。研究の規範が少しずつ変化しているので、多くの大学は、他大学が利益相反の規範を緩めて利益を得ているときに、遅れをとりたくはない。

一九九八年の悪名高いツェンの事件（第二章参照）の後、ハーバード大学医学部は教員に対して比較的厳しい利益相反規定を設けている。医学部教員は二万ドル以上の価値の株を持っていたり、一万ドル以上のコンサルタント料やライセンス・ロイヤルティをもらっている企業のために研究を行ってはならない。これは六〇〇〇人以上のフルタイムの教員に適用される。また、二〇％（たとえば、週一日）以上の時間を学外での勤務に当ててはいけない。これは規則集に盛られただけの規則で多くの大学で厳正に実施されてはいない。論文を発表するときには、研究を支援したり研究成果の知的財産を持っている企業との金銭的利害関係を開示しなくてはならない。二〇〇〇年にハーバード大学はより競争的になるため規則の緩和を検討していたと伝えられていた。同大学の医学部長は、教員がコンサルティングや利益の出る株の保有で個人的な収入を増加させることができる他大学に移ってしまうと論じていた。「企業との協力の下で行われる研究プロジェクトへのガイドライン」（Guidelines for Research Projects Undertaken in Cooperation with Industry）というレポートの中で、ハーバード大学の研究ポリシーに関する常設委員会は、企業との協力関係での大きいな柔軟性を認め、研究資金を出す企業からコンサルティング料としてもらえる金額や、その企業の株を保有することでの上限を緩くする新しい指針を提案した。

ハーバード大学の利益相反に対する慎重な態度とは対照的に、スタンフォード大学医学部は株の保有やロイヤルティ受け取りで決められた上限はない。一〇万ドル相当もしくは企業の株式の〇・五％以上を持っている教員は大学に届け出なくてはならない。それから、それが問題かどうかはケースバイケースで判断される。マサチューセッツ工科大学では、実際に運用されている規則は、教員が持ってよい株は金額でなく企業の株価に影響を与えることができるか否かということで判断される。

二〇〇〇年五月にハーバード大学はこれまでの経緯を再考して利益相反の指針の緩和を行わないこととした。この決定は遺伝子治療法の臨床試験に参加して十代の若者が死亡したというペンシルバニア大学の事件がさかんに報道されていた時期に行われた。事件の調査で、臨床試験の研究責任者が民間企業と商業的な関係を持っており、それが参加した患者には開示されていなかったことが明らかになった。

利益相反に関する大学のガイドラインの現状はどうなのであろうか。意味があり信頼できるガイドラインを大学がつくるにはどのような誘因があるのであろうか。国立衛生研究所と全米科学財団とから合わせて年に五〇〇万ドル以上の研究費を受けている一二七の医学部と一七〇の研究機関を対象とした全国調査は、大学での利益相反のポリシーの現状と多様性について有用な情報を与えてくれる(46)。八五％の回答率で、調査は二五〇の医学部・研究機関からの回答を得た。一四の回答者が利益相反ポリシーを持っていないと答えた。ポリシーを持っていると答えた中では、九二％が一九九四年六月二八日、連邦政府の利益相反ガイドラインの最初の案が発表されたとき以降に発効したと答えている。連邦政府による利益相反ガイドライン制定の義務化は、大学が利益相反の指針や実施手続きを制定することにもっとも重要な誘因であった。

この調査は大学の間でガイドラインには差異があることを明らかにしたが、共通点もひとつある。それは「利益相反の管理と教員が届出なかったことへの罰則はケースバイケースで判断される」ということである(47)。研究機関のうち、教員によって最初に届出られた利益相反に関してつねに同じ態度で臨むことを定めているのは、たった一つであると報告している。二〇〇一年一一月に出された会計検査院の報告も多くの関係者がすでに疑っていたことを確認する結果になった。つまり、大学の利益相反の処理の仕方には重大な欠落があるということである(48)。会計検査院は国立衛生研究所からの研究資金の受け取りが多い上位二〇のうちの五大学について詳しく調査した。これらは国立衛生研究所から資金を受けている大学の数の一％に当たる。調査結果のうちもっとも問題があるのは、大学は研究者自身に大学が定めた利益相反のポリシーに違反していないか判断させており、大学教員の監視は実際には無いに等しいということである。利益相反の管理はほとんどの大学で婉曲的であり、教員の企業家的な行為が困惑させられることがないように表面的な試みだけがなされている。

教員の利益相反だけが大学が直面している課題ではない。大学や非営利研究センターがますます営利目的のベンチャー企業の共同出資者になって、大学教員の研究成果としての特許の知的財産権の共同所有者となっている。別の場合では、学長、副学長、学部長といった大学の上のクラスの幹部が大学と関係を持っている企業の社外重役となっている。そのような関係が大学の使命に妥協を強いるとき、またはある研究プログラムの結果に大学が金銭的利益を持っているように見えるとき、この関係は「組織的利益相反」と呼ばれる。組織的利益相反のほうが教員個人の利益相反より深刻な問題だと主張する人もいる。レズニック（David Resnik）とシャムー（Adil Shamoo）によれば、「組織的利益相反は大学内外の数十人いや数千人に影響を与えることができるので、個人的な利益相反よりも潜在的可能性の大きな影響力を持つ」(49)。皮肉なことに、個人的利益相反についてはメディアの報道も多いのだが、組織的利益相反に対する注目度は小さい。

保健福祉省が一九九四年に大学と助成金を受ける研究者への利益相反規制を準備していたとき、組織的利益相反の問題も考慮されていた。同省が原案に対する意見をいろいろと聞いたところ、新しく作られる規制は組織的利益相反を含むべきでないという意見が圧倒的であった。保健福祉省はその意見を聞き入れ、一九九五年の最終的な規制から組織的利益相反は一切削除して、それは別個のプロセスで議論されることとした(50)。今日まで、その別個のプロセスでの議論は行われていない。この一九九五年の規制では、大学は教員の利益相反を管理することが求められた。しかし、誰が組織的利益相反を管理できるのであろうか。組織的利益相反を管理することのジレンマについて前出のレズニックとシャムーは次のように述べている。

大学には民間企業との関係を監督・管理する信頼できる道徳的権威を持った人物がいない。大学はだれに対して利益相反を開示するのか。これらの利益相反は管理できる、監視できる、禁止されるべきだ、避けるべきだ、といった判断をだれがするのであろうか。正式な行政機関である理事会や評議会はこれらの関係を監視する法的権限を持っているが、彼ら自身が管理されるべき利益相反の真っ只中にいるかもしれない(51)。

注目すべき事例として、ボストン大学は医薬品での大学発ベンチャーのセラジェン(Seragen)社と密接な関係を維持していた。デイビッド・ブルーメンタール(David Blumenthal)は一九九四年に「大学自身、理事会のメンバー個人、学長、教員がこの会社の多くの株を所有し、この会社が大学の研究に資金提供した」(52)と報告している。これ以上の利益相反はおきにくい。

医学部が営利企業の株を持ち、その企業の製品である薬の臨床試験も行っているという場合を考えてみよう。その大学のリサーチセンターが臨床試験の一部になっている薬を対象とした研究のために政府資金を申し込んだ場合、企業との関係は考慮されなくてよいのであろうか。大学の施設で研究が行われた場合、大学の金銭的利益と研究とは相反しないのだろうか。大学から給与もらっている教員はその研究結果が大学の資産に大きな影響を与えるときに、公平無私な態度で研究できるのであろうか。研究者はそのような状況に置かれるべきなのであろうか。

大学と教員とが研究の商業化でのパートナーになると、相反は避けることができない。大学の企業家精神に関するある研究は次のような疑問を呈している。「大学が教員の発見をある企業にライセンスして、その見返りにその企業の株式を所有していた場合、その企業が特許侵害で訴えられたとき、だれを信用してよいのであろうか」(53)。執筆者たちは、自分の発明が安くライセンスされすぎているとして大学を訴えた教員の事例を紹介している。

大学の研究環境は永久的に躊躇することもなく民間企業

と結びついていると一般にはみなされている。企業からの研究資金受け入れの中止を求める責任ある声は聞かれない。利益相反を管理することへの反応の多くは、責任ある契約書をつくり、教員による企業の株式保有にはきびしい制限を設け、研究者が研究計画から結果の公表まで研究状況を完全にコントロールすることに焦点を合わせている。

しかし、たとえその動機が慈善的に見えても、企業から大学への資金提供が否定されるべきときというのはあるだろうか。この疑問はノッティンガム大学の事務局が二〇〇〇年一二月に直面したものである。大学はブリティッシュ・アメリカン・タバコ（British American Tobacco）社からイギリス初の「企業の社会的責任に関する国際研究センター」（International Center for Corporate Social Responsibility）設立のために五三〇〇万ドルの寄付の申し出を受けた(54)。このころ、そのタバコ会社は喫煙の健康被害で訴訟に陥っていた。タバコ大企業から皮肉にも社会的責任を研究するセンターが寄付を受けることは、学内ですぐ注目を集めた。機密情報に基づいて作成され裁判の中で明らかにされた世界保健機構の検討会による報告書によれば、タバコ会社は、タバコとがんとの因果関係を論駁するため科学者による研究組織をつくり資金を出していた(55)。そのような企業と連携すれば、大学の高潔さに妥協を招き傷がつくのではないだろうか。この寄付はタバコ会社とノッティンガム大学との賛助関係を築いて、大学のタバコ研究や倫理的行動にも影響を及ぼすのではないだろうか。大学は、資金を受け取ることは合法であり、設立するセンターはタバコ会社からは完全に独立しており、大学の厳格な倫理ガイドラインのもとに置かれるとして、資金受け入れを見直さなかった。さらに、大学の事務局幹部はセンターの使うお金は社会に貢献すると述べた。

資金提供から一年のうちに、大学への抗議として、従来からの資金提供者の一人はノッティンガム大学への二〇〇万ドルの資金をほかの大学にまわすと発表した。権威ある「ブリティッシュ・メディカル・ジャーナル」（*British Medical Journal*）誌の編集者はタバコ会社からの寄付に抗議して、ノッティンガム大学での嘱託教授を辞任した。

大学の誘因構造の多くは大学に教員の利益相反や大学自身の組織的利益相反を見て見ぬふりをするように仕向ける。すべての関係者がまともな説明責任、透明性、制裁についてある程度合意しないのならば、ガイドラインを作って、組織的に共犯となっていることや問題を看過することへの流れを逆転させようとすることはうまくいかないであろう。かつては利害関係者間の摩擦の中で中立の立場にいると考えられていた大学は、いまやその真っ只中にいる。「高等教育新聞」の中で、カリフォルニア大学リバーサイド校の学長で物理学者のレイモンド・オルバック（Raymond Orbach）は大学は環境保護問題などの公共政策論争において産業界と公共部門の中での「正直な仲裁者」としての役割を果たすことができると述べている。彼が見逃しているのは、今日の状態では「正直な仲裁者」のモデルは機能しないということである。彼は「見かけ上の利益相反でも回避するよう努めることが、大学が正直な仲裁者となるために重要な課題である」と述べている(56)。現実には、カリフォルニア大学の別のキャンパス（アーバイン校）ではがんの研究者と企業との密接な関係がスキャンダルに発展していた(57)。

ほとんどの大学が厳密な中立性を主張できない。バイオテクノロジーの分野はとくに利益相反に満ち溢れている。一九九二年の「ネイチャー」誌の論説は、「一九七〇年代末から一九八〇年代初めにヘキスト、デュポン、モンサントなどの企業が数百万ドルを大学との連携に出して、大学の生物学者が企業の方に最初の一歩をおどおどと踏み出したとき以来、研究者コミュニティは大学の魂について心配してきた」(58)と述べた。そして、知識を追究する純粋な美徳と、商品化の波や市場からの圧力からその追究の営みを保護することがなければ、大学の魂というのは何なのであろうか。次の章では知的財産権がもともとの技術という概念から今日の科学知識の化身にいかにして変化してきたかを見る。この変化は大学を科学的発見の新しい市場の中での知識の取引相手としてしまう。大学で確固たるものになっている急速な商業化は、知的財産に対する新しい法的環境によって著しく容易なものになった。

第四章　財産権としての知識

メリーランド州のバイオテクノロジー企業であるヒューマンゲノムサイエンス（Human Genome Science）社の遺伝子、それはエイズウイルスがヒトの細胞にいかに感染するかを解明する手がかりを与えるかもしれないと騒がれていたものであるが、それに二〇〇〇年二月、アメリカの特許商標庁は特許を与えた。同社の研究者はＨＩＶウイルスが細胞に入っていくことを可能にさせる（ＣＣケモカイン・レセプター5、CCR5と呼ばれる）受容体に指令を出す遺伝子を同定し解読した。遺伝子の突然変異でたんぱく質の複製がうまくできない人は、エイズウイルスと接触しても感染しないと考えられていた(1)。そのような遺伝子の発見は、ＨＩＶをヒトの細胞に感染させる受容体の能力をなくさせることの手がかりになる。一九九五年六月頃、ヒューマンゲノムサイエンス社が遺伝子の特許を申請したとき、申請書の中ではそのタンパク質がＨＩＶウイルスの細胞への進入経路に果たす役割については何もふれられていない。ただ、遺伝子またはそれが合成するタンパク質は多くの疾病に対して効果を持ち、ウイルス受容体として機能できるかもしれないと書かれていた。二〇〇〇年七月までに、同社は一〇〇件以上のヒト遺伝子特許を取得し七五〇〇件以上が審査中である。ＣＣケモカイン・レセプターへの特許は同社にエイズ受容体遺伝子とそのタンパク質を、エイズ治療薬含めたいかなる検査薬や治療薬の開発のために使用することに関して二〇年間の独占を与えた(2)。

多くの人々は生物の遺伝子に特許が与えられることに当惑した。それらは天然物ではないのか。特許制度は発明への誘因を与えるものではないのか。企業はその遺伝子を発明しなかった。それはホモサピエンスの自然の進化の賜物だ。ほんとうに奇妙なことは、その遺伝子によるエイズの治療法開発はもちろん、エイズとの関連性そのものも企業が知らなかった時点で特許が与えられたことである。いかにして遺伝子のような「天然物」に特許が与えられることができるのか。いったん、遺伝子が特許になれば、特許所有者はライセンス料を払った研究者や企業のみがその遺伝子配列を使用できるように制限することができる。また特許所有者はライセンス先を限定できる。エイズ治療薬開発の競争は少数の企業に限定されるであろう。もしくは、制限せず広くライセンスして、開発への競争者を多くすることもできる。

知的財産権の歴史的起源

人間の創造的な著作や発明から発生する経済的価値である知的財産権の保護の起源は、アメリカ独特でも資本主義独特でもない。歴史家は中世の封建社会において発明の保護があったことを明らかにしている。ベニスの町は一二〇〇年代に絹の製造機具の発明には一〇年間の独占を与えていた。もっとも有名な特許取得者は物理学者のガリレオで、一五九四年に馬の力を利用したポンプの発明でベニス議会から特許を得た。一六二四年、イギリスは特許法を制定し発明に対して特許を与えることを定めた。

アメリカは知的財産と特許の概念をわれわれの祖先が想像もしなかった、また現代人でさえ当惑するくらいにまで拡張してきた。特許商標庁は動物、DNA、遺伝子、微生物、植物、自然界に見られる化学物質にまで特許を認めている。いかにしてわれわれは、綿繰り機やパスツールのワインを作る微生物に特許を与えることから、エイズに関係する遺伝子に特許を与えるようにまでなったのであろうか。ヒトゲノムの中での大もうけになりそうな遺伝子配列を見込んでのDNA特許の殺到は、生物医学の文化と行為にどのような影響をもたらすのであろうか。

アメリカの建国の父の中で、ベンジャミン・フランクリン（Benjamin Franklin）とトーマス・ジェファーソン（Thomas Jefferson）は傑出した発明家であった。とくに、ジェファーソンはいかにして新しい憲法が科学と発明とを促進すべきかを真剣に考えていた。一七九〇年以前、アメリカの植民地は植民地の法令にもとづいて特許を与えていた。植民地の各州政府が発明家の権利を保護していた。しかし、ジェファーソンは連邦憲法に特許の条項を入れるかどうか迷っていた。ジェファーソンは「権利の章典」を憲法に含めたかった。そこでは言論の自由、信教の自由、独占からの保護が保障されるのだが、しかし、特許というのは期間限定とはいえ独占なのであった。

一方、ジェームズ・マディソン（James Madison）は、特許とはちょっとした犠牲であるが、それは実用的技術を促進させるものと信じていた。彼は一七八八年にジェファーソンへの手紙で、「独占については、政府の中でもっとも厄介なものとみなされている。しかし、文学や工夫に富んだ発見を促進するので、全面的に否定するわけにはいかない価値のあるものだ」と書いている(3)。「フェデラリスト・ペーパー」（Federalist Paper）［マディソンらがニューヨーク州民に対して新憲法批准の重要性を説くため新聞に連載した一連の論評］の四三号でマディソンは「作者の著作権はイギリスではコモンローの権利として厳粛に宣言されてきた。有用な発明も発明者にとって同様の権利のようなものである」と述べた(4)。ジェファーソンはついに、著作物と発明に対して限定された期間の独占を認めることに同意した。面白いことに彼は自分自身の発明からは特許をとらなかった。彼は発明に見られる人間の創意工夫の才は私物化されるべきでないと信じていた。彼はまた発明家は発明を秘密にしないで公開するという条件で、発明からの報酬を受ける権利を社会との契約の中で与えられるのであると考えていた。しかしながら、最終的には、ジェファーソンは特許が人間の創意工夫の才を刺激するというマディソンの考えに同意した。

以下の部分は歴史である。著作権や特許は憲法本体の中に含まれた基本的権利となり、「権利の章典」とは別になった。憲法第一条第八項によれば「議会は作者、発明者のその著作物、発明に関して定められた期間の独占権を与えることによって科学と有用な技巧の進歩を促進する権限を持つ」。一七九〇年の特許法によって特許庁［現在の特許商標庁］が設立された。特許申請は国務長官（ジェファーソン）、国防長官、司法長官の三人からなる委員会で審査された。三年間に一一四件が審査され四九件の特許が認められた。一七九三年、議会は新たな特許法を成立させ、長官らの負担を軽減するため審査を担当する特別な部署が作られた。

アメリカの特許政策

二〇〇年以上にわたって、アメリカ特許商標庁は特許制度の促進を通してわれわれを産業革命、化学の時代、そして今日のコンピュータ・バイオテクノロジー革命に導いてきた。特許法（合衆国法典第三五編第一〇一条）によれば、特許は「新しく有用な方法、機械、生産物、組成物、または新しく有用な改良を発明または発見した人」に与えられる。最近、特許法とその解釈は生物、天然物、遺伝の基本的単位――遺伝子――にまで及ぶ。いかにしてわれわれは、発明への報酬としての特許と自然界の物質に与えられる特許とに整合性を持てるのであろうか。この考えを理解する鍵は、特許化できるには人間が自然界のものに働きかけて、ある状態から別の状態に変形させて社会的有用性を持つようにしなければならないということである。特許を得るには、申請者は発明の有用性、新規性、非自明性「その分野で通常の知識を持っている者ならばだれでも知っているようなことではないということ」を示さなくてはならない。一九一二年、最高裁判所は分離・精製されたアドレナリンに特許を認めた。天然のものに比べて新規性があると判断された。したがって、もし天然の未精製の状態から抽出し精製するのに工夫と発明が必要ならば、自然の産物でも特許をとれるのである。われわれは自然にある状態から抽出したものをふつうは「製造物」とか「組成物」とみなさない。しかし、裁判所は特許商標庁に対して特許として認めるように求めている。土壌から取り出された微生物に特許が与えられている。したがって、われわれは特許の法律・規則における原則のひとつとして、化学的・生物学的物質は自然に存在しない形に変えるために人が工夫をしているのならば特許になる、と言えるだろう。たとえば、生命特許を調べているルイス・グエニン（Louis Guenin）は「アメリカの特許商標庁は・・・・キュリウム、アメリシウムの同位体、超ウラン元素という人間の力によってサイクロトロンや原子炉の中でしか存在しないものについてグレン・シーボーグ（Glenn Seaborg）に特許を与えた」と述べた（5）。同様に、分離された核酸への最初の特許は一九四五年に与えられ、二一年後に発酵法によるリボ核酸調製に対して特許が与えられた（6）。

それでは、この原則はいかに遺伝子に適用できるであろうか。遺伝子特許は新しい化合物への特許のように扱われている。遺伝子特許を支持する二つの根拠がある。ひとつは「干草の中の針」の原則である。別の表現では、ゲノム（遺伝子の組）の中から遺伝子を見つけ取り出すには工夫が必要であるというものだ。染色体から抽出し精製した遺伝子は少なくとも明白な形では自然界に存在していない。いったん、抽出・精製されると、遺伝子はほかの生物の中で複製（再生）され、遺伝子や突然変異したものを検出する分析法に利用できる。第二の根拠は、遺伝子特許は「新しい組成物」の範疇に入るというものである。この理由として、「ネイチャー」誌への投書にある議論を見てみよう。執筆者は遺伝子特許の法的根拠を次のように書いている。

> 抗生物質は今日ＤＮＡ塩基配列の特許に反対するのと同じ議論に直面しながらも何年にもわたって特許として認められてきた。しかし、抗生物質は生物の中で作られた天然の分子で本当の意味で「人間によって作られたのでなく」発見されたものである。なぜ、それらは発明とみなされ特許が与えられるのであろうか。じつは、生物によって作られた自然の状態の抗生物質は特許にならないのである。しかし、もし個人や企業が適切な生物を捜し見つけだし、その代謝産物の中から有用な特性を特定し、それを製品として抽出・精製・評価して、それを生産・使用する方法を編み出したのならば、その結果は天然の抗生物質でなく人間の発明の才の純粋な成果である（7）。

この執筆者は自然に抽出され精製された抗生物質とＤＮＡとの類似性を指摘する。「生物体内で酵素、ホルモンなどさまざまなものの生産を指令している自然の状態では特許にならない。しかし、たとえばエリスロポエチン「造血ホルモン」をコードするＤＮＡ塩基配列が同定され、特性が明らかにされ、生産にふさわしい状態にできるのならば・・・・特許として正当化できる」（8）。

科学者はヒトの染色体から取り出したＤＮＡを自然の状態のままで特許申請しようとはしない。遺伝子研究では日常的な作業となっている、遺伝子暗号解読のための機械的な方法によって明らかにされたＤＮＡ塩基配列そのものは特許の求める新規性の基準を満たさないかもしれない。しかし、科学者はＤＮＡ塩基配列を相補ＤＮＡ（*Complimentary DNA*またはｃＤＮＡ）と呼ばれるものに転換する。タンパク質をコードする遺伝子は通常、タンパク質合成に必要のない、余分で関係のない塩基配列を持っている。余分な配列（イントロン）が取り除かれると、ｃＤＮＡが残る。ｃＤＮＡは自然界には見られないので、特許となる物質は自然の産物ではない。この点はケブレス（Daniel Kevles）とフッド（Leroy Hood）は彼らの本『遺伝暗号の規則』（*The Code of Codes*）の中で次のように述べている。

> 遺伝子は少なくとも細胞の染色体の中ではイントロン［タンパク質の合成に直接必要な情報を持たない部分］とエクソン［タンパク質の合成に必要な情報を持つ部分］が混ざった状態で存在する。しかし、いわゆる相補ＤＮＡ［原著引用の原文はcopy DNAとなっているがcomplimentary DNAの意味と思われる］（ｃＤＮＡ）の遺伝子は、イントロンが除かれており、自然には存在しない。ｃＤＮＡの遺伝子は、細胞の転写機構によってｍＲＮＡ（Messenger RNA）に転写されうるが、ｃＤＮＡそのものが細胞中に天然に存在することはない。それは逆転写酵素［ｍＲＮＡを鋳型にして相補ＤＮＡを作る酵素］を使って人間によって作られるので、特許となるのである(9)。

生命特許、今昔

われわれはまだ実体物に対する特許について議論しているわけで、物理的法則や抽象的なアイディアについてではない。したがって、われわれは遺伝学の基本法則を特許化することはできない。しかし、実体物の特許化と知識の特許化とをはっきり区別する境界線はあるのであろうか。そして、生きていない実体物と生きている実体物の違いはどうであろうか。

アメリカの特許法が生物に特許を出すべきだという議会の意図を明らかに具体化したものであったかどうかという問題は一九八〇年の「ダイヤモンド対チャクラバティ」（Diamond v. Chakrabarty）の最高裁判決での中心テーマとなっ

た。一八七三年にルイ・パスツール（Louis Pasteur）は酵母菌でアメリカ特許一四一〇七二番を取得した。それは生きているものへの特許の最初であった。しかし、特許は生物そのものでなく特定のプロセスの中での生きものに対してであった。だれも、発明の中でいかに使われるかということと関係なしに生物そのものに独占権を持つことはできなかった。一九八〇年の最高裁判決までは。

「ダイヤモンド対チャクラバティ」では(10)、ジェネラルエレクトリック社のある研究者（Dr. Ananda Chakrabarty）が、炭水化物を分解する性質を持ったシュードモナス属細菌（Pseudomonas）と呼ばれる土中の微生物を研究していた。彼はシュードモナス属細菌のいくつかの種からプラスミド（環状ＤＮＡで、特定の炭化水素を代謝する能力を持つ）を抽出し彼の選んだ菌株に導入した。一九七二年六月七日、二つの特許申請がなされた。ひとつは新規に樹立されたシュードモナス属細菌を使っての原油流出時の原油分解の方法であり、もうひとつはこの菌株そのものへの特許であった。特許申請の要旨では「他に存在しない微生物が遺伝子工学の技術を用いて作られた。これらの微生物は少なくとも異なる分解経路を持つ二つの安定した（並存できる）エネルギー生成プラスミドを持っている」と述べられていた(11)。申請によれば、各プラスミドは炭化水素を別々の過程で分解するので、この微生物は流出した原油を分解することで特別な役割を果たすことができる。特許申請にある三六の請求案件は三つに分類できる。第一はこの細菌を作る方法（プロセス）、第二は水の上に浮いて細菌を保持するわらのようなものからなる接種材料、第三は細菌そのものである。特許審査官はプロセスと接種材料の特許は認めたが細菌そのものが特許化されうる実体物であるということは認めなかった。審査官は発明者が手を加えていることは認めたが、微生物は自然の産物であり生きているものなので特許の対象にはならないとして第三の請求は拒否した。

もちろん、天然物でも人間によって自然界から抽出され適切に改良されていたら特許になる。この場合、原油を分解するシュードモナス属細菌は他からＤＮＡを受けて改良されており、自然界には存在しない。特許商標庁の特許審判部（Board of Appeals）は、細菌は天然物であるという特許審査官の判断をひっくり返したが、生物そのものは特許にならないという理由で特許を認めなかった判断は支持した。それらがプロセスの一部である限り、特許化されることは可能である。関税特許控訴裁判所（Court of Customs and Patent Appeals）は特許審判部の判断を否定し、対象となる物が生きているか否かは特許法にとって法的に重大な問題ではないと判断した。最後に、五対四の決定で、最高裁判所は人間が手を加えた生きた微生物は、特許法一〇一条の「製造物」「組成物」として特許にする対象となるという控訴裁判決を支持した。最高裁の五人の多数派はどんな考え方に基づいて判断を下したのであろうか。少数派はどんな意見だったのであろうか。

裁判官たちは、議会が生物に特許を与えるべきだと考えているという手がかりになるはっきりした言葉を探した。一九二〇年代、育種業者は議会に機械的技法での技術革新に与えられていた特許の恩恵を、自分たちも得られるように陳情した。その結果として議会は一九三〇年に「植物特許法」（Plant Patent Act）を成立させ、植物の無性生殖によってできた品種は特許の対象とすることにした。生物学的な種子そのものの品種改良でなく、切ったり、つぎ木や芽つぎをするといった機械的な方法での品種改良であった。たとえ放射線照射のように人の手が加わっていても、種子には特許権は及ばなかった。下院と上院の証拠となる記録によれば議会は特許の観点では、新組成物を生み出すことでつぎ木の職人と化学者とを区別してはいなかった。

したがって、議会は生命体に特許を与えることに原則的反対論を持っていなかった。その点では市民もそうであった。法案が提出され可決されるまでたった三カ月しかかからなかった。とはいえ、知的財産権をある種の植物にまで拡張するというのは、実際に議会が決断したことであった。四〇年後、議会は植物特許を改定し有性生殖によって生まれた品種の植物も含むようにした。

一九六〇年代は雑種の種子の開発のブームであった。雑種形成技術は交配し選抜し、塩や風に強いといった望ましい特徴の品種を選び出すという時間がかかり根気の要るプロセスを含んでいる。トウモロコシやコメの雑種の開発・普及は「緑の革命」（Green Revolution）と呼ばれていた。種苗のメーカーは新しい品種が特許で保護されることを望んでいた。今回も議会は一九七〇年に「植物品種保護法」（Plant Variety Protection Act）を制定し、有性生殖でできた植物を知的財産権保護の下に置いた。

最高裁判所がチャクラバティ判決を出したとき、最高裁の裁判官たちは一九五二年の特許法再制定を調査した。議会の法案（下院通過法案七七九四番）につけられた報告書には特許法一〇一条を次のように解釈するひとつの文章が見られた。「人は機械や製造物を発明する。それらは太陽の下で人間がつくったもの何でも含んでいる。しかし、いくつかの資格の条件が満たされなければ一〇一条のもとで特許化できるというわけではない」(12)。上院の委員会報告書でのこの表現から、多数派の裁判官たちは一〇一条のもとで生物も発明として特許化できるようにしたいという議会の意図を感じ取った。最高裁判所は裁判官が誤って生物の特許に線を引いていないか確認するため、議会に彼らの意図するところをもう一度発言するよう求めた。しかし、チャクラバティ判決以後、議会は生きている物への特許に関して採決をしていない。

四人の少数派の意見は一連の植物保護法を重視して、議会は法案の中に明記された承諾がない限り特許法が生物を含ませる意図を持っていなかったと主張した。少数派の意見としてブレネン（Brennen）判事は「議会は農業において『人間のつくった発明』を特許化できるようにするため法律を作らなくてはならなかった（一九三〇年の法）し、議会が制定した法案には制限もついていた（一九七〇年の法は細菌を除いていた）のであるから、法律が明確に含んでいないものを特許化できるようにすることは、議会が意図していたことではない」と述べた(13)。

一九五二年の上院の特許法再制定の報告書にあった「機械や製造物。それらは太陽の下で人間がつくったもの何でも含んでいる」という表現は、生物を人間が作ったものとして、特許に含むことを議会が考えていたのか否かというなぞに答を与えてくれない。たとえば、品種改良は人間による遺伝子を変える種の交換であるが、特許になるものをうみだすとはみなされていない。したがって、勃興してきたバイオテクノロジー産業に好意的なように特許法を解釈する裁判所の意図については議論されるべきことが多い。特許になるには新規性と非自明性を持ったものが技術、この場合は遺伝子工学という技術、を持った人物によっていかにして設計され基本的な要素から生み出されたか、または発見されたかを示すことが求められている。微生物に遺伝子を挿入したり欠失させたりすることによって、われわれはその生物の最終的な化学組成についてあらかじめ計画を立てているわけではない。われわれはヌクレオチドを組み立てることをできないし、再生できるシステムも創造できない。もし、科学者がDNA分子、細胞、リボゾーム［たんぱく質と核酸から成る微小粒子］、葉緑体、すなわち基本的組織から生物を作りあげたのならば、通常の意味での「製造物」にあてはまる。特許ガイドラインは特許の条件としての「製造物」を明らかにもっと緩く見ている。五〇〇〇の不活性な細胞のゲノムの中にひとつ（〇・〇二％）だけを意図的に挿入した遺伝子を持つ細菌は、裁判所の論理では「製造物」である。微生物や化合物の特許は、それが基本的要素から作られたからでなく自然界にある状態から抽出され精製されたという理由で特許が与えられる、ということをわれわれは忘れないでおく必要がある。

一九八〇年の最高裁判決は議会の技術評価室が「法令の建設」とまで呼んだ広範な法律の枠組みを生み出した。それは特許商標庁に生命体またその一部に特許を与えることを義務付けた(14)。一九八八年四月一二日、特許商標庁は初の生きている動物への特許（特許番号四七三六八六六）をハーバード大学の「腫瘍マウス」に与えた。このマウスの胚細胞や体細胞には、がん性の腫瘍が発生する確率を高めるがん遺伝子が組み込まれている。続く十数年間で多くの特許が動物や人間の細胞株に与えられた。二〇〇一年までに特許はヒトの胚性幹細胞ならびに受精していない哺乳類の卵から（精子と受精しない）単為生殖で作られた胚、それは動物のクローンを作ったり幹細胞を得るために使われるのだがその胚に対しても与えられた。特許番号六二一一四二九の特許はヒトを含むすべての哺乳類の胚を含む、となっている(15)。特許授与はヒトの胚ならびにヒト再生クローンのプロセスはカバーするが、できたヒトそのものはカバーしない。人間は特許の対象でないからである。しかし、特許の論理が、ヒトの胚の特許化を現実のものにするところまで社会を導いてしまったことは空恐ろしいことである。

特許化される対象物としての遺伝子

遺伝子特許は、それらが単離・修飾された化学物質であるという論理に基づく。特許商標庁は遺伝子が遺伝の化学的な構成要素であるということは特許とは関係ないという立場である。遺伝子に特許が与えられるとき、それは遺伝子という物質に対してなのか遺伝子の持つ情報に対してなのか。遺伝子はどこにでもあり、簡単に単離できるが、価値があるのは特定のＤＮＡ塩基配列がどこにあるかということと、そのヌクレオチドがコードする遺伝情報である。いったんその情報が明らかになれば、技術を身につけた人は特定の有用な機能のために遺伝子配列を単離したり利用したりできる。ＤＮＡ塩基配列（遺伝子）への特許が組成物としての特許であるという立場は、特許所有者に、他の人々がその塩基配列をいかなる商業目的でも使用することを排除することができるという権利を与える。ＤＮＡの塩基配列そのものが特許になっているにもかかわらず、すでに特許になっているＤＮＡ塩基配列の新しい利用法を発見した人が特許申請してもよい(16)。ただし、新しい特許所有者はＤＮＡ塩基配列のもともとの所有者にライセンス料を支払わなくてはならないかもしれない。

法律家コミュニティの中では遺伝子に特許を与えることの論理には広範な合意が見られるにもかかわらず、アメリカ臨床遺伝学会（America College of Medical Genetics, AGMG）は「遺伝子とその変異したものは自然に発生した物質なので特許化されるべきでない」(17)という立場を表明している学会のひとつである。遺伝子特許に対して憂慮すべき点は次のことである。第一に情報と特許化される物との間に問題ある関係を生じさせる。第二には研究の費用を増加させる。第三に科学的知識の流れを制限する。第四にＤＮＡ塩基配列の有用性の解釈について新たな問題を生み出す。

ＤＮＡ塩基配列を発見することと、この塩基配列がからんだ発明の製品との間のはっきりした区別は何であろうか。裁判所は発見は特許にならないとの判断を下している。一九四八年最高裁判所のウィリアム・ダグラス（William Douglas）裁判官は「フンク育種兄弟社対カロ接種社」（Funk Brothers Seed Co. v. Kalo Inoculant Co.）で多数派意見として、「自然現象の発見には特許は与えられないので……、これらの細菌の性質は太陽の温度、電流、金属の性質などと同様、すべての人類の知識の蓄積の一部である。それらは自然法則の顕示であり、すべての人間が自由に使え、だれにも独占権は与えられない」(18)と述べている。いくつかの企業はゲノム配列の一部を公表すると言っている。ＤＮＡ塩基配列を解読することは情報を生み出すので、その情報を利用することには著作権許諾が必要になるのではないかとの意見もある。もし企業が遺伝子の塩基配列の情報に著作権を持つとしても、その情報の正当な使用は排除できないであろう。せいぜい、印刷物の中で使用されることは防げても、配列が解読されたＤＮＡの応用を禁止することはできないであろう。

解読されたＤＮＡに関する情報は商業的応用を進めるうえで重要な部分である。ヌクレオチドの配列はそれが有用性と新規性を持てば特許となりうる。特許申請に出された配列がすでに一般に知られている化学構造（塩基対）と同じならば新規性には欠けている。いったん、ヌクレオチドの正確な配列がわかったら、「特許でいう申請された発明と類似の以前からの発明（この場合は分子遺伝学）」に精通している人は配列を単離し応用可能性を探るであろう。多くの研究開発分野のどれよりも応用遺伝学は情報集約的である。企業は情報を特許にできないが、特許で守られている実際のＤＮＡのある部分の操作を行っているので情報の利用は特許化できる。特許になるのはｃＤＮＡであるが、商業的に価値があるのはまさにこれらＤＮＡ断片の持つ情報である。

遺伝子関係の企業は二つの方法でゲノムの一部の配列を解読して利益を得ることができる。第一に、配列が発表されていない場合、配列の情報へのアクセス権を売って料金を得る。第二に、商業的応用のための生物学的塩基配列の使用に対して料金を取る。配列のデータそのものは公開しても、企業はその情報を解釈するプログラムへのアクセス権で料金を取ることができる。

二〇〇〇年までに、特許商標庁は約六〇〇〇の遺伝子特許を許可し、その六分の一がヒトの遺伝子であった。いったん、入手可能になったら、ゲノム情報は研究者が無料で使える。しかし、研究者は、実際の物質としてのゲノムそのものが特許になっているかもしれないので、自由に使えないかもしれない。特許になっているものの試験・研究上の使用は、特許法の文字通りの解釈では違法なのだが、実際には免責される伝統があった。一八〇〇年代以来、特許になっている製品や製法が「哲学的な好み、好奇心、単なる楽しみを満たすことが唯一の目的」で使用されるときには、試験・研究上の使用の免責として好意的立場が取られてきた(19)。しかしながら、今日の産学連携と大学における技術移転の関心の高まりの中で、遺伝子関連企業は自分の特許化されたゲノムが自由に使われることを黙って見ていることはしなくなってきた。したがって、試験・研究上の使用の免責の伝統は、今日では研究が大学や非営利組織で行われるとしてもヒトゲノム研究を自由なものにする保証はしてくれない。

ゲノム情報への侵入

二〇〇二年、中国国籍のチアンユー・チュー（Jiangyu Zhu）とその妻で日本国籍の金原佳代子は、彼らが一九九九年当時働いていたハーバード大学の分子生物学研究室から遺伝子実験のサンプルを盗んだとして逮捕・収監された。夫妻は免疫機能を司る遺伝子の研究のためハーバード大学のポストドクターの地位を得た。夫妻がハーバード大学を去るときに、彼らは研究者がよく行うことを行った。すなわち、夫妻それぞれがカリフォルニアでの新しい勤務先での研究のため細胞株を持って行ったのである。チューはカリフォルニア大学サンディエゴ校、金原はラホーヤのスクリプス研究所（Scripps Research Institute）でのポストドクターの研究員として研究することになっていた。しかし、連邦捜査局（FBI）の捜査の結果、知的財産の窃盗、盗品の州を越えての移動、共犯の罪でサンディエゴに収監され裁判を待つことになった(20)。［その後、二〇〇六年四月に検察側との司法取引が成立。］

訴えられる可能性の脅威から、大学はすでに研究活動においてDNA塩基配列を使うときにはライセンス料を払うか、その配列をまったく使用しないようになっている。ミリアド（Myriad Genetics）社のケースがそのことを示している。ミリアド社は乳がん遺伝子（BRCA1とBRCA2）の特許を持っていた。BRCA1とBRCA2の突然変異した遺伝子が遺伝的な乳がん・子宮がんに関係があった。ペンシルバニア大学の研究者たちは、乳がんになりやすい人を特定するマーカーとして使える可能性を探ってBRCA遺伝子を研究していた。一九九八年、ペンシルバニア大学の遺伝学研究室はミリアド社がBRCA遺伝子の使用を特許侵害として訴えるといってきたので、乳がん試験プログラム（年に七〇〇件以上の試験をしていた）を中止した(21)。

ミリアド社の特許化された遺伝子配列はイギリスでの

ちょっとした論争を巻き起こした。二〇〇〇年二月ミリアド社は乳がん試験の特許をイギリスのバイオテクノロジー企業のロスゲン（Rosgen）社にライセンスした。イギリス政府の国民健康保険（National Health Services, NHS）はミリアド社からのライセンスの同意が得られなければ遺伝子配列と突然変異に関する情報を使って試験を行えなかった。残された方法は国民健康保険がロスゲン社を実験施設として使うことであった。一九九七年、国民健康保険はロスゲン社に二つの乳がん遺伝子の検査のために九六〇ドルを提示した。一九九八年、ミリアド社は同じ検査に二四〇〇ドルを提示した。高い費用のため国民健康保険は試験を依頼するのが難しくなった。遺伝子配列は民間企業のものなので、［国民健康保険のような］政府の保健機関であっても特許侵害を避けるために企業と交渉しなければならない。

皮肉なことに、ＢＲＣＡ遺伝子の共同発見者のうちの二人、アメリカの［国立衛生研究所の傘下にある］国立環境衛生研究所（National Institute of Environmental Health Sciences）のフィリップ・フュートリアル（Philip Futreal）とロジャー・ワイズマン（Roger Wiseman）は、彼らが配列を解読したＢＲＣＡ１の小部分がミリアド社の完全長遺伝子解読にとってきわめて重要だったのだが、彼らの研究での使用に関してもミリアド社に料金を払わなくてはならなくなった。国立衛生研究所のような政府機関はミリアド社に対して、連邦政府からの研究助成金を受けている研究者には安くライセンスするよう交渉した。ＢＲＣＡ１の発明権について国立衛生研究所が強気に交渉した結果、ミリアド社は国立衛生研究所の研究者を共同発明者に含むことをついに認めた。このため、政府はロイヤルティ収入の二五％を得ることになり、この遺伝子配列から生まれた製品の価格を決めるときにも関与できることになった(22)。

ＢＲＣＡの事例はけっして特殊なものではなく、いかに遺伝子特許が医学に悪影響を与えているかを例示するものである。たとえば、血色素症と呼ばれる疾病は北欧系の人々に多く見られるのだが、食物から鉄分を過剰に摂取してしまい、肝臓や心臓の疾患につながる可能性があるものだ。約八五％の発症例でＨＦＥ［ヘマクロマトーシス遺伝子］として知られる遺伝子の二つの変異(対立遺伝子)が見つかった。その遺伝子の特許は最初はカリフォルニアのメルケーター（Mercator）社という企業に与えられたが、最終的にはバイオラド（Bio-Rad）社という別の企業のものになっていた。特許所有者はＨＦＥに関係した遺伝子変異による疾病の患者の試験を行う独占的な権利を持っていた。

一九九八年に予備的な調査が行われ、研究グループは遺伝子が特許になっているので試験を行おうという研究室がほとんどないことに気づいた。調査したうちの約三分の一の研究室が特許所有者からの制限のために遺伝子試験を継続できないと答えた。調査報告書の執筆者は「試験を行う能力のある多くの研究室が特許のために試験を断念しているので、ＨＦＥ特許は目に見える形でアメリカでのＨＦＥ試験の開発と普及に悪影響を及ぼしている」と述べていた(23)。特許所有者による排他的ライセンスはより質の高くコストの安い試験への障害と見なされているが、次の質問はまだ答えられていない。たとえ、非排他的ライセンスが広く研究機関、非営利組織に与えられたとしても、なぜ商業的な関心のない研究者までライセンス料を払わなくてはならないのだろうか。別の言葉で言えば、なぜ試験・研究上の使用での広範な特許侵害免責がないのであろうか(24)。

特許侵害に対する試験・研究上の使用の免責にはひとつの法律がある。議会は、連邦薬事法のもとで特許物の情報の改良ないし付託のためならば、それを作ったり、使用したり、売ったりすることは特許侵害にならないと特許法改正（公法九八―四一七）で定めた。ある薬が二〇年の特許期間の終わりに近づいたとしよう。ある企業は特許がきれたら同じ分子構造式に基づくジェネリック薬（後発品）を出そうと、まだ特許が切れる前に既存の特許薬を分析し研究を始める。法律によれば食品医薬品局に提出するデータを集めるためにまだ特許が切れていない薬を使用することは特許侵害とならない。重要な点は、特許になっているものの試験・研究上の使用は食品医薬品局の規制を満たすことが「唯一」の目的でなければならないということである(25)。

ヒトゲノムの配列解読が多くの研究機関の努力によって行われているとき、各機関が特定の部分の特許を求めたら、ゲノム情報は細分化され、研究者は特定の配列部分を実験に使わないとか、相互にクロスライセンス契約を結ばざるを得なくなり、研究コストが増加する。「ロサンゼルスタイムズ」紙の論説は「特許所有者がヒトゲノムの情報を競争者に渡さないと、科学進歩に必要不可欠な知識の共有が妨げられることになる」と述べている(26)。

ある有名なケースでは企業の特許所有のせいで製品の危険性を明らかにする研究が妨げられた。オハイオ州立大学の植物生態学者アリソン・スノー(Allison Snow)は農務省、パイオニア・ハイブレッド(Pioneer Hi-Bred)社、ダウの子会社(Dow Agrisciences)から資金を受けて遺伝子組換えヒマワリの研究をしていた。初期の結果として、スノーは害虫に強くなるよう遺伝子組換えを行ったヒマワリを、野生種に授粉すると野性株の種子の数が増えることを発見した。これは野生株のヒマワリが異常繁殖する可能性を示唆しており生態学者としては憂慮すべきものであった。二〇〇二年八月に、スノーが彼女の研究結果をアメリカ生態学会で発表すると、研究のスポンサーだった企業は、スノーと彼女の同僚が遺伝子組換えしたヒマワリと初期の研究からできた種子にアクセスすることを拒否した。この動きは、遺伝子特許の所有者が、遺伝子の野生株への転移に関するさらなる研究を妨げるものとして倫理面で議論を巻き起こした(27)。

遺伝子特許に反対する人々は彼らの考えをさまざまなぴったりとする比喩的表現で表している(28)。

「[遺伝子特許は]誰かが英語を発見して、アルファベットに特許が与えられるようなものだ。」(29)

「私の子供の遺伝子配列は発明ではない。」(30)

「われわれはだれかが実験をして特許をとるのはかまわない。ただ、知識は特許になるべきではない。」(31)

「企業が私の遺伝子の独占権を持つという考え方は海の所有権を主張するようなものである。」(32)

特許商標庁が遺伝子の特許を認める決定をしたことによって、発明と知識との境目があいまいになった。かつては特許決定の指標であったのだが。一般に、自然法則、自然界の現象、抽象的な考え方は特許にならないが、動物とヒトの遺伝子の配列は自然界の現象の構造についての発見である。特許法はペニシリンや他の自然に作られる抗生物質など自然界からの発見も、もしそれが人間によって分離・精製されたのならば特許として認めている。遺伝子配列から特定の試薬を開発することは伝統的な意味での発明といえるが、遺伝学上の発見(たとえば、遺伝子のヌクレオチド配列)を相同の遺伝子や変異体の研究に使うことは、知識の応用に比べて発明とは見なしにくい。この判断の結末はすべての遺伝子塩基配列解読者を「発明家」「特許になる知識の発見者」に変えてしまい、ふつうの遺伝学を企業家精神に、基礎的生物学上の知識を知的財産の領域に、不注意にも押し込んでしまった。

いかにこれらの法律や規制での決定が科学者の職務上の態度に影響するのであろうか。科学の行為での規範のどんな変化が、大学や教員による積極的な企業家精神への新しい道から発生しているのであろうか。次章では科学の中で多くの権利が絡まる時代における、科学者の新しい倫理的エトス「気質」について考察する。

第五章　大学における科学のエトスの変化

半世紀以上昔、コロンビア大学の傑出した社会学者であったロバート・マートン（Robert K. Merton）は科学研究の文化に特有の価値観を描写した。マートンは科学の規範的な構造は研究者間での自由で開かれた知識のやりとり、何ものにも束縛されず私欲のない真理の探究、自然界に関する異なった見解は、文化、宗教、経済、政府でなく自然そのものが真実を決定するという科学者の間の普遍的な同意、といった共有の価値観の上に成り立っていると見て取った。

マートンが科学研究の根本にある価値観について論文を書いた一九三〇年代末から一九四〇年代初め、科学の正当性は二つの方向から攻撃を受けていた。ひとつは、ソ連やドイツに見られるイデオロギー的基準が科学の行為に制限を課すという強大な国家権力を伴う政治的動きからである。ドイツではユダヤ人は研究所で職に就けず「ユダヤ人の科学」は信頼されなかった。一方、ソ連ではある種の研究やブルジョア的科学理論は反共産主義もしくは、マルクス・レーニン主義の科学である弁証法的唯物論に反対するものとして否定された。もうひとつの攻撃は、大量破壊兵器、労働代替的技術、人間を国家の管理・監視のもとにおく技術など、科学研究のもたらした非人間的な産物に疑問を呈する社会運動からのものであった。

世界の政治が不安定な時期における科学への攻撃は、科学が力をつけてきたことの証左でもあった。知識の普遍性と超越性を信じるヨーロッパやアメリカの知識人の多くにとって、啓蒙思想は依然として強い影響力を持っていた。しかし、二〇世紀になるころに現れた一群の社会学者たちは、知識の生産への文化的・社会的影響力を研究することを始めた。マートンはこの両方の伝統を理解していた。彼は偉大な科学史家だったジョージ・サートン（George Sarton）の弟子だったが、科学史に理論的基盤がないと感じていた。一九三〇年代の後半に、マートンは科学は社会的制度だと認識するにいたった。彼によれば「いったん、この考えが浮かぶと、私は科学の規範的枠組みを観察することを開始した」(1)。彼は当時入手できた科学者の日記、伝記、いつくかのインタビューを読んだ。一九三八年の論文「科学と社会秩序」(Science and the Social Order) で彼は制度的科学規範の概念に向かって進み始めた(2)。

科学者が知識を生み出すのに貢献するのには多くの異なる社会構造が関わっているのに、どうやって知識が、社会の産物であると同時に普遍的真実の源であることができるのであろうか。マートンの答は、科学そのものを組織化された社会的活動として理解し、科学と社会とを、二つに区分されているが相互依存的な社会システムとして扱うことであった。この点で、われわれは「科学」と呼ばれる社会システムに固有な価値観は何か、それらの価値観がいかにして科学を包み込む社会経済・政治システムと関係しているのか、ということを探求することができるだろう。普遍的な真実を探究するシステムは、権力を求める別のシステムによって歪められるであろう。この考察はマートンを二つの疑問に導く。科学が機能する規範的構造とは何か。どのような社会システムが科学の規範的構造と一致するのか。これらの疑問は単なる知的迷路ではない。科学は社会から支援を受ける受益者であり、批判の的でもあるので、マートンは科学者は科学のやり方を人々に対して説明する努力をしなくてはならないと信じていた(3)。マートンによれば、科学者は（科学者コミュニティにとって内部的なものも外部的なものもある）報奨システムと一連の規範的価値から成る社会の支配構造の中で活動している(4)。彼は彼の論文への論評の大多数が報奨システムについてあまり注目することなく科学の規範について向けられていることには気づいていた。

科学の社会構造に関する彼の研究の中で、マートンは「エトス［気風、雰囲気］」という言葉を「科学者を結び付けている規範や価値の複合体」として捉え、それは規定・禁止・推奨・許可される事柄を含んでいる(5)。彼はこれらの概念は一般的に明文化された規範ではないが、科学者の行為や書いたものを観察することで導き出すことができると考えていた。これらの規範はすべて単一の目的、つまり「確証された知識の拡大」のためのものである(6)。マートンは「真実」の代わりに「確証された知識」という言葉を意識的に用いた。なぜならば、「確証された知識」のほうが科学者の仕事は社会システムであるということを示唆するからである。科学者のコミュニティは、提示された知識が正しいかどうかの検証作業を行うということに同意しなければならない。

科学者コミュニティがもっとも啓蒙化された形で機能するためには、マートンは科学のエトスがつぎの四つの制度的要件を含まなくてはならないと述べている。それは「普遍主義」(universalism)、「共産主義」(communism だが、communalism や communitarianism［公有主義］と解釈されるのがもっとも適当であり、政治経済体制としての共産主義と混同すべきではない)、「利害の超越」(disinterestedness)、「系統的懐疑主義」(organized skepticism) である。［物理学者から転じた］社会学者ジョン・ザイマン (John Ziman) は彼の著書『本当の科学』(*Real Science*) の中で、科学の文化を研究している(7)。マートンの規範に言及して、ザイマンは「これらの規範は道徳的原則というよりは伝統として表される。それらは明文化されていないし、特定な罰則も行使されない。それらは教訓や事例という形で伝わり、最終的に個々の科学者の『科学的良心』へエトスとして組み込まれるものである」(8) と述べている。

この章ではマートン的な科学の規範を考察し、バイオテクノロジー革命が起きて大学の科学に企業的価値観が植えつけられるようになっても、それらが依然として適用できるのかどうか考えてみたい。

マートン的規範

科学に適用される「普遍主義」とは、確証された知識が文化の特殊性を超越することを意味している。科学の客観性は真実が国境を持たないことを要求する。マートンは「科学的知識の妥当性の基準は国ごとの嗜好や文化に影響されるべきものではない。妥当性を主張するいくつかの理論があっても、ある理論はよくあてはまり、他はあてはまらないという自然界の普遍的な真実によって、遅かれ早かれどの理論が妥当性を持つかどうか決められる」と述べている(9)。「普遍主義」を達成するために、科学は標準化された用語、許容された方法、成果を公開できる公的刊行物を揃えるのである。

科学者を分断する地理的境界線は国際会議、学会、国際雑誌が活発になることによって障害ではなくなってきた。インターネットのスピードと普及度は、科学の世界における同質の文化という目標を現実に近いものにしてくれた。たとえば、アメリカとヨーロッパの物理学者は、どちらかのグループが新しい素粒子の発見を報道発表する前に、お互いに意見交換している。加えて、新薬の臨床試験はしばしばいくつかの国からの患者の参加を得て行われ、国を越えていくつかの組織が疾病の原因について合意に至るようになってきた。国境を越えた科学者間の協力はますます日常的になってきた。いくつかのケースでは、科学者は国家への忠誠心よりも、学会やその分野の科学者集団への帰属意識のほうが強いことがある。

「普遍主義」の規範はザイマンによって、「人種、国籍、宗教、社会的階層、その他の無関係な基準によって、科学への貢献を望む人間が排除されるべきではない」(10)、そしてまた科学は雇用での差別を行うべきではないという要件で解釈されている。彼は科学者の私的な生活と職業人としての生活を区別しており、科学者が一般的に本職以外で「社会的」規範に従うことなど想定してはいない。頑固な信念が、水道の蛇口が開いたり閉まったりするように臨機応変になるとは思われないのである。歴史的な記録を見れば科学において採用や昇進で差別があったことは科学が妨げられることなく進歩していた時代でさえ明らかである。しかし、「普遍主義」の規範は用語、研究方法、確証された知識の基準が文化特有であってはならないということを求めている。

科学研究のエトスの中で、「公有主義」というのは、科学研究の成果は共同で所有するということを意味する。マートンによれば「科学の発見の多くの部分は社会的共同作業の成果であり、所有権はコミュニティに帰属されるべきである。……そして、科学における財産権は科学の倫理観の合理性によって最小限に抑えられる」(11)。ザイマンによればこの規範は「大学の科学研究の成果は『公共の知識』として扱われなければならないということを求めている」(12)。

科学の知識の共同所有ということが示唆するものは、研究の成果は共有されるべきであるということである。国内外で自由に情報が交換されるべきである(13)。「共有の知的成果」の高潔さにしっかりと責任を持たなくてはならない。「共有の所有権」と、個人の発明が知的財産になり大学の研究者の間で企業秘密が保持されるようになっていることとを、われわれはいかにして両立できるのであろうか。マートンが彼の規範を明らかにした時代には、科学の発見を特許化する行為はすでに確固たる地位を占めていた。彼の規範は科学の理想を語っていたのであろうか、それとも現実の行為を反映していたのであろうか。特許は科学での情報交換を一定期間制限するかもしれないが、その後では発見は完全に公開される。この点で、特許は科学の「公有主義」という価値観と相容れないものではないという見方もできる。特許は企業秘密と科学の成果の即座の公開との間の妥協の産物である。

アメリカの特許法は、発見と発明とを明確に区別していると誤解している人もいる。科学の発見の成果はすべての人間に帰属する（アインシュタインの方程式は特許にならない）が、発明の成果は発明者が排他独占的に権利を主張できる。もし、科学が発見にのみ関わりがあり、もし、発見と発明との境界があいまいでないのならば、特許所有と公有主義の規範との見かけ上の対立は解消できるかもしれない。

しかし、発見と発明との間には微妙な灰色領域以上のものが存在している。たとえば、抗生物質を発見した医学研究者は適切な言葉でそれは発明だと主張できる。ゲノムの領域になると区別はもっとつきにくい。遺伝子の配列を解読した科学者は、解読された遺伝子は、固有の化学物質の形なのだが、あたかも「製造物」に転換したかのように、特許を申請できる。マートンは発見を特許化することに反対する一九四〇年代の医学会の雰囲気を認識していた。もっとも有名な例が一九五四年のジョナス・ソーク（Jonas Salk）による小児麻痺ワクチンの発見である。ソークも資金を出した「マーチ・オブ・ダイムズ」［小児麻痺救済募金運動］もこの発見・発明から特許をとったり、ロイヤルティを得たりしなかった(14)。

科学の発見を特許にすることへの「公有主義」からの反対論は、新しい成果はほとんどいつも過去の研究の積み重ねや現在の共同作業の上にあることによる。ひとつの科学的発見はなんであれ、過去の多くの観察結果や情報を合成し積み重ねてきた累積の系譜の最後の一歩を表しているにすぎないのである。科学発見を社会システムとして理解する彼のアプローチに沿って、マートンは「科学の発見の多くは社会での共同作業の結果であり、コミュニティに帰属すべきものである」と述べた(15)。発見した科学者は何が得られるのであろうか。「科学者が自分の知的財産権に対して主張できることは、認知と栄誉に限られる」(16)。発見が科学者の共同での貢献にもかかわらず、発見までのプロセス全体の中での自分独得の役割に対して経済的便益を各研究者が要求する商業化した科学の時代では、このような見方は認知されにくい。しかしながら、理論上では、知的財産権と個人別の報酬の枠組みの中でも知識の公有主義の余地は残されている。つまり自然が真空を忌み嫌うように、科学の中での秘匿が嫌われること、である。

科学の第三の規範は「利害の超越」である。科学者は研究方法を選び、分析を行い、結果を解釈するときに、個人的利益やイデオロギーなど真実の追究以外のいかなるものへの配慮を優先させてはならないということである。もちろん、この概念は理想主義的であり、科学の現実とは正反対である。科学者は自分の利益の関わる研究結果に対して中立ではない。科学者というのは仮説を出してその検証を行う。何らかの仮説を肯定する結果は学術雑誌に掲載されやすいが否定するものは一般に掲載されない。このような状況は、科学者が研究結果に公正無私ではいられず、自分の仮説を肯定する結果を好むことを示唆する。しかし、科学の文化は結果が再現可能であることを求める。この要件が多くの科学者の捏造への傾斜を鈍らせる。そのような行為は本人の経歴を傷つけることになるからである。

科学者は自分の研究結果に私欲がからんでいないとは言えないのだが、あたかも私欲がからんでいないように振舞わなくてはならない。彼らは彼らの私欲が実験方法や結果の解釈に影響を与えることを許してはならない。すべての科学者がオリジナルなデータを生み出すことに関わっているわけではない。科学者は他人の論文の論評や、自分の研究とは異なるテーマについてコメントしたり、他人のデータを解釈して理論を構築したり、他人の助成金申請や投稿論文の審査をしたりする。「利害の超越」は、科学者の学問的な利益がなんの役割も果さないということを意味しているのではない。科学者は自分の見解を形成する立場を持ち、それを明らかにすることを求められている。科学者が共鳴する理論や説明は彼らの知的な選好を表しており、それは公表された論文の中に一般に見ることができる。

科学における「利害の超越」という規範は、それがほとんど消え去ったという事実を看て取っている人もいる。ザイマンは「ポスト工業化時代の研究は公正無私ではいられない。ポスト近代の思想は客観的ではいられない」と述べている(17)。しかし、彼はこの規範なしでも科学は損なわれないとも考えている。彼によれば、他の規範のほうが「客観的な知識」を守るためには重要である。科学者の間で金銭的な利害が存在しても、知識が科学者コミュニティの中で共同作業としてつくられていくプロセスが維持できていればバイアスを防ぐことはできる。「客観的知識の創造のためには、本当の個人的『利害の超越』よりも公有主義、普遍主義、懐疑主義という他の規範に頼ったほうが効果的である。ポスト・アカデミズムの大学研究がこれらの規範に従って行われている限り、その長期的な知的客観性が大きく疑われることはないであろう」(18)。マートン自身は「利害の超越」という規範がなくなってしまったと確信してはいない。それはたしかに侵されているが「これらの規範は強固な岩の中にとどめられている」と考えていた(19)。

「利害の超越」の規範の喪失が、科学と社会に対して及ぼす影響をそう簡単に軽視すべきではない。第一に、私はザイマンと同様、充分なチェックと比較検討が行われれば真理だけが必ず残ると考えている。しかしながら、私的利益に導かれる科学はバイアスを負うことになる(第九章参照)。したがって、結果の再現と批判的論評により多くの時間をかけないと真理に到達できないことになる。

第二の点は、私的利益に導かれる科学の文化は、商業的利益を持つ特定の問題のために特定の分野の知識を求めることになる。この傾向は、商業的利益は小さくても公共の利益は大きい問題に取り組むことを犠牲にして進んでいく。実際、これは生物学のある分野ではすでに生じている。たとえば、［生態系を利用した］生物学的な害虫抑制の研究よりも、化学的除虫剤の研究の方がずっとさかんである(20)。同様に、がん研究でも環境的要因の研究よりも細胞学・遺伝学分野でのほうがさかんである(21)。

第三に、「利害の超越」の喪失は科学者の公共性重視の態度の減退を伴う。つまり、もし大学の利益が産業のそれと一致するようになれば、大学の研究者の利益も同様になる。（この問題については第一一章で考察する。）

最後に、ザイマンも気づいているように、「利害の超越」の喪失は、「客観的知識」が影響を受けようと受けまいと、科学に対する市民の信頼を損ねる。しかし、科学への市民の信頼が減少するのと同時に、客観的知識に対する希望に社会が幻滅することによってまともな公共政策が脅かされる。

マートンの第四の規範は「系統的懐疑主義」と呼ばれるものである。彼によればこの規範は、人が「事実が完全に明らかになるまで」判断を下さないということ、「実証的・論理的批評を通しての理論の公平な吟味」が行われることを意味している(22)。懐疑主義は美徳である。科学はけっして単一の権威に従属してはならない。マートンは「多くの制度は達成不可能なまでに信用することを求めているが、科学という制度は懐疑主義を美徳とする」と述べている(23)。

しかし、「系統的」という形容詞の重要性は何であろうか。再び、マートンは科学を社会システムとして理解しなければならないと言う。科学のエトスで非常に中心的なものである、疑問を持つという精神は、科学を批判的評価を受けない独善的な自然観・社会観とは相対するものにする。系統的懐疑主義は実証研究の規範にとって独得のものではないが、きわめて密接なものである。真理は権威者の意見を鵜呑みにしたものではなく、再試験の対象となり、社会的に認められた方法で批判的精査が行われ、それに耐えることができた結果なのである。

大学の研究開発資金源の変化

マートン的規範は、科学の目的、行動、社会的構造が変化しているように思われる時代に、どれほど有効なのであろうか。「産学複合体」という言葉は企業と大学の科学研究者間の新しい社会的関係を表している(24)。一九八二年に「サイエンス」(*Science*)誌は「一〇年前には企業からの資金を鼻であしらっていた科学者がいまやそれを渇望している。……今日、企業の大学の科学研究に対する関心の高まりは、大学が魂を売り渡してしまうのではないかという決して小さくない懸念を生じさせる」と書いた。科学のエトスの変化の多くは、発見から応用までが速く、そして利益が大きい応用分子遺伝学と臨床医学分野への商業的利益の急増によって促進された(25)。

一九八〇年代の科学政策関連法案が誘因を生み出し、その効果が一九九〇年代に出始めた。全米科学財団のデータによれば、一流研究大学が産業界から多くの研究開発費を集めるようになっている(26)。

一九八〇年、大学は(名目値で)六五億ドルを研究開発に使っていた。それが二〇〇〇年には三〇二億ドルと三六五%も増加した。同時期、企業から大学への研究費は二億六〇〇〇万ドルから二三億ドルと七八五%も増加した。過去三〇年間に、大学への企業からの研究資金は他のすべての資金源からのものより急速に増加した。

大学の研究費に占める企業からの資金の比率は(バイオテクノロジー産業が興隆した)一九八〇年の四・一%から二〇〇〇年の七・七%に増加した。依然、小さなパーセントであるが、七・七%というのは一九五八年以来もっとも高い(27)。しかしながら、すべての大学における平均値では、いくつかの著名な大学で生じている資金源の急速な変化を明らかにしていない。

企業からの研究資金受入額でトップ一〇の大学の中では、ひとつを除いて企業からの資金の伸びはその大学の研究費全体の伸びよりも大きい。半数以上の大学で企業からの資金の影響は劇的である。たとえば、デューク大学は企業からの資金の受け入れ金額が一番多い。一九九〇年代に、同大学全体の研究費は八五%増加したが、企業からの資金は二八〇%増加した。他のトップ一〇大学での企業からの資金の増加率はジョージア工科大学(一六四%)、オハイオ州立大学(二七二%)、ワシントン大学シアトル校(一〇二%)、テキサス大学オースティン校(七二五%)、カリフォルニア大学サンフランシスコ校(四九一%)である。この伸びに比べて、これらの大学における研究費全体の伸びは一三%から六〇%であった。

イギリスにおける企業からの科学研究資金の増加は、商業的研究を取り巻く秘匿主義のために懸念を生じさせている。二〇〇二年の「ニューサイエンティスト」(New Scientist)誌によれば「研究の三分の二が企業によって賄われている。これらの『私有化された』科学の多くの部分が少数のそして巨大なグローバル企業の手によって支配されている」(28)。

民間企業からの巨額な研究資金の流入はいくつかの大学の性格に変化をもたらしている。それらは国中で研究開発の豊かな資金に群がる受託研究会社の様相を呈している。二〇〇〇年までに、デューク大学は研究費の三一%を企業から得ていた。一方､ジョージア工科大学､マサチューセッツ工科大学、オハイオ州立大学、ペンシルバニア州立大学、カーネギーメロン大学はそれぞれ二一、二〇、一六、一五、一五％を企業から得ていた。対照的に、最も厳格といえる利益相反ポリシーを持っているハーバード大学は一九九〇年代に、大学全体の研究費は二九％増加したが、企業からの資金は一・二％しか増加しなかった。二〇〇〇年にハーバード大学は研究費全体の三・六％を企業から得ていた。

いくつかのキャンパスでの民間からの巨額な研究開発費の流入の顕著な例を受けて、他の大学もこの種の資金を集めるには何をすべきかを学び始めている。これは、大学が自分達の土地を産学連携のリサーチパークとして開発するようになり、またほかのいくつかの大学では企業との研究契約の審査での倫理的基準を甘くしたり、教員が株を持っている企業と共同研究することの制限をなくしたりすることを意味する。いくつかの小さな研究大学では企業からの研究資金への依存度が規模の大きな大学よりも大きくなっている。二〇〇〇年にアルフレッド大学､タルサ大学､東バージニア医科大学、リーハイ大学はそれぞれ四八、三二、二四、二二％であった。

マサチューセッツ工科大学の試みの成功に倣った産学リエゾンプログラム［会費を払った企業に対して大学が教員による技術相談、アドバイスのサービスを提供する］も一般的になってきた。大学は教員の研究で利益をあげそうな研究を探し出し、特許化しライセンスするため技術移転事務室を設立している。連邦政府の政策が与えた誘因に、主要な研究大学がすみやかに反応したことは、特許取得数の増加に表れている。上位一〇〇大学が取得する特許数は一九六五年で九六件、一九七四年で一七七件、一九八四年で四〇八件、一九九四年で一四八六件、二〇〇〇年で三二〇〇件である。大学技術管理者協会（Association of University Technology Managers, AUTM）はメンバーの大学の特許とライセンスについて年次データを集計している。それによれば、［バークレーやロサンゼルスなどすべてのキャンパスを含む］カリフォルニア大学機構をトップとする上位一〇の大学は二〇〇〇年に約一二〇〇件の特許を取得した(29)。大きな研究大学は自らを自分たちが株を持っている新企業のインキュベーター［新企業の独り立ちを支援する孵化器のような役割の組織］と見なすようになった。カーネギーメロン大学はインターネット検索会社のライコス（Lycos）社を立ち上げた。ボストン大学は教員が設立したバイオ企業に八〇〇〇万ドル以上投資した。デューク大学はアルツハイマー病に関わる遺伝子で特許を取った。すべての科学研究者は潜在的な企業家である。ヒトゲノムの一部分を解読することができるので、すべてのDNAシーケンサー［塩基配列解読装置］が特許可能なものとなった。

これらの状況は科学の慣習をどのように変えるのであろうか。科学者は研究成果の多くを企業秘密とするのであろうか。どれくらい頻繁に科学者は論文発表を遅らせたりデータの公開を渋るのであろうか。その理由は何なのであろうか。商業化は、知識の創造物はもはや共有物ではなく市場の中にあり、「アイディアの市場」というのは文字通り「研究の経済市場」という意味だという考え方で科学を汚染してしまったのであろうか。二〇年にわたる調査は科学の行為・規範の中で、このような変化がおきていることを実証し始めている。これらの中でもっとも重要なのが「公有主義」を否定し、秘匿主義と知識の私有財産化を助長するシステムである。一九八〇年代初め、バイオテクノロジーでの産学連携がまだ黎明期の時代に、科学政策アナリストのデイビッド・ディクソン（David Dickson）は「大学の研究室で生まれたものを支配したいという企業の欲求、そしてそれを実現するためのメカニズムを構築することへの企業のニーズは、大学コミュニティがこれまで誇ってきた民主的伝統に対する直接的な挑戦である」と書いた(30)。大学にとっての損失は自由でオープンな知識のやりとりである。

大学における企業秘密

ハーバード大学保健政策管理センター（Center for Health Policy Management）のデイビッド・ブルーメンタール（David Blumenthal）と彼の同僚によって行われた一連の調査は生物医学で起きている変化について明らかにしてくれる。一九八六年、ブルーメンタールは連邦政府からの研究資金受け取りでトップ四〇の大学の教員一二三八人を調査した。この調査によれば、バイオテクノロジーでの企業からの研究資金は研究費全体の五分の一を占めていた。企業から資金を受けているバイオテクノロジーの教員は、そうでない教員よりも四倍の割合で大学の研究で「企業秘密」が生じていると報告している。ここで「企業秘密」というのは「私的独占的価値を守るために秘密にする情報」と定義されている(31)。大学の研究における企業からの財政支援が大きくなるにつれて、企業秘密も多くなる。さらに、企業から研究資金を受けている教員の四四%と、そうでない教員の六八%が、「いくらかまたは強い程度で」企業からの研究支援は学科内での知的な情報のやりとりや協力的な活動をそこなっている、と答えていた。さらに、企業から研究資金を受けている教員の四四%と、そうでない教員の五四%が企業からの支援は新発見の公表を必要以上に遅らせると答えた(32)。

並行した調査で、ブルーメンタールらはバイオテクノロジー企業一〇六社をインタビューした。大学の研究支援をしている企業の四一%が研究プロジェクトから少なくともひとつの企業秘密が発生していると答えた。この調査では企業秘密は「フォーチュン五〇〇」に入らない規模の小さい企業での方が発生しやすいことを指摘した(33)。この調査を行った研究者たちは「少なからずの数の企業が情報交換の公開性や妨げられない知識の探究といった伝統的な大学の価値を脅かすような取り決めや行動を行っている」と報告した(34)。

一〇年後の一九九四年の五月から九月の間に、生命科学関係の企業の重役二一〇人を対象にした調査では次のようなことが明らかになった。九二%の企業が大学と何らかの関係を持っていた。研究資金を出している企業の八二%が大学教員に二、三ヵ月以上の情報の機密保持を求めていた。一方で四七%の回答企業が大学との契約では企業が特許申請できるように三ヵ月以上の機密保持が含まれていると答えた。また、八八%の企業が機密保持は学生にも適用されると答えた(35)。このような長期にわたる科学情報の隔離は、一部の政府機関や学会からは行き過ぎであり科学の進歩を妨げるものと見られている。秘匿主義は企業によって資金提供されている研究でのほうが、そうでないものよりも頻繁に観察される。一〇年前の調査と比較して、生命科学関連企業は一九八四年よりも一九九四年のほうがより積極的に大学の研究を支援するようになった（支援企業が四六%から五七%に増えた）ことが調査からわかった。

産学共同研究センターを対象にしたカーネギーメロン大学のグループの調査では、半分のセンターで参加企業は論文発表の遅延を強制できること、三分の一以上のセンターで参加企業は論文発表前に内容を削除することができるよう取り決められていることを明らかにした(36)。

一九九七年にハーバード大学の保健政策研究開発グループ(Harvard Health Policy Research and Development Unit)は、科学者がどれくらいの頻度で自分の研究結果の公表を遅らせたり、他の研究者からのデータの共有の依頼を断っているか、ということに絞った調査結果を発表した(37)。調査グループは一九九四年一〇月から一九九五年四月の間に三三九四人の生命科学の教員にアンケートを送り、二一六七人から回答があった(回答率六四%)。これは、科学者が科学における伝統的規範にどの程度従っているかについての最初の大きな調査であった。これまで指摘されてきたことと同様に、この調査でも約二〇%の教員が過去三年間で少なくとも一回は論文発表を六ヵ月以上遅らせたことがある、と答えた。約九%の教員が他の大学の教員からのデータを提供して欲しいとの依頼を拒絶したことがあると答えた。商業化に取り組んでいる教員は三倍の頻度(三一%対一一%)で六ヵ月以上の発表遅延を行う傾向がある。そのような教員はまたそうでない教員よりも、他の教員からのデータやマテリアル[実験中にできたマウス、細胞株など]の提供の依頼を断る傾向がある。調査グループは「三四%の教員がデータの提供を申し込み、断られているということは、データを他の研究者と共有しないということが生命科学の教員の多くに影響を与えていることを示唆している」とコメントしている(38)。

より最近の調査では、ハーバード大学医学部のエリック・キャンベル(Eric Campbell)を長とするグループがほぼ三〇〇〇人の科学者にアンケートを送り、回答率六四%にあたる一八四九人から回答を得た(39)。彼らは科学者たちに、研究情報、データ、マテリアルの提供を依頼して、過去三年間で一回でも断られたことがあるか、と尋ねた。遺伝学者において、四七%が肯定した。依頼が断られたので、二八%は論文発表された研究の追試ができなかったと答えた。

一二%の回答者が過去三年間で少なくとも一回は他の研究者からの依頼を断ったことがあると答えた。依頼を断られた比率と断った比率との差は不思議である。少数の非常に注目された研究に依頼が殺到してそれが断られたためか、回答者が自分が断ったことは忘れているか、過少報告しているためであろう。

回答した一八〇〇人もの科学者のうち、三一％が商業化活動に従事しており、二七％が他の研究者からのデータやマテリアルを提供して欲しいという依頼を断ったのは商業的理由のためであると答えている。この調査における遺伝学者の三分の一以上（三五％）が、データを他の研究者と共有しないということは研究者コミュニティの中で増えてきていると信じている。

これらの調査を総合すると、商業化活動が大学の研究で確固たるものになってしまったことが確信できる。少なくとも生命科学の分野では、これらの調査は研究者間での広範な秘匿主義、コミュニティの中での科学的情報交換の重大な喪失、論文発表の遅延の様相を示している。これらの結果は、科学者の中で商業化をまず優先し、共有は後回しにするということが許容されていることを示唆している。

大学が商業化活動と連動することによるもうひとつの結果は、非営利的学術部門の中に私的企業家的なゾーンを作ることへの関心が、大学の研究への投資家の間で高まりつつあることである。「科学の発見の多くは社会的共同作業の産物でありコミュニティに帰属する」(40)という公有主義の規範が、知的活動の成果は私有財産権であるという規範に従属することになってしまった。

第四章で示したように、特許制度は発明と発見の区別をあいまいにしており、これはとくに生物学研究で顕著に見られる。二〇〇一年一月五日、特許商標庁はゲノム配列への特許についてのガイドラインを発表した(41)。特許商標庁には、発見でなくて発明が特許の対象となるもので、新たに見つかったゲノム配列は発見であり発明ではないので特許にするべきではないという意見も寄せられた。特許商標庁の回答は、特許法（合衆国法典第三五編第一〇一条）は「新規かつ有用な方法、機械、製造物、組成物、またはその新しい改良を発見、発明した者はこの法律で定めた要件と条件のもとで特許を保有することができる」と言っているので明確に発見と発明とを含んでいるというものであった。発見された遺伝子配列から得られた知識は、配列が自然の状態から分離されたものである限り、特許となる。いったん特許化されたら、これらの配列は科学コミュニティの共有知的財産ではない。企業の研究者ならびに大学の研究者はこの配列を利用するためには、たとえそれが純粋な科学研究のためでも、ライセンス契約を交渉しなければならない。多くの科学者は依然として信じていないが、第四章で述べたように、知的財産権を試験・研究で使用することが特許侵害にならないという法定の免責は存在していないのである。

知識の私有化の問題は「ヒトゲノム計画」に関してとくに議論を巻き起こした。ヒトゲノムの中の三万から五万の遺伝子配列を解読しようという数十億ドル規模のこのプロジェクトは、情報は公共に公開されるべきかについてさまざまな意見を招いた(43)。国立衛生研究所は当初、公的資金で行われた研究成果を公共のものにしておく［国有特許を廉価に非排他的にライセンスする］ために、研究成果の特許化をあえて目指した。結局、国立衛生研究所は特許申請を取り下げ、ゲノム情報の独占的支配を市場メカニズムが自由に決めることを許した。それは連邦政府が「知識の公有地」の概念を放棄したいまひとつの例であるが、その概念の侵食は学術雑誌にも広がっていった。

科学での出版は、研究結果を裏づける元々のデータは科学者コミュニティのメンバーに公開するという原則の下に行われてきた。この原則は「サイエンス」誌の編集部とメリーランド州ロックビルのセレーラ（Celera Genomics）社との間でのこれまでの伝統とは異なった形の同意によって再検討を迫られた。セレーラ社の科学者はヒトゲノム暗号についての論文を「サイエンス」誌に投稿し、審査の結果、掲載されることになった。同誌の方針では、発表された結果を裏づけるデータは科学者コミュニティが自由に使えるようにしなければならない。ゲノムデータの場合では、この方針はデータをだれでもアクセスできるデータベースに載せることを意味していた。しかし、今回のケースでは編集部は科学コミュニティの自由でオープンな知識のやりとりという規範と企業の独占的利益とのバランスを考慮した。同意書によれば、セレーラ社は論文の裏づけとなるデータを自社内に保有し、他の科学者はある種の要件を満たすならば利用することができるということになった(44)。

知識の所有権は、組織に所属していないカリフォルニアの数学者が数学的研究の結果から初の特許を取得したとき、これまでにない状態を生み出した。その数学者はある種の素数（1とその数自身でしか割り切れない数）を見つける方法と特定の二つの素数の使用とを、二つの数字を同時に使用する場合という条件付で特許にした。これらの数字はそれぞれ一五〇桁、三〇〇桁なので、特許侵害が起こることはありそうもないが、特許はこの数字を許可なく使った人に対して特許侵害で訴えることの法的権利を与えた(45)。

ポスト・アカデミズム科学

イギリスの社会学者ザイマンは大学の科学と企業の科学とを区別していた。ザイマンによると、それらは社会的目的と社会的組織で異なっている。「大学の科学はマートン的規範によって理解できる。……企業の科学はほとんどすべての点でこれらの規範と衝突する」(46)。ザイマンは企業の科学の特徴をProprietary（私有財産）、Local（企業特殊的）、Authoritarian（トップダウン）、Commercial（商業的）、Expert（専門的）の頭文字をとってＰＬＡＣＥと表現した。企業の科学は私有財産としての知識を生み出し、通常、依頼を受けて行われる。広範で根本的な問題でなく、その企業特有の技術的問題を解決するのが目的である。実用的な目的を達成するため厳密な管理の下で行われる。さらに、自分たちでテーマを見つけて研究していく学者でなくその問題を解決するための専門知識をもった人間を雇う。

「ポスト・アカデミズムの研究」という言葉は、企業の科学と大学の科学が混ざった状態を表すためにザイマンによって使われた。それは、「大学の科学の中で本質的にはその文化と相容れないさまざまな行為が行われるようになった状態である」(47)。いったん、科学の複合化が行われると、ポスト・アカデミズムの科学は二つの役割を持つ。ザイマンはややふざけた調子で続ける。「たとえば、教員は月、水、金曜日は伝統的大学の規則の下、公共の知識を生み出す。火、木曜日は商業的な条件の下、私的な知識を生み出すため雇われる」(48)。

実際には、大学の科学とポスト・アカデミズムの科学との間の役割の推移はザイマンが描くよりもずっと目に見えない形で進んでいる。より典型的な形は、科学者は（自分が株を持っていたり、社長だったりする）企業から研究資金をもらい自分の大学の実験室で研究を行う。実験室にいる院生やポストドク研究生にとっては、どれが商業的目的の研究でどれが公的資金による研究なのかわからない。実験室の決まりごとは共通であり、機密保護は商業的研究にも公的資金による研究にも同じように適用される。なぜならば、両者とも同じように私有財産となる知識を生み出すかもしれないからである。

ザイマンはポスト・アカデミズムの研究の中でも「客観的知識」が守られると確信しているが、それは主に普遍主義と懐疑主義の規範に彼が期待しているからである。「利害の超越」の喪失は科学者や市民からの信頼の減退につながるが、彼は「客観的知識」は真理の追究と利益の追求という複数の利益の交じり合った科学の文化の中でも生き残ると考えていた。

ポスト・アカデミズムの科学という概念は、大学の科学が純粋な形から複合的な形に変化し、この新しい科学の形は新しいエトスを伴っていることを示唆する。ザイマンの科学の理解には二つの問題点がある。第一に、すべての科学がこの新しい形に変化したわけではない。自然科学と社会科学の中には、商業的利益に束縛されず、「利害の超越」の規範が揺らいでいないものもある。第二に、科学の中のさまざまな人々が外部からの誘因との関係で異なった歴史を経験してきた。軍事研究はある時期は活発で、他の時期はそれほどでもなかった。二〇〇二年の「国土安全保障法」の成立は多額の研究資金によって再び大学の研究を軍事目的に向けるかもしれない。アメリカの大学は私が呼ぶ「古典的性格」［基礎研究を追究するタイプ、第一一章参照］」を純粋に具現化したものでは決してなかった。ひとつの大学も常にいくつかの異なった性格を内に秘めている。外部からの誘因はある時期に、その大学の持つ性格のうちいくつかを刺激しそれに伴った規範を変化させる。

私はポスト・アカデミズムの研究のすべての要素が初期段階の形だが常に大学の中に存在していたと信じている。しかし、古典的理想と企業にとっての理想とは共存し続けてきた。いくつかの大学の中でいくつかの分野は、特許取得や産学共同研究など企業家的特質の長い伝統を持っている。別の大学、別の分野では、それはまだ顕在化いない段階で存在しているが、「ベーコン的理想」［技術移転による実用的・経済的貢献を重視するタイプ、第一一章参照］の登場はまだ新しいものであり、「古典的理想」に取って代わるにはしばらく時間がかかるであろう。大学の研究がポスト・アカデミズムのものに自然に変化していくと仮定すべきではない。科学者への企業の影響は自然なものでも不可避的なものでもない。これから後の章は科学における利害の超越の喪失が持つ社会的な含意を考察する。

基礎的知識の創造以外で、大学の科学が現代人の生活にとって演じる役割の中でもっとも重要なもののひとつが政策や法律に関する役割である。政策や規制を立案・執行する議員や官僚、裁判官、陪審員は法案や訴訟に関連した分野での冷静な分析を科学者に依存している。このために、連邦政府は多くの政策決定の際にアドバイスできる精緻な諮問委員会システムを構築している。次の章では連邦政府の諮問委員会の公正さが利益相反によっていかに妥協を強いられているかを見る。

第六章　連邦政府諮問委員会の救済

一九七〇年代末、私は、保健・教育・福祉省（Department of Health, Education, and Welfare）（［教育省が分離独立して］現在は保健福祉省）のジョセフ・カリファノ（Joseph Califano）長官によって国立衛生研究所の諮問委員会委員に任命された。委員会は「組換えＤＮＡ分子諮問委員会」（Recombinant DNA Molecule Advisory Committee）、通称ＲＡＣというかなり難しい名称がついていた。委員会の仕事は、政府が資金を出している研究の中で遺伝子組換え（ＤＮＡ組換え）技術の使用に関するガイドラインの作成について、国立衛生研究所長にアドバイスをすることであった。諮問委員会が最初に組織された一九七〇年代から一九八〇年代にかけては、遺伝子組換え実験は激しい論争の対象であった。この委員会の役割は、ある種の実験の潜在的な危険性をもう一度あらためて評価して、一九七六年に最初に出されたガイドラインの改定にアドバイスを行うことであった。

他の多くの連邦政府諮問委員会と同様に、この委員会でも委員候補者にあげられた人は国立衛生研究所に、潜在的利益相反と見なされる恐れがある金銭的ならびにそれ以外の関係を申告する書類を提出しなければならなかった。私がこの書類を提出したとき、私は同僚委員が利益相反を持っているなど想像もしていなかった。二五人の委員は年に数回集まって遺伝子組換え実験の危険性を議論し、遺伝子組換えを行った生物を自然界に放つことの問題点を話し合い、国立衛生研究所との協力プログラムに自発的に参加している企業の機密書類も検討した。それらの企業は自分たちが行いたい遺伝子組換え実験をこの委員会に認めてほしかった。

二年間委員を務めた後で私は、組み替えＤＮＡ分子諮問委員会の委員の何人かがバイオテクノロジー企業と金銭的な関係を持っていることを知った(1)。メディアはこの委員会のさまざまな決定について取材していたが、この情報は知らされていなかった。このことはまた内部関係者による彼らのための委員会という印象を避けるために加えられていた市民の委員にも知らされていなかった。「情報自由法〔情報公開法〕」にもとづく請求でさえ利益相反の情報を公にするということができなかった。この情報が明らかになったのは、委員の中には株を公開している企業の社長もいたからである。彼らの名前がメディアで報道された。

科学の公共的役割

科学の諮問委員会はアメリカでどのような機能を果しているのであろうか。専門検討会が公共の利益でなく私的な利益のために使われることを防ぐ策は講じられているのであろうか。開示の役割と、その有効性とはどのようなものであろうか。この章は連邦政府における科学諮問委員会の利益相反ポリシーの現状について考察する。

アメリカにおける政策意思決定は科学専門家、多くは大学や研究機関など独立した非営利組織に属する、に大きく依存している。市民は、時として無邪気に、大学の科学者がこれらの委員会に参加したら、彼らは政策決定プロセスに特定の利害は持ち込まず、専門知識だけを持ち込むと信じている。食品医薬品局、農務省、国立疾病予防センター、エネルギー省、連邦航空局、環境保護庁は規制を発布する仕事をしている。国立衛生研究所や全米科学財団などは科学者に研究助成を行う仕事をしている。これらの省庁は助成金の申し込みの審査や、資金援助する対象となる大まかな研究テーマを設定するため、科学者による委員会を設置する。

政府全体では数百もの諮問委員会が存在しており、あるものは短期、あるものは長期である。諮問委員会というシステムの背景にある考え方はまともなものである。政府の科学者や官僚だけでは、政府の管轄する多岐にわたる技術的問題のすべてに対応するのに必要な専門的知識を集めることができない。諮問委員会を用いることで、もっとも優れた知識とともに多様な意見を政策決定プロセスに組み入れることができる。さらに、ある政府の報告書が書いているように「諮問委員会は市民の参加を促すという政府の努力の一端を表している」(2)。

一九九八年度(一九九七年一〇月から一九九八年九月末

まで）に、五五の連邦省庁が九三九の諮問委員会を設置していた。これらの中には、大統領に直接諮問する五〇の委員会（うち二一は議会が設置）が含まれている。合計で四万一二五九人が委員として参加し、うち三分の一（一万四八六〇人）が保健福祉省によって任命されていた。合計で五八五二回の会合が開かれ、九七三の報告書が作られた。この年度で、委員への報酬、旅費、日当、スタッフの経費、政府側間接費、（諮問委員会で意見を述べる投票権のない）コンサルタントへの支払いなどで一億八〇六〇万ドルが支出された。約半分の金額が委員会運営の間接費として計上された(3)。二〇〇〇年、食品医薬品局は三二の常設諮問委員会を持ち、一方国立衛生研究所は一四〇以上の諮問委員会を持っていた。

連邦諮問委員会の法的統治

大統領、省庁、議会などが設置した連邦政府の諮問委員会、検討会、審議会を統治する主要な法律は一九七二年の「連邦諮問委員会法」(Federal Advisory Committee Act, FACA)である。この法律は、委員の構成が立場・意見ならびに委員会の中での役目においてバランスがとれたものでなければならないことを定めている。また、委員会が特定の利益によって不適切に影響を受けることは法的に明確に禁じられている。「委員会のアドバイスや推奨案は任命者または特定の利益団体による不適切な影響を受けてはならず、それらは諮問委員会の独立した判断の結果でなくてはならない」という条項がある(4)。

諮問委員会に適用される倫理ガイドラインは合衆国規則集（合衆国法典第一八編、第二〇二から第二〇九条）に見ることができる。諮問委員会委員は委員会での勤務が年一三〇日を超えない限り特別政府職員として見なされる。連邦諮問委員は、宣誓もしてないし、給与も受けていないし、政府のフルタイム職員ではないが、特別政府職員と見なされる。特別政府職員として諮問委員会委員は連邦政府の利益相反法規に従わなくてはならない。利益相反法規の目的は、政府職員が自分の利益を優先し公共の利益の最大化に反するような行為をとることを禁止することである。とくに法規・規制は、行政府の職員や連邦諮問委員会委員を含めた独立機関の職員が私的な利益を彼らの意思決定に影響させることを防ぎ、政府の政策決定プロセスを「現実のまたは見た目［不正行為をしているように第三者から見られること］の利益相反」から守ることを意図している（5）。

一九九三年、クリントン大統領によって発せられた「連邦諮問委員会の終了と制限」という「行政命令一二八三八」は、連邦省庁に対して、その諮問委員会がもはや国家の利益に供さないようになった場合、または他の委員会や省庁と機能が重複する場合にはすみやかに委員会を解散するよう命じた。この行政命令は政府で使われる諮問委員会の数を劇的に減少させ、新しい委員会の設置にも高いハードルを設けることになった。この命令は次のように指示している。

行政府省庁は連邦諮問委員会法に基づく新しい委員会を作る場合には、法規によるか、もしくは省庁の長が、（a）委員会の必要性に関して充分な調査を行い、（b）行政管理予算局の許可を得ている場合に限る。その許可は厳しく下され、国家安全保障、国民の衛生・安全などの国家の利益に関する考慮が充分行われたうえで必要と見なされたもののみに与えられる（6）。

一九九六年一二月、政府倫理局（Office of Government Ethics）は合衆国法典第一八編、第二〇八条の解釈に関する規制を発表した。とくに、この規制は省庁に利益相反規定の解釈、利益相反の扱い方、利益相反にかかわる禁止事項の免責・例外の運用について指針を与えた（7）。

連邦諮問委員会法の修正は一九九七年一二月に公法一〇五－一五三として発布され、一般行政局（General Services Administration, GSA）が、全米科学アカデミーの中の諮問委員会の役割まで含んだ、新しい法案の条項の実施状況について議会に報告することを求めている。連邦規則は特別政府職員も含んだ職員が、政策の対象となっている事柄に個人的な利害を持っているのならば、政策決定の審議に参加してはならないと定めている。「連邦政府職員は自分の知る限りにおいて自分またはいかなる他の人物（その人の利益が合衆国法典第一八編第二〇八条でいう被雇用者に相当する人）が金銭的利益を持ち、その特定の案件がその利益に直接かつ予想できる影響を与える場合には、その案件に関してその省庁の中で個人的にまた実質的にもかかわってはならない」（8）。この規制の落とし穴は利益相反を持つ職員も免責を受けたならば参加することができることである。

免責は省庁で任命に当たる人物、通常は長官、が二つの理由によって出すことができる。第一に、候補となっている委員の利益相反は審議案件からは遠く、重大でなく、量的にも小さい、また、諮問の職務の公正さに影響を与えないと考えられる場合である。第二に、資格を失いそうな利益相反を持っていても、任命者がその委員の専門知識による委員会への貢献は利益相反のもたらす問題よりも大きいと判断した場合である。この条項は利益相反免責に関して任命者に大きな裁量の余地を残すことになる。

一九八九年以前は、各省庁が金銭的利益相反を持っている諮問委員会の委員候補に対する免責の法規（合衆国法典第一八編第二〇二条b—二）について独自の解釈をしていた。この状態は一九八九年の「倫理改革法」（Ethics Reform Act of 1989）が政府倫理局（Office of Government Ethics）に権限を与え各省庁が独自の倫理相反免責基準を持つ権限を減らしたことによっていくらか変化した。しかし、同法のもとでも政府倫理局の長は、「金銭的利益が案件との関係がうすく、重大でなく、禁止事項が対象とする案件における職員の職務の公正さに影響を与えない」ときは一般的な禁止からの免責を行うことができた。一九九六年、政府倫理局は諮問委員会への参加が予定されている個人を利益相反によって排除する際に各省庁が使えるガイドラインを発表した。

委員の利益相反はふつう市民には公表されない。［一九七八年の］政府倫理法は省庁が審議する案件と関係があるかもしれない委員の勤務先、契約先、投資先については市民に発表する必要はないとしている。何か問題が生じたときのみ、利益相反の存在や、それが免責されていたことを市民は知ることができる。各省庁はその行動が政治的に微妙かどうかという基準で政府の倫理規定のもとで自分たちの法的責任について解釈をする。たとえば、食品医薬品局は市民が関心を持ち続けている問題を取り扱っている。食品医薬品局の諮問委員会は意思決定プロセスに懸念を生じさせるいくつかの報道の対象となった。

食品医薬品局諮問委員会

食品医薬品局は保健福祉省の一部局である。保健福祉省の規定（連邦規則第五編二六三五号）では、諮問委員会の委員は彼または彼女が関係のある人物（配偶者、近しい友人、雇用者）の金銭的利益に「直接かつ予想しうる影響」を与えそうな事柄に関与してはならない。他の省庁と同様、食品医薬品局は利益相反の倫理規定に対して免責を行うことができる。

二〇〇〇年秋、「ユーエスエー・トゥデイ」（*USA Today*）紙は、一九九八年一月一日から二〇〇〇年六月三〇日の間に召集された食品医薬品局の医薬品評価研究センターの一八の諮問委員会について調査した結果を紹介した。これらの委員会は通常、新薬が承認されるべきか、もしそうなら、どのような条件で承認されるべきかを同局に諮問する。ジャーナリストたちは利益相反のある委員の数と発せられた免責の数を入手することができた。一九九二年以前には、食品医薬品局は諮問委員会委員の金銭的利益相反の詳細を公表していた。プロザックを含めた一連の論争ののち、食品医薬品局は、委員のプライバシーという議論の余地のある理由で委員の利益相反の詳細を公表することをやめてしまった。しかし、委員がその会議の検討する対象と利益相反関係がある場合は依然として公表されている。同紙は調査した一八ヵ月の間に一五九の諮問委員会が開かれ、約二五〇人の委員が一五九回の会議で、のべ一六二〇回出席したことをつかんだ(9)。

少なくともひとりの委員が検討対象と利益相反関係を持っていたのが、一五九回中一四六回（九二％）あった。八八回において（五〇％）、少なくとも半数の委員が審議される製品に金銭的利益関係を持っていた(10)。金銭的利益相反は広範な政策を議論する五七回の会議のときにもっとも頻繁に見られた（九二％の委員が関係を持っていた）。しかし、特定の薬の承認申請を審議する一〇二回の会議でも三三％の委員が利益相反関係を持っていた(11)。

「ユーエスエー・トゥデイ」紙は「政府に薬の安全性と有効性を諮問するために召集された専門家の半数以上がその決定によって利益や損害を受ける医薬品メーカーと金銭的な関係を持っている」と報道した(12)。五四％のケースで食品医薬品局に諮問する委員が「審議する医薬品や議題に直接の金銭的利害」を持っていると報じた(13)。ほとんどの利益相反のケースは株の保有、コンサルタント報酬、研究資金提供であった。

食品医薬品局の一八の諮問委員会で、どうしてそんなに多くの利益相反を持った委員が委員会に出席しさらに投票までできるのであろうか。法律では委員会のとる行動が「直接かつ予想しうる」金銭的な利益・損失をその委員にもたらすとき、その委員は利益相反があると定めている。食品医薬品局の幹部は専門家の貢献の可能性が利益相反の深刻さを上回るのならば利益相反を免責している。のべ一六二〇回の委員の出席で、八〇三回（五〇％）で免責が適用され、七一回（四・四％）で開示された利益相反は免責されず、残りの七四六回（四六％）で委員は利益相反を持たなかった。八〇〇を超えるケースでの委員に対する利益相反免責は本当に正当なのであろうか。食品医薬品局は彼らが規制している企業との関係を持たない優秀な専門家が減少し委員の適任者が急速に少なくなっているので、免責を頻繁に与えすぎているのではないであろうか。

これらの利益相反免責の理由が何であれ、それによって政府が専門家のアドバイスを受けるシステムに対する市民からの信頼が強固になっているとは思われない。政府が市民に対して行うべき最低限のことは諮問システムの利益相反を完全に透明にすることであるとの指摘もある。しかしながら、諮問委員の利益相反は、政策決定が行われた後で、裁判が起きたり議会が調査を行って初めて明らかになるのが一般的である。

ふたつの連邦諮問委員会とひとつのワクチン

第二章で議論されたように、ワイス・レダリー社によって製造された、深刻な胃腸炎を引き起こすロタウイルスを治療するワクチンは一年のうちに認可と回収とが行われた。このケースは、政策決定に中心的役割を担った諮問委員会を連邦政府が調査するきっかけとなった。調査の結果、諮問委員会の政策決定過程では利益相反の存在が日常的で、その公平さには深刻な疑問が生じていることが明らかになった。

一九九九年秋、下院の政府改革委員会は連邦政府のワクチン政策、とくにこの特定のケースにおける政策決定者の利益相反についての調査を開始した。議会は金銭的関係の届出書類を調査し、会議の議事録を調べ、諮問委員にインタビューした。議会与党のスタッフによる報告書は二〇〇〇年秋に発表された(14)。

議会の調査は食品医薬品局と国立疾病予防センターというワクチン政策決定に責任を持つ二つの連邦政府機関の利益相反規定は「弱く、執行は厳格でなく、医薬品メーカーと密接な関係のある委員が利益相反免責を与えられて審議に参加している」と指摘した(15)。保健福祉省のドナ・シャララ（Dona Shalala）長官への手紙で、下院の政府改革委員会のダン・バートン（Dan Burton）委員長は「この調査の結果、食品医薬品局のワクチンならびに関連生物学製品諮問委員会（Vaccine and Related Biological Products Advisory Committee, VRBPAC）と国立疾病予防センターの予防接種実施諮問委員会（Advisory Committee on Immunization Practices, ACIP）はワクチンメーカーと密接な関係のある人間が多数を占めている」(16)と指摘した。

政府改革委員会による調査によれば、ワクチンに賛成票を投じた食品医薬品局諮問委員会のフルタイムの五人の委員のうち三人はワイス・レダリー社または競合するロタウイルスワクチンのメーカー二社と金銭的関係があった。ワクチン認可を決定した国立疾病予防センターの諮問委員会では八人のうち四人が同じこれらの企業と金銭的利益関係があった。議会の委員会はウイルスが認可された重要な審議のときの食品医薬品局の諮問委員会委員の利益相反を調査した。調査委員会は「投票権のある委員も、意見を求められるコンサルタント委員も、圧倒的多数が医薬品産業と密接な関係を持っていた」と報告した(17)。ロタウイルスの認可決定のプロセスにおける関係者の利益相反は次のとおりである(18)。

フルタイムの委員（全一五名）。

A氏——ロタシールド（ワクチン）の特許保有者。審議からは排除。利益相反免責されず。

B氏——審議のリーダー格。競合するロタウイルスワクチンのメーカーであるメルク社の株二万ドル相当を保有。利益相反免責。

C氏——消費者代表。ワクチン支持。メルク社から旅費・謝礼を受け取る。利益相反免責の必要なし「利益相反は免責するほど深刻でないと判断された」。

D氏——ローチェスター大学の研究者。国立アレルギー感染症研究所（NIAID）から九〇〇万ドルの研究資金を受ける。同研究所はロタシールドを開発する権利をワイス社にライセンスしていた。利益相反免責の必要なし。

E氏——ワイス・レダリー社から肺炎球菌ワクチンの研究のため一九九六年から一九九八年まで毎年二五万ドル以上を受け取る。利益相反免責の必要なし。

F氏——ベイラー医科大学の研究者。ロタウイルスワクチンの開発に従事。アメリカン・ホーム・プロダクツ社「ワイス社の親会社」から七万五千ドルの研究資金受ける。利益相反免責。

パートタイムの委員（投票権あり）（全五名）

G氏——バンダービルト大学の研究者。大学は製薬会社から助成金・委託研究を受けている。利益相反の申告なし。

コンサルタント委員（投票権なし）（全五名）

H氏——メルク社を含む製薬会社からしばしば旅費・謝礼を受け取る。ジョンズ・ホプキンス大学のための資金集めを行っている。ベンチャー企業立ち上げのためワクチンメーカーから資金を得ようとしている。利益相反免責。

I氏——メルク社の株二万六千ドル相当を保有。メルク社の諮問会議の委員。利益相反免責。

国立疾病予防センターはワクチン諮問委員会全員に一年間、利益相反の性格にかかわらず一括して免責をしていた。議会の報告書は「委員は対象となっているワクチンそのものか、または同類のワクチンを開発している企業と関係があってもワクチン認可に賛成票を投じることができた」と指摘している(19)。

国立疾病予防センターのワクチン諮問委員会では、メルク社の株を六〇〇株、三万三八〇〇ドル相当、を持っている委員が含まれていた。別の委員はメルク社が開発したロタウイルスワクチンの特許の共同所有者で、同社から三五万ドルの研究資金を受け、同社に対しロタウイルスワクチン開発のためにコンサルティングもしていた。第三の委員はメルク社のワクチン開発部と契約を結んでおり他の企業からも資金を受けていた。第四の委員はバンダービルト大学医学部の教授だが、メルク社の委員会のメンバーであり、彼の妻はアメリカン・ホーム・プロダクツ社の子会社のコンサルタントであった。第五の委員はメルク社などが行うワクチンの臨床試験に参加した企業に勤務していた。第六の委員はメルク社とスミスクライン・ビーチャム社から教育助成基金を受けていた。

利益相反が深刻なために認可の投票を禁止された委員も、投票につながる審議には参加できた。これらの委員は時として審議の中で認可を支持する発言をしていた。これは倫理ガイドラインに違反するものである。

下院の調査では、食品医薬品局と国立疾病予防センターのワクチンプログラムには利益相反が深く根付いていることが明らかになった。報告書は「食品医薬品局の利益相反の定義はばかげたほどにあいまいである。たとえば、関係企業の株を二万五〇〇〇ドル持っている委員は関与している利益は小さいと見なされ通常自動的に免責となる。実際、一〇万ドルまでは食品医薬品局の基準では『中程度の関与』とみなされ、一般的に利益相反は免責される」と指摘している(20)。最高記録としては、年に二五万ドルをロタウイルスワクチンのメーカーから得ている人物も免責され、実際に投票を行った。下院の委員会は、諮問委員全員を自動的に免責しているので国立疾病予防センターには利益相反の基準はない、と結論した。

一九九二年、全米科学アカデミーの医学院（Institute of Medicine）は食品医薬品局に対して利益相反の可能性を避けるために、専門家によって諮問委員会のあり方を再検討すべきだと提言した(21)。八年後、食品医薬品局に関しては、審査する製品と関係のある科学者のとんでもない利益相反のケースが報告され続けている。

下院委員会によるロタウイルスワクチンに関する調査は、食品医薬品局の科学アドバイザーのずさんな任用の実態を露見させ、同局の薬の審査のプロセスの中で利益相反が日常化しているという印象を強めることになった。この認可プロセスの矛盾は次のとおりである。その分野の専門家が当該産業で勤務していたり、当該医薬品を製造する企業から高額のコンサルタント料を受けている大学教員である場合、その専門家はどうやって私心のない評価を行うことができるのであろうか。

一九九七年に成立した法律で、食品医薬品局は諮問委員会に正式に企業の代表を含めてよいことになった。彼らは審議に参加できるが投票はできない。この法律によって、食品医薬品局の委員会ではすでに企業のコンサルタントをしている研究者が委員会に企業寄りのバイアスをもたらしているのに、企業に好意的なさらなるバイアスが生じることになるであろう。

アメリカの栄養摂取ガイドライン

昔、七つの基本的食物グループを説明して、充分な肉、魚、野菜、果実、ミルク・チーズ、ナッツ、穀物をとることを薦めていた農務省のテレビコマーシャルを、私は今でも覚えている。このキャンペーンはスナック菓子類が登場する前のことであった。一九五〇年代以来、連邦政府はこの栄養摂取の推奨をアドバイスからガイドラインへと格上げした。農務省は（消費者が栄養のバランスを取りやすいように）食物グループの栄養分について指導していたが、さらにすすんで主要な慢性疾患のリスクを減らすための栄養摂取のガイドラインとして発表するようになったのである。

最初のガイドラインは一九八〇年に作られた。一〇年後、議会は「国家栄養調査研究法」（National Nutrition Monitoring and Research Act）（公法一〇一－四四五）を成立させ、一九九五年から五年ごとに連邦政府が栄養摂取のガイドラインを発表することを義務付けた。

［乳製品も取らない］絶対菜食主義者の団体で一九八五年に設立された「責任ある医療のための医師委員会」(Physicians Committee for Responsible Medicine, PCRM）は一九九九年一二月一五日に農務省を相手取って訴訟を起こした。同団体によると農務省は五年ごとのガイドラインの改定に責任を持つ栄養摂取諮問委員会の委員の利益相反を公表しなかったことで「連邦諮問委員会法」ならびに「情報自由法」に違反していると主張した。二〇〇〇年の夏に改定されたガイドラインは、学校給食、貧困者への食糧支援、学校朝食プログラム、女性・乳児・児童向けの特別栄養補助プログラムなど、連邦政府のすべての食料支援・栄養プログラムのもとになるものである。同団体は、一一人の諮問委員のうち六人が現在、または最近まで、食肉・乳製品・卵の製造企業と「不適切な金銭関係」を持っていた

ことを農務省は意図的に公表しないでいたと批判した。

地方裁判所のジェームズ・ロバートソン（James Robertson）判事は二〇〇〇年九月三〇日、農務省が連邦栄養摂取政策設定に用いられたある種の書類を秘密にしておいたこと、諮問委員会の委員の金銭的利益相反を隠していたことを違法と判断した。しかし、判決のときまでに、農務省はすでに書類は公開していた。それでも判事は政府へのアドバイサーのプライバシーと市民の知る権利との間のバランスに関して重要な法律判断を下した。「委員会のメンバーが栄養摂取ガイドラインの改定のなされ方に利害を持つ個人や団体に金銭的な関係をもっているかを知ることは公共の利益であると主張できる。私は公共の利益は（個人情報を消すという）開示の修正による委員個人のプライバシーの保護の利益よりも大きいと判断する」(22)。しかし、この判断は限定された事柄についてであって、連邦諮問委員会の委員の利益相反を公表することの基準作りのための一般的な前例とはなっていない。

ニューヨーク大学の栄養学者マリオン・ネスル（Marion Nestle）は著書『フード・ポリティクス――肥満社会と食品産業』（*Food Politics*）［三宅真季子・鈴木真理子訳、新曜社、二〇〇五年］の中で栄養学の科学や政策の分野では「選ばれる専門家、とくに大学の専門家、というのは明らかに企業戦略寄りである(23)」と書いている。ネスルによれば、企業は指導的な専門家をよく調べて、その人物に取り入り、研究助成金を提供したり、コンサルタントになってもらったりする。専門家はしだいにスポンサー企業の利益を内部化していくが、自分の客観性は失わないと信じている。しかしながら、ネスルは製薬会社の研究支援はスポンサー企業の製品に好意的な結論の論文を生み出すことと相関関係があるので、同じようなバイアスが栄養学でも生じる恐れがあると考えている。彼女は、栄養学関係では政府の諮問委員会でも全米科学アカデミーの委員会でも、利益相反は日常的であると信じている。彼女の多くの同僚は当惑したが、ネスルはいかに食品メーカーが栄養学の研究や学会の活動を支援するための広範なネットワークを築いているかも明らかにした。大手食品メーカーは栄養学の学会のスポンサーであり、学術出版にも多額の寄付をしている(24)。

環境保護庁科学諮問委員会

一九八九年という年は規制の歴史においては「アラール(Alar)論争の年」として記録されるであろう。アラールはダミノジドという成長抑制化合物の商品名である。それは二五年前に商品化され、リンゴ果樹園でリンゴの色を揃え成熟度を一定にするために広範に使用されていた。

認可された殺虫剤(寄生虫駆除剤)としてのアラールを再評価するプロセスが実施され、環境保護庁は内部の専門家委員会でダミノジドとその一次代謝産物である非対称ジメチルヒドラシン(UDMH)のデータの分析をした。委員会は殺虫剤はおそらく人間に対して発がん性があると結論した。環境保護庁はそれから一九四七年の「連邦殺虫剤、殺菌剤、殺鼠剤法」(Federal Insecticide, Fungicide, and Rodenticide Act)にもとづく規定で、同庁の科学諮問検討会での審議を仰ぐことになり、そのための書類を作成し提出した。一九八九年のおわりに、科学諮問検討会は発がん性があるとした環境保護庁内部での分析を批判して、この結論は既存のデータから導くことができないと主張した。さらに、諮問検討会は現段階の科学ではその殺虫剤を市場から排除するだけの確証は得られないとした。それに応えて環境保護庁はアラールの使用を制限することならびに残存量の許容レベルを下げることで後退した。

一方、有力な環境団体の一つである天然資源保護評議会(Natural Resources Defense Council, NRDC)は一九八九年二月二七日に「受け入れがたいリスク——子供の食べ物の中の殺虫剤」(Intolerable Risk: Pesticides in our Children's Food)という報告書を出した。この報告書では子供に対する発がん性効果について二三の殺虫剤を比較した。これらのうちの一つがダミノジドであった。その一次代謝産物である非対称ジメチルヒドラシンに六歳までにさらされると四二〇〇人に一人の割合でがんが発症することが明らかにされた。

天然資源保護評議会はフェントン・コミュニケーション(Fenton Communications)社という広告代理店を雇って研究結果の普及に努めた。フェントンはCBS放送の「六〇ミニッツ」(60 Minutes)という番組に独占的に情報を提供した。CBSは番組の四分の一の時間を二三の殺虫剤のうちもっとも発がん性の強いとみなされたアラールに割いた。「アップルのA」と名づけられたそのレポートは四〇〇〇万人が観たと推定される。数週間のうちにリンゴとリンゴジュースの不買運動が広がった。消費者のボイコットがかなり広がってから、食品スーパーはアラールを使ってないリンゴを求めるようになった。スーパーは「アラールを含みません（アラールという字には上から二重線がかけられた）」という表示をした。

リンゴ農家と環境保護団体は互いに言い争った。殺虫剤が農家を助けていることを取り上げず、バランスを欠いた報道だとしてCBS放送は、ダミノジドの独占メーカーのユニロイヤル（Uniroyal）社はじめ業界を支援する組織から批判された。政府公聴会ののち、ある下院議員は環境保護庁のアラールに関する諮問検討会の八人の委員のうち七人はユニロイヤル社とかつてコンサルタント関係があり、そのうち少なくともひとりは今でも関係があるということを知った。パブリック・シチズンと天然資源保護評議会の二つの団体は科学諮問委員会の委員の利益相反を公開しなかったことに関して環境保護庁を相手取り裁判を起こした。しかし、裁判は環境保護庁の科学アドバイザーの完全な利益相反開示にはつながらなかった。

他の連邦政府機関と同様、環境保護庁はもっとも専門知識の豊かな人物に科学諮問委員会に参加してもらうよう努めていると主張する。しばしば、これらの専門家は企業に勤めていたり、コンサルタントになっている。連邦機関はもし企業にコンサルティングしているという理由でその専門家を排除したり、専門家のプライベートなことを明らかにしなければならないのならば、科学諮問検討会の席を埋めることはできないのである。

環境保護庁検討会に関する会計検査院の調査

議会は一九七八年に環境保護庁の科学諮問評議会（Science Advisory Board, SAB）を設置した。この評議会では一〇〇人以上の外部の専門家が科学・工学面でのアドバイスを行う。評議会は同庁の提案する規制の合理性について検討する科学諮問検討会（Scientific Advisory Panels, SAPs）を召集する。これらの科学諮問検討会の一つがアラールの規制論争の道筋を変え、それはついにはダミノジドの発がん性に関して、きわめて多くの人が関心を持つ論争を引き起こした。

二〇〇一年六月、会計検査院（General Accounting Office, GAO）は環境保護庁の科学諮問評議会の下の検討会についての報告書を出した(25)。環境保護庁の科学諮問評議会によって設置された専門家による検討会は連邦政府の金銭的利益相反の法規に従わなければならない。科学諮問検討会のメンバーは「特別政府職員」として扱われる。連邦法規は連邦政府職員が「本人、配偶者、子供、または雇用主など特定の関係を持っている組織の金銭的利益に対して直接的かつ予想しうる影響をもたらす特定の事柄において個人的かつ実質的に関わること」を禁じている(26)。

いくつかのケースでは、多様な見方と見解を得るために環境保護庁は検討会に企業の関係者を含めている。法律は雇用主の金銭的利益に「直接かつ予想しうる利益」を持つ事柄に関して被雇用者が関与することに免責を与え認めている。勤務先企業の株を持っているといった検討委員の個人的金銭的利益のための免責は認められていない。

食品医薬品局や外部の専門家からの諮問を必要とする他の省庁と同様に、環境保護庁は利益相反を禁止する規制に対する免責をかなり寛容に与えていた。もし、環境保護庁がその特別政府職員が持つ知識の必要性が利益相反の可能性を上回ると判断するのならば、利益相反の免責を与えることができた。

会計検査院の調査は利益相反に関する条項が環境保護庁で実行されている仕方に関して多くの問題点を指摘した。第一に、報告書によれば、諮問検討会の委員によって提出された金銭的関係の申告書の三分の一がスタッフによって読まれていなかった。この省略は、利益相反のある委員がそのことを環境保護庁がまったく知ることもなく委員として務めることができることを意味している。別の言葉で言えば、利益相反を管理したり適当な場合には免責を与えるということに関して、何もなされていないということである。

第二に、会計検査院は申告書が専門家の利益相反をすべて明らかにするのに充分とはいえないと指摘した。「がんのリスクに関するガイドラインを改定する諮問検討会の委員のひとりは、環境保護庁に対して改定ガイドラインのことで意見を出していた化学産業団体と以前は長期にわたり関係があった」(27)。申告書は現在の関係を重視するが過去の金銭的関係についての調査を怠っている。

第三に、会計検査院は環境保護庁の諮問検討会の委員が提出した利益相反の申告は市民には充分に知らされていないと結論した。環境保護庁は科学諮問検討会の委員の利益相反について議論する公開の場を持っている。利益相反の申告に関する議事録は公開されている。しかし、ある検討会（1‐3ブタジエンの発がん性に関する検討会、以下、ブタジエン検討会）の議事録を調べて、会計検査院は申告書が利益相反に密接な関係のある情報を重視していないことを明らかにした。たとえば、申告内容の審議の議事録によれば、二人の委員はブタジエンを生産している企業の株を所有し、別の二人は化学企業から報酬を受けていた。

環境保護庁は検討会では多様な見方が反映されるよう努める責任がある。ブタジエン検討会は一五人の科学者から成っていた。一〇人は大学・医療機関の教授、医師であり、四人は企業に勤めており、一人は州政府の環境保護局に属していた。会計検査院によれば、一五人のうち六人はブタジエンの発がん性について企業寄りの見方を初めからしていた。企業に熱心にコンサルティングしている大学教員は中間的立場であった。この調査結果は検討会の人選のバランスは実際の利益相反を過小評価していたことを示している。

会計検査院のこの調査の結論は二つある。第一に、環境保護庁は利益相反を特定し抑制することを適宜行っていない。第二に、諮問検討会の委員が諮問のプロセスに入ったとき、彼らの持つ特定の利害関係は、市民には充分に知らされていない。

政府機関は一般的には利益相反を持っている科学者で諮問委員会を作りたくはない。大学の研究者は妥協を強いられているということを、省庁は認識している。もし政府が委員の選定で厳しい倫理規定を保持すれば、委員会の席を埋めるのが難しくなるであろう。このことは本質的なジレンマである。専門家を選ぶときに、高い倫理基準か、高い科学的知識の基準か、どちらかひとつしか選べないのである。「ハイゼンベルグの不確定性原理」のように倫理か科学、どちらかひとつしか選べない(28)。おそらく、利益相反の基準はもはや非現実的なのであろう。教授たちが持つ利益相反とはどのような形のもので、どのくらい深刻なのであろうか。次の章は自分の地位をもうひとつの経歴に活かすすべを知った大学の科学者がふたつの組織に所属する傾向について考察する。

第七章　法人化した大学教授

私が最初に大学の研究者となろうと決めたのには、三つの理由があった。第一に、私は学ぶことが好きだった。私は自分の人生が高等教育と研究を中心としたものになったらけっして退屈しないだろうと信じていた。夏休み中のアルバイトは私に決まりきった事務職の雰囲気を味わせてくれたが、どんなに給与が高くても自分の好みではなかった。第二に、私は仕事における自立性と自己管理をきわめて重視していた。人から指図されるのでなく自分で選んだことを知的に探究することができる仕事は達成感・自己実現の独得の気分を与えてくれる。最後に、私は市場の規範に支配することがない思索と探究に焦点を合わせた禁欲的な生活にあこがれた。最も深遠で近寄りがたいが重要な研究成果というものは市場にとっては魅力的ではなくとも、大学の研究社会では最終的には名誉を獲得する。注意深い研究業績は流行に惑わされるものではない。それらはベストセラーにはけっしてならないが、知識の集大成の神殿に永きにわたって飾られるのである。人々はそれに魅せられる。ひとつの分野を究めたり、重大な発見に参加することはその人にとって計り知れない誇りである。それほど多額とならないロイヤルティや教員給与では、自然の神秘を明らかにしたり、学術的に評判になる学術書を完成させるまでの数え切れない労苦に対する報酬とはならない。

大学教育を受ける機会を持った人々は、大学研究者としての経歴は出身校とは見た目も実際の行動も異なる大学で始めるのが適切だということを知っている。われわれの大学システムはそれぞれのカリキュラムや規範を持った分権的な学科の集合体である。学会や学術雑誌の広範なネットワークが、受容される学問と確証された知識を与えてくれる。市場原理が重要な選択をする多くの組織と異なり、大学での決定は需要と供給の圧力から距離を置いている。偉大な大学の質を説明する最終決算とか生産性とかいう尺度は存在していない。

もし、大学が市場メカニズムに基づいて行動する他の組織の仲間入りをしてしまったら、われわれは大学をどのように見ればよいのであろうか。高等教育での地位が個人の富を増すために使われることを想像してみよう。経済学者の言葉でいえば､教授職には実現されていない価値がある。給与を受けている教授はその社会的地位を自分や大学のために新たな富をもたらすために使うべきでないと言い切るのであろうか。真理の追究と富の追求が大学教員の動機付けで同じウエイトを占めるようになったとき、市民の大学に対する見方はどう変わるのであろうか。大学教授職でのこれらの変化は、とくに知識が簡単に経済的価値に変換できる分野で、すでに起きている。それがもたらす結果はいまのところさまざまである。この章は企業家的教授についての論争における傾向について焦点を合わせる。

今日われわれが大学文化の規範として受け入れているような大学の組織的行動の変化は一九八〇年代、首都ワシントンでは「供給サイド経済学」が登場していた時代にもっとも明らかになった。政府の役割についても公共の富を生み出し、経済的に恵まれない人々に受け皿を提供するということから、民間・営利部門の利益を増大させるということに思想が変化した。政府の役割についてのこの新しい思想は個人の選択と責任を最大限に尊重する一方で、経済成長と競争力への障害物を取り除くということであった。

経済政策でルーズベルトの時代からレーガンの時代へという変化が起きたのと同時期に、生命科学でも革命が起きていた。遺伝子組換えの発見は生物学を、新しい医薬・検査・治療方法・生産方法・素材を生み出す潜在性を持った経済的恩恵の未開発の源泉に変えた。遺伝子工学は生物学を生物の構造や特性を調べる分析が中心の学問から、人間にとって役に立つ新しい生命体を作る工学的分野の学問に変えた。この変化の道具を与えた生物学のひとつの分野が分子遺伝学である。その科学者たちは遺伝子の部分を切ったりつなげたりする酵素を発見し、どの生物においても遺伝暗号（DNAの構成）を再現できる方法を開発した。物理学者やエンジニアが音速の壁を破り、周期律表に載るような新しい元素を合成したりしたのと同様に、生物学者は生物種の分類を越えてDNAの断片を導入することによって生物種の間の壁を取り除いた。

遺伝子組換え技術が開発されるまでは、基礎生物学と応用生物学の学問領域の間には深い隔たりがあった。土地付与大学［一九世紀後半に連邦政府からの土地の払い下げでできた大学、主に今日の州立研究大学」では、応用生物学は古典的なメンデルの遺伝学の知識を使って望ましい特質を持った農産物や食用家畜を選び出していた。しかしながら、基礎生物学者は細胞構造、DNAの組成、植物の代謝、植物と環境との関係などを研究していた。応用生物学科は農業ビジネス、とくに酵母のような微生物を使ってビールをつくるといった食物・飲料における、より効率的な発酵プロセスの開発を行う伝統的バイオテクノロジー産業と密接な関係があった。基礎生物学と応用生物学との間の境目は、分子遺伝学が広範な商業化の可能性を持つと認識された時になくなってしまった。遺伝子をあちこち動かせる科学者はバイオテクノロジーと呼ばれる新興の分野で、またたく間に経済的価値を持つようになった。遺伝子組換えは基礎生物学と応用生物学とを結ぶ橋となった。大腸菌（Escherichia coli, E.coli）の遺伝子の研究をしていた科学者は、製薬会社がその微生物にヒトのタンパク質を無尽蔵に生産できる可能性を見出したので、経済的に極めて重要な人材となった。したがって、自分の研究の商業的価値を知った基礎生物学者は会社を設立したり、新しくできたバイオテクノロジー企業のコンサルタントになるようになった。

一九八一年三月、「タイム」（*Time*）誌は、億万長者科学者ハーバート・ボイヤー（Herbert Boyer）の頭だけが細胞のDNAから出てきている挿絵つきで「実験室で生命をつくる」（Shaping Life in the Lab）というタイトルの記事を載せて、新しい産業としてのバイオテクノロジーを予告した。ボイヤーはカリフォルニア大学サンフランシスコ校の教授で、遺伝子工学で新しい医薬品を生産するために設立された第一世代のバイオテクノロジー企業のひとつであるジェネンテック（Genentech）社を立ち上げた。ベンチャーキャピタルによって生み出された何百もの萌芽的段階のバイオテクノロジー企業は主要大学と共生していた。これらの企業は研究を行うために院生やポストドクターの研究者を求めていた。それら企業はまたベンチャーキャピタルのリスクの高い投資をひきつけるために不可欠な知的資産として、優秀な科学者に科学アドバイザーとして就任してほしかった。

シェイラ・スローター（Sheila Slaughter）とラリー・レスリー（Larry Leslie）の代表作『大学資本主義』（*Academic Capitalism*）の中で、彼らは教授や大学の新しい企業家精神を調査して、いくつかの分野では大学が民間企業の領域に入ってしまったと指摘した。「教員が企業家的になり市場からの隔離を喪失してしまった基礎科学の分野は生物学だけではない。一九九〇年代、材料科学、光学、認識科学など多くの学際的な学科や研究センターができたが、それらはしだいに市場活動に組み込まれていった」(1)。

一九五〇年代や六〇年代のマイクロエレクトロニクス革命では、電子工学の教員は大学を辞めて自分の会社をつくったが、微生物学、植物学、動物学、人類遺伝学(ならびに他の応用科学)の中心的科学者は多くの場合、大学の地位を残したまま、企業の設立人となり、株を所有し科学アドバイザーとなる。これらの二重勤務が大学と科学の高潔さとにもたらす影響は一九八〇年ごろから主要学術雑誌によって疑問を呈されていた(2)。しかしながら、この大学と商業ビジネスとの結びつきの程度がよりはっきりと理解されるには、ほぼ一〇年かかった。

一九八〇年代半ば、私はマサチューセッツ工科大学で産学連携の倫理的影響について話していたとき、修辞学的な質問をした。生命科学の科学者が急速に成長しているバイオテクノロジー産業との間で築いた関係を図に描いたらどのようなものになるであろうか。もし、産学連携に参加している科学者が少なければ、大学文化への影響は重大ではない。しかしながら、もし大学の科学の規範が知識の追究とともに商業的利益を追求することになったら、大学の科学がそれによって道徳的な信頼を得ている客観性という柱は崩壊の危機に瀕する。大学科学の独立性を守るに充分な数だけの中立の科学者が残っているのであろうか。

二重に籍を置く科学者達

数年後、私はこれらの疑問の答を見つけようと決心した。タフツ大学の同僚と一人のハーバード大学の学部生の助けを得て、一九八〇年代末までには数百になっていた新設のバイオテクノロジー企業のデータベースを構築した。それらの企業の多くは株を公開していたので科学アドバイザーの氏名を会社概要で公表したり、政府が義務付けている報告書に記載していた。株を公開していない企業に関しては、経営陣と科学アドバイザー会議のメンバーを調査した。一九八五年から一九八八年の期間で、われわれは主要大学の教員はバイオテクノロジービジネスにすでに深く関与していることを見出した。データの一部は「サイエンス」誌で報告した(3)。マサチューセッツ工科大学では生物学科の教員の三一％がバイオテクノロジー企業と何らかの正式な関係を結んでいた。スタンフォード大学とハーバード大学では約二〇％のバイオテクノロジーの科学者が企業にも籍を置いていた。われわれのつくった科学者データベースは、大学の生物学の商業化の初期段階のごく短い期間を対象にしたものだが、それでも八三二人の生物医学や農学の科学者が企業と正式な関係があった。ハーバード大学では、教員は全体で四三の異なる企業と関係があった。スタンフォード大学、マサチューセッツ工科大学、カリフォルニア大学ロサンゼルス校ではそれぞれ二五、二七、一九社であった。このことは、事実上、同じ大学の教員が競合する企業のために働き、教員の間での情報の共有はもはや当然のこととは言えなくなってきたことを意味する。四三の企業に忠誠を誓う教員達が、自分の知的財産権を守るために、情報のやり取りを自制するようになることは容易に理解できる。ある主要大学の科学者によれば、同僚たちは互いに他人のアイディアで金儲けしようという雰囲気を感じるので、セミナーで質問したりアドバイスしたり話しかけたりするのを嫌がるようになった(4)。

約八〇〇人のバイオテクノロジー教員を対象とした調査（一九九二年に論文として発表）によれば、四七％が企業にコンサルティングを行い、約二五％が企業と受託研究や助成金の契約を結び、八％が自分の研究結果をもとにした製品を製造している企業の株を持っていた(5)。

多くの大学は教員の企業家的活動を黙認し、この活動がもたらす高額な間接費収入には弱い。二人の研究者が自校であるカリフォルニア大学サンフランシスコ校の産学連携関係を調査した。同校の教員は連邦ならびに州政府の規定により利益相反の関係を書いた届出書を提出しなくてはならない。二人は一九八〇年から一九九九年までの届出書を調べて、外部からの研究費を受けている研究の責任者が、研究資金を出している企業と金銭的利害関係を持っている比率が（一九八五年の二・六％から一九九七年の七・一％と）三倍近く増加したことを明らかにした。外部資金を受けている研究責任者の三二％が、企業の重役会議やアドバイザー会議のメンバーまたは資金を出す省庁で何らかの地位についていた。二人の執筆者によれば「企業を経営したり、アドバイザー会議のメンバーになったり、株を持つという複雑な関係は普通でないことではなく、完全に否定されるものではないが問題のあることと見なされる」(6)。二〇〇一年、「ネイチャー」誌は論説で「世界のバイオテクノロジー企業の三分の一がカリフォルニア大学の教員によって設立された」と述べた(7)。

教員が民間企業のコンサルタントとなったり、科学アドバイザー会議のメンバーになったり、謝礼を受け取ったり、特許・ライセンス契約を結んだり、企業を設立したりすることはアメリカの大学では一般に受容された規範となっている。プリンストン大学とミシガン大学で学長を務めたハロルド・シャピロ (Harold Shapiro) は「ニューヨークタイムズ」紙のインタビューに答えて次のように述べた。「私の知る限り、科学研究の現代史の中で、これほどまでに大学の生物学の研究が営利的バイオテクノロジー企業と密接に関わっていることはなかった。……企業での金銭的な利益と潜在的な相反関係を持たない科学者を探すことは難しい」(8)。このような行動パターンは科学に損害を与えることなく続けることができるのであろうか。「JAMA」誌の論説執筆者は「研究者が自分の研究と利害のある企業と金銭的利害関係を持っていたり研究資金を提供してもらっている場合、研究は質が低下し、スポンサー企業に好意的な結論になる傾向があり、公表されにくく、公表が遅延されやすい」と書いていた(9)。

第九章で私は資金源や産学間の連携が科学研究にバイアスをもたらしているかどうか分析する。しかしながら、その問題に入る前に、私はもうひとつの問題を提起したい。それは、われわれは大学教員が論文に発表した研究結果において、どの程度金銭的利益を持っているのか測定できるのかということである。

研究結果発表における執筆者の利益相反

数年前、(カリフォルニア大学ロスアンゼルス校医学部の) レスリー・ローセンバーグ (Leslie Steven Rothenberg) と私は次の疑問に答えるために調査を行った。敬意を払われている科学雑誌または (通常は上級研究者用の) 医学誌に載る論文の主執筆者が、論文のテーマに金銭的利益関係を持っているのは、どのくらいの程度で起きているのであろうか。別の言葉で言うと、研究の論文発表ではどれくらい利益相反が生じているのか、もしそうならば、それは、公表されているのであろうか。

自然科学であろうと社会科学であろうと、研究に関する議論の余地のない真実のひとつは問題提起よりも答を出すことのほうがずっと難しいということである。しばしば、問題を解決するのに必要な良いデータを得ることは不可能でないにしてもきわめて難しい。またあるときには、研究を実施するのに単にコストがかかりすぎてできないこともある。われわれの提起した疑問に答えるには、われわれはまず第一に「金銭的利益を持つ」ということの基準を定めなくてはならない。研究の原則の第一は、定義できていないものは測定できないということなので、われわれは定義から始めなくてはならない。第二に、論文執筆者が論文に関して、われわれの定義した「金銭的利益を持つ」かどうかを測定する技法を開発しなければならなかった。

幸運にも、どのような状況のとき研究に関しての金銭的利益を届け出るべきか定めた学会ならびに連邦政府のガイドラインが存在している。われわれが直面した問題は科学者が持っているかもしれない利益のすべてを測定することができないことであった。株式保有や謝礼などのいくつかは個々の科学者を調査しない限り対象外になってしまう。しかし、われわれは提起した問題の答を得るために、伝統的なアンケートへの主観的な回答でなく、発表されている客観的情報を使うことにした。

われわれは、次の三つの測定基準を設けた。それは、研究者が自分の研究と関係ある製品の開発を行っている企業の科学アドバイザー会議のメンバーになっている、研究者の研究に関連した発明・特許申請・特許取得を行っている、研究と関係のある製品を製造している企業の主要な株主または執行役員になっている、である。調査の詳細は第一〇章で説明される。

われわれは研究に金銭的利益を持っている科学者を見つけることを予想はしていたが、あまりの数の多さに当惑してしまった。二六七の論文のほぼ三四％で少なくとも一人の主執筆者はわれわれの定めた金銭的利益関係を持っていた。別の言葉で言うと、もしあなたが一四の主要雑誌からマサチューセッツ州の科学者が共著に参加している論文を無作為に選んだら、三分の一の確率で主執筆者は論文の内容と金銭的利益関係を持っているのである。われわれはまた、主執筆者はだれも金銭的利益を開示していないことも発見した。一九九二年の時点では、ほとんどの学術雑誌は執筆者に対して利益相反を編集部に届け出ることを義務付けていなかったので、このような発見も驚くことではない(10)。第一〇章は学術雑誌の利益相反ポリシーの性格と有効性について論じる。

われわれはマサチューセッツ州の大学の研究者の商業化活動への参画が他の州と同じなのかどうかは確証を持って言うことはできないが、われわれの発見は(仮にマサチューセッツ州の大学研究者は全米平均の二倍のひどさだとしても)問題が深刻なことを示している。(不正行為、偏向、倫理規定違反など)科学では逸脱行為が存在しているが、商業的価値が研究に持ち込まれると、それらはひどくなるのである。われわれが抽出した三分の一の論文で執筆者が論文の内容と金銭的利益関係を持っていたということは、ビジネスと科学とが融合してしまっていることを表している。この融合の影響は完全には理解されていない。しかしながら、われわれが理解していることは、大学の科学者の規範と動機を研究するには新しい変数が加えられなければならないということである。

大学の名前を用いる

われわれは今、大学が公認商品を発表するという事態からどれくらいの距離があるのであろうか。おそらく、大学の理事だけが大学の校章や名前を私的な企画のために使ってよいのであろう。一般的に、商業的なものを大学が認定して販売するというアイディアは受け入れられるものではない。しかし、大学がその製品を認定しているかのように市民に容易に思い込ませるために、教員が大学での肩書きや大学名を用いている例がある。

(ノースカロライナ州、ラリーの)「ニューズ・アンド・オブザーバー」(*News and Observer*)紙の報道によれば、ノースカロライナ州立大学の准教授は鶏の死骸処理の方法を開発した。年に病死や自然死の数千もの死骸を処理しなければならない養鶏業者にとっては、これは大きな問題であった。この教員は自分のアイディアを売り込むために会社を興した。会社の案内書には、この技術がノースカロライナ州立大学の教員によって開発され、「同大学の養鶏学科の定めた性能基準を満たしている」と書いてあった(11)。「ニューズ・アンド・オブザーバー」紙の調査によれば、そのような性能基準は存在さえしないことが明らかになった。大学の名前が企業の宣伝目的で不適切に使用されていることが明るみに出て、会社案内の残部は廃棄された。

不幸なことに、ノースカロライナ州立大学にとっては、これは特別なケースでなかった。同大の別の教授は、殺虫剤メーカーであるローヌ・プーラン（Rhone-Peulenc）社のコンサルタントをしている雑草学の科学者であるが、同社ならびにもうひとつのストーンビル・シード（Stoneville Seed）社の会社案内の中で、除草剤に強い遺伝子組換え品種を推奨していた(12)。

大学技術管理者協会の調べでは、一八〇以上の大学が八八六のベンチャー企業の株を持っている。大学の名前はますます特定の製品と結びつくようになってきた。フロリダ大学が［スポーツドリンクの］ゲータレイドを作り、カリフォルニア大学ロサンゼルス校がニコチン膏薬を開発し、スタンフォード大学の学生はヤフーやグーグルといったインターネット検索ソフトを生み出した。大学が製品の推奨者としては紹介されないときでさえ、大学の肩書きを持った教員が推奨する。たとえば、南カリフォルニア大学の歯学部の麻酔学科長のスタンレー・マラメド（Stanley Malamed）は、「麻酔を痛みなく注入できる」ザ・ワンドとよばれる歯科治療器具を開発した。マラメド教授はマイルストーン・サイエンティフィック（Milestone Scientific）社のコンサルタントをしていたが、ザ・ワンドの持つ限界には一切ふれず推奨した(13)。

大学は自分達の名前が製品や医療技術の推奨に使われることに注意を払ってきた。しかしながら、教授の持つ自立性と結社［だれと協力するか］の自由は、教授が多くの場合、自由に所属大学名を使って製品を推奨することができ、結果として大学と企業との暗黙の関係が築かれてしまうことを意味する。有名大学の教授の名前が会社案内に載れば、大学から企業、そしてその製品へと、高潔なイメージが移転される。大学にとっての危険はひとつの問題商品が大学の評判を永久的に汚し、製造物責任の裁判に巻き込まれることである。スローターとレスリーは、このような行為の結末として、大学がサリドマイドや人工乳房のような巨額な訴訟で自分を弁護しなければならなくなることを警告している(14)。

ゴーストライター

大学での研究生活におけるタブーのうちで、盗作ほど非難されるものは他にまずない。多くの大学が新入生に配布する、学問の高潔さに関するガイドラインをつくっている。私の大学のガイドラインで盗作に関する項目は、「銀行で言うならば着服、メーカーで言うなら偽装表示にあたるのが、盗作である。盗作というのは学生や学者が、実際には自分で書いていないのに自分のオリジナルな著述だと読者に信じさせる行為である(15)」と書かれている。

実際の仕事の中では、事情はもっと複雑である。たとえば、有名人はゴーストライターを雇って本を書いてもらっている。ゴーストライターの名前は本の表紙には現れない。彼らはその本が彼らの作品だとは紹介されず、支払いの小切手だけを受け取る。同様に、アメリカの大統領や多忙を極める公職にある人々が、スピーチライターに演説原稿を書かせていることは良く知られている。ケネディ大統領の「国家があなたに何をしてくれるかでなく、何をあなたが国家のためにできるか考えてください」や、西ドイツ訪問時にベルリン市民を涙ぐませた「私はベルリンっ子だ」という名文句は誰かが考えたのである。しかし、慣例として、われわれはゴーストライターの書いた言葉を、最初に書いた人の言葉でなく、最初に話した人物の言葉として受け取る。

著作権法の前提として、書かれたことはそれを書いた人が著作権を持つ。もちろん、その著作権は盗作・贋作から保護される。しかしながら、著作権法の中に、「雇用関係上の作品」(work for hire)という条項がある。もし、執筆者が雇われて物語や論文を書いたら、その執筆者は著作権を持てず、自分が書いたと権利を主張することはできない。「雇用関係上の作品」では雇い主が著作権を持ち、作者であると正当に主張できる。「雇用関係上の作品」では、ストーリーを変えることも自由で、原作者の名前は出てこない。同様に、新聞では署名記事の場合でも記者の書いた記事はすべて新聞社のものである。しかし、新聞社は執筆者の名前を、書いていない人物の名前に変えるといったことはせずに、執筆者に敬意を払っている。

われわれは科学者や医学研究者の名前が論文の執筆者として載っているのを見た場合、彼らが書いたと信じてよいのであろうか。科学や医学ではゴーストライター業が存在していると知って驚く人もいるであろう。この業界は学生でなく本職の科学者、医学研究者を対象としている。二〇〇〇年四月、「ハートフォード・コーラント」(Hartford Courant)紙の調査記事は次のことを暴露した。「一九九四年、医薬品メーカーのワイス社はニュージャージー州にあるエクセラプタ・メディカ（Excerpta Medica）社という医薬出版会社と一八万ドルで契約した。その会社は価値のある武器を持っていた。それは主要医学雑誌にすぐにでも掲載されることができる論文、しかも執筆者として有名大学教授の名義使用の許可のついたものである」(16)。

それは次のようなからくりである。エクセラプタ社は企業との契約を受けて、その企業の人物またはエクセラプタ社が探してきた人物が書いた論評、論説、評価、論文の内容に同意し自分の名前を筆者として載せることを認めた有名大学教授を見つけるのである。この手法は、名前を使われた大学教員は論文の最終校正では目を通しているという見え透いた言い訳で擁護されている。そのようなやり方はわれわれが学生に対して指導している盗作の最低限のレベルさえもクリアしていない。「ハートフォード・コーラント」紙の取材したケースでは、論文は一本五〇〇〇ドルで請け負うフリーの著述業の人物によって書かれ、名前を使われた教授は一五〇〇ドルを受け取った。

製薬会社の人々は、フリーの請負著述業のゴーストライターによる論文が掲載されることは珍しいことではないと言っている。医学や科学の学術雑誌の中には、執筆者に対して各自が実験・執筆において重要な役割を果したことを明らかにするよう求めているものもある。「ＪＡＭＡ」誌は、執筆者の資格の基準を満たすためには次のような文章に署名することを求めている。「私は概念の形成、研究内容の策定、（実験がある場合）データの分析、原稿の執筆に充分に参加し、公共の責任を負うものである」(17)。

シェルダン・ランプトン（Sheldon Rampton）とジョン・スタウバー（John Stauber）は著書『われわれ専門家を信じなさい』(*Trust Us, We're Experts*)の中で、「製薬会社は薬の宣伝に広告代理店を雇う。．．．．この宣伝活動には、請負著述業者に査読雑誌に載るような論評・論文を書かせ、お金を払って医師に執筆者として署名してもらうということまで含んでいる」と述べている(18)。もし、ゴーストライターによる執筆が科学や医学でそんなに頻繁ならば、なぜ学会や学術雑誌はそれを科学における不正行為として排除できないのであろうか。

イギリスの「週刊ガーディアン」(*Guardian Weekly*)誌の医療問題担当の編集者であるサラ・ボースリィ(Sarah Bosely)は、医学におけるゴーストライターによる執筆の増加について報道した。その調査結果によれば、ゴーストライターによる原稿に自分の名前を執筆者として使わせる料金は、イギリス人の医師で二〇〇〇ドル、アメリカ人の医師では三〇〇〇ドルから一万ドルである。「もともとはゴーストライター論文は企業がお金を出して出す増刊号の論文に限られていた。しかし、それは今や各分野の主要雑誌の通常号にも見られる。いくつかのケースでは、執筆者として名前の載っている科学者は論文のもとになったデータを見たことがなく、それは企業の人間が勝手につくりあげたとうわさされている」(19)。

二〇〇二年五月、「ニューヨークタイムズ」(*New York Times*)紙は、製薬会社からの資金と引き換えに会社の人間を実験室に入れることを許した医師の話を暴露した。ワーナー・ランバート社(のちに巨大企業のファイザーによって買収される)は、てんかんの薬として認可されていたニューロンティン(Neurontin)という薬の別の用途での販売を目指していた。公開された裁判記録によると、「ワーナー・ランバート社はニューロンティンの認可されていない使用に関する論文を書いてもらうためふたつのマーケティング会社を雇い、また喜んで執筆者として名前を載せる医師を見つけた」(20)。ワーナー・ランバート社は企業側に論文一本につき一二〇〇〇ドル、名前を使わせた医師に一〇〇〇ドルを支払った。

ゴーストライターによる執筆や名目上のみの執筆者が、一般的に科学の規範に反しているかどうかは明らかではない。学者の中にはこのような行為に関わることに抵抗のない人もいる。執筆者名の悪用に対する寛容さと嫌悪感の度合いは学術雑誌の間で差異がある。

このような行為は実際にどれくらい行われているのであろうか。ある研究グループが医学雑誌に関してこの疑問に答えようとした(21)。彼らは一般医学雑誌の八〇九論文の執筆者を調べた。対象となった雑誌はいずれも、医学雑誌編集者国際会議（International Committee of Medical Journal Editors, ICMJE）という論文出版の倫理に関して特に関心の高い雑誌編集者たちの自発的団体の出したガイドラインに沿っている雑誌であった。調査グループは一九九六年に雑誌に出た論文に、コンピュータを使って無作為に番号つけて分析した。六誌の医学雑誌の八〇九の論文のうち、九三本（一一％）がゴーストライターによるものであった。研究論文では一三％、論評で一〇％、論説で六％であった。これらのそこそこの大きさの比率からみて、ゴーストライターによる執筆者や（この調査で一九％を占めた）名目だけの執筆者が科学出版の中で異常なことと言うのは難しいかもしれない。

もし、ゴーストライターによる執筆が実態のない執筆者の一例であれば、欺瞞の次の段階は科学者の信用の偽装である。ゴーストライターと同様、これらの多くの事例は訴訟がおき裁判所で審議され裁判記録が公開されて初めて明るみに出る。

架空の科学者と裁判

一九九九年、私はシカゴの法律事務所から連絡を受けて、企業同士の裁判で原告側の専門家証人になってくれないかと頼まれた。科学の倫理や高潔さに関することだったので、私に依頼してきた。山のような資料とアトランタの北ジョージア地裁に出された申立書が私に送られてきた。私が受け取った資料の内容はきわめて知的刺激に満ち、（書いてあることが真実だと仮定すると）被告企業と大学研究者との問題ある関係を示していたので、私は引き受けることにした。私の役割は資料を読んで、今日の科学の倫理規範に照らして対象となっている行為を評価することであった。

この裁判は二〇〇二年初めに行われ、それまで裁判所の命令で非公開だった資料も今では一般に読むことができる。（すべての公判記録は今、公文書化されている。）裁判は次のような企業の行動を含んでいる。企業は自社製品について主張していることの科学的裏づけをしてもらうために、大学の研究者に研究資金を提供する。大学の科学者との関係を築く。大学の科学者の研究計画書策定に企業が関与する。大学の研究者を助けて企業に好意的な結果が発表できる場となる雑誌をみつける。

原告はアレージアンス（Allegiance Healthcare Corporation）社で、天然ゴムのラテックス手袋〔病院などで使用する、ゴムの乳液でできた手袋〕など多数の保健医療関連商品の製造・販売を行っていた。アレージアンス社はリージェント（Regent Hospital Products）社を訴えた。後者はロンドンインターナショナルグループの子会社で天然ゴムのラテックス手袋をはじめやはり保健医療関連商品を製造・販売していた。アレージアンス社はリージェント社が虚偽で誤解を招く広告をしたのでラテックス手袋の売り上げが落ちたと主張した。中立書によれば、「リージェント社の宣伝は他のメーカーのラテックス手袋を中傷するものであった」(22)。

アレージアンス社の抗議には、リージェント社の重要な地位の社員、国際医療事業部長のマーガレット・フェイ（Margaret Fay）という女性についての学歴詐称が含まれていた。原告は裁判の冒頭で次のように述べた。

リージェント社はしばしば公にフェイ女史はニューヨーク市のコロンビア大学で学士号、ミネアポリス・セントポール市のミネソタ大学で博士号を取得し、コーネル大学などで免疫学を研究し、バージニア大学医学部の外科の教授だったと言っている。リージェント社はさらに彼女は全米科学財団、全米科学アカデミー、アメリカ・科学アカデミーの会員だと言っている。これらはすべて嘘である。何ひとつとして本当のことがない。

私はマーガレット・フェイの科学者としての信用はほとんど偽造されたものだ、という主張の証拠を確かめるために時間を費やした。国際医療事業部長として、フェイは二〇〇〇万ドルもの資金を外部の研究者に出すことを担当していたので、彼女の科学者の経歴が偽造されたものかどうかは重要であった。私は、彼女を紹介した会社案内やときには健康・医療関係の雑誌にも出ていた彼女の科学者としての経歴が偽造であることに議論の余地がない、という結論に達した。

調査してみると、フェイはコロンビア大学に在籍してもいなし、卒業もしていないことが明らかになった。フェイはコロンビア・パシフィック大学と接触している。同大学は卒業証書を乱発して、カリフォルニアの私立高等教育機関・職業教育機関認定委員会から大学としての認定を取り消された組織である。この架空の大学は遠隔教育［通信教育］に特化し、仕事上の経験など何に対しても単位を与えていた。さらに、原告の調査は、フェイがミネソタ大学医学部に在籍もしていないし学位も受けていないこと、形成外科の学科も含めてバージニア大学の医学部の過去・現在の教員名簿にも彼女の名前がないことを明らかにした。彼女は一時、バージニア大学医学部の「客員教授」になっていた。これは名誉職で給与は支給されず大学の図書館が使えるということだけである。彼女がコーネル大学やミネソタ大学に在籍した証拠はなかった。さらに、科学コミュニティのだれもが知っているように、全米科学財団に会員は存在しない。加えて、フェイはアメリカでもっとも権威ある科学者団体である全米科学アカデミーの会員に選ばれたことはない。彼女の科学者としての経歴の完全な偽造（彼女は看護師の資格は持っていたが）は、反対尋問で彼女自身が認めた。

二〇〇二年二月に公判が行われた。リージェント社の北米事業部長に対する原告側の尋問では、次のようなやり取りが記録されている。

質問――リージェント社の行ったことのひとつがマーガレット・フェイの信用のでっちあげですね。

回答――はい、そうです。（その肩書は企業の対外関係において彼女の信用に箔をつけました。）

質問――バージニア大学の形成外科の教授というのは良い印象を与えるからですね。

回答――はい、そうです。

質問――リージェント社の代表として、あなたはこの裁判の準備に多くの時間を費やしたと思います。この分野での第一人者ということになっていたフェイ女史の経歴を確認できる証拠を見つけましたか。

回答――いいえ。

リージェント社はフェイの偽造された経歴を知った後でも、フェイと一緒に研究している大学や大学の研究者も含めてのすべての人に対して、このことを伏せておこうと決めた。

質問――フェイ女史の本当の経歴について隠すということは、リージェント社とロンドンインターナショナル社の最高幹部が決めたのですね。

回答――はい、そうです。

フェイとリージェント社はこの経歴詐称事件の共犯と言えるであろうか。この詐称はリージェント社から資金を受けている大学の研究者とフェイとの協力関係に影響を与えたのであろうか。大学の研究者と共同研究をし、詐称に関して会社の事情を飲み込んでおり、協力することでのボーナスを楽しみにしていた会社側の偽科学者と大学の研究者との協力の結果、どのような資金提供、ゴーストライターの利用、結果の捏造、研究のコントロールが発生したのであろうか。

公判で、リージェント社のトップはフェイのゴーストライターとしての役割についての質問に答えた。

質問――フェイ女史が在職中、ゴーストライターとして執筆し、他の研究者の名前で発表していたことを知っていましたか。

回答――はい、彼女がゴーストライターをしていることは知っていました。

質問――アメリカにおける被告企業の最高責任者として、あなたはフェイ女史だけでなく、契約している広告代理店のマニング・サルベージ・リー（Manning, Salve and Lee）もゴーストライターとして執筆していることは知っていましたか。

回答――はい、そのとおりだと思います。

彼女のリージェント社での立場として、フェイはアメリカとヨーロッパで十数人の大学の研究者に、ラテックス手袋について同社の製品の特徴を他社のものと比較するための試験に資金を出していた。彼女は試験実施計画書の策定を手助けし、論文もゴーストライターとして執筆し、リージェント社からの資金を受けた研究者が書いた同社と他社の製品との科学的比較を報告した原稿にはかなり手を加えた。フェイの役割は、公表された論文の中で自社製品はできるだけ良く、他社製品はできるだけ悪く見えるように、研究結果にひとひねりを加えることであった。科学論文でフェイに文言を変えられても、科学者はそれを厳密な科学の訓練を受けて重みもある学位を持った同輩からのアドバイスとして、感謝して受け入れていた。それらの科学者たちの判断基準の源になっていたのが、彼女の科学者としての経歴を本物だと信じていたということである。このケースでは、堂々たる科学者としての経歴を持った人物が企業の高い地位にいて、大学の研究者に対して研究費の支給などを行っていた。それはすべて偽造であったのだが。リージェント社からの研究資金は、もし研究結果が同社の販売戦略と合わないものであったら発表しない、という条件のもとで支給されていた。このような疑念の持たれる行動が違法であるという証拠はないが、このような行為と企業の意思決定は、腐敗とバイアスへの途を築くことになる。

陪審員は被告に有利な判断を下した。ただし、フェイの経歴が偽りであり、偽りの経歴が事業目的のスピーチで使われたことがあるという二つの点では原告の主張を認めた。しかしながら、フェイの経歴詐称はアレージアンス社に損害を与えたとは認定されなかった(23)。陪審員は、二つの企業の間の激しい市場シェア争いの中で、フェイの罪は許したように思われる。

この点で、私は、この判決は自分のための専門家・科学というものを持つことを正当化したい企業に対してどんなメッセージを送ったであろうか、と問わなくてはならない。

科学の倫理に関する私の証言は陪審員には届かなかった。裁判官は、科学の高潔さに関する問題では私が証言しないようにという被告の異議申立てを認めた。裁判官は（ドーバート対メリル・ダウ Daubert v. Merrell Dow のときのような）連邦法規の狭い解釈を行い、公判を担当する裁判官が、専門家の意見を「本当の専門家の知識（つまり、科学の方法論についての専門知識）」が必要とされる分野に限定することを裁量的に決めてよいという立場を取った。この裁判では科学の倫理や高潔さということは、私のような専門家の助けを借りずともアレージアンス社の弁護士が陪審員に説明すればよいと裁判官は判断した。加えて、科学の高潔さの規範に反することは法律違反ではないので、私の証言はリージェント社の行為が違法かどうかという判断には関係がないと見なされた。

このケースは二つの企業が（ラテックス手袋の）市場シェ

アで争い、マーケティングや宣伝のやり方に関する連邦の法律に違反していたかどうかが争点であったので、メディアの扱いや市民の関心は低かった。企業が大学の研究者の研究結果を同社に有利なものにしようとする行動は、背景に引っ込んでしまった。しかし、このケースで簡単に忘れられている細かい点は、いかに容易に科学が腐敗してしまうかということを理解するための鍵を与えてくれている。科学の高潔さを守る法的な、または有効な道徳的保護手段がないときに、企業からの巧みな研究資金提供は確実に大学の教授の利益相反につけいることになるであろう。

第八章　科学における利益相反

一年のうちほとんどの日で、政府関係者の利益相反が活字メディアで取り上げられている。好奇心から、私はある八月の普通の日にレクサス・ネクサス（Lexus-Nexus）という一般ニュース・法律関係のデータベースで「利益相反」という言葉を検索してみた。その日にアメリカの主要新聞では四件の利益相反疑惑が報道されていることがわかった(1)。このデータベースによれば、その前の三〇日間では約五〇〇件の利益相反報道がなされていた。

利益相反は、主に市民の信頼を受けている地位にいる人物が、実際に、または可能性として不正行為を行うかもしれないから気をつけるように、と社会に警告する点滅する黄信号のような意味で使われる。利益相反は、倫理的に軽率な行為、見た目に不正と思われる行為、違法行為を避けるためにとるべき行為も意味している。

たとえば、合衆国副大統領候補は法にしたがい、自分の投資案件を第三者に白紙委任して、彼の政策決定が自分の資産に金銭的利益を生じさせないようにする。裁判官は自分の家族が当事者と関係がある裁判には関わらないようにして、自分が疑われないようにする。食品医薬品局を監督する小委員会に入っている議員は医薬品メーカーから政治献金を受けないし、医薬品企業の株は手放す。ニュースキャスターは放送する予定の報道で不正疑惑の対象となっているのが放送局の親会社であることを視聴者に明らかにする。

利益相反はどんな社会の組織においても見られる。構造がより複雑になる（相互依存関係が入り組んでくる）と、利益相反の可能性も大きくなる。だれかが利益相反を持っていると主張することは、その個人が相反する関係のため、えこひいきなしに公的な責務を遂行できない状況にあるかもしれないということを示唆している(2)。しかしながら、利益相反が個人の思想や行動原則に適用されることを意味していない。したがって、死刑に反対している知事による死刑執行猶予の決定を利益相反という言葉で表さない。もし、知事の弟が、投獄されている重罪人の恩赦を望む家族からかなりのお金を受け取っていれば、利益相反という言葉が聞かれるようになるだろう。

われわれは利益相反という特定の名称を作り出してきた。これまでに似た言葉として「利己主義」「縁者びいき」「職権乱用」「自己利益」「内部取引」「見返りを伴う授受」といったものがある。アメリカでは、公務員が権限や地位を使って自分の金銭的利益を得たり友人・家族に便宜を図ることを防止し、それに違反したら処罰するさまざまな連邦法規や規制がある。これらの法律はその人が選挙で選ばれた地位や任命された政府での地位を離れても、その人の行動に適用される。

利益相反の解剖

著書『公人としての生活の中での利益相反』(*Conflict of Interest in Public Life*)の中でアンドリュー・スターク(Andrew Stark)は利益相反を三つに分解している(3)。「先行行為(第一段階)」は個人の精神状態をえこひいきに向かわせる、すなわち、私的・個人的利益でなく公共の利益を増進する責任を果すことに妥協を生じさせる状況を生み出す要因である。「精神状態」(第二段階)は先行行為によって条件付けられ影響が現れた感情、性向、好みを表す。したがって、政治家がある個人から多額の政治献金を受けていれば、そうでない場合よりも政治家はその個人の特別の利益を優先したい気持ちになるであろう。

最後の段階は公職者の「結果としての行動」(第三段階)であり、先行行為によって影響を受けた精神状態から生じる行動(意思決定行動)である。結果としての行為は一般市民の利益を犠牲にして自分の利益を増やし、友人に恩恵を与える結果となる。

公職者は彼または彼女の行動(第三段階)が市民の利益を増進せず、先行行為(第一段階)に関連した人間の恩恵を与えるときは、非倫理的に(場合によっては違法に)行動しているといえる。要約すると、先行行為(金銭的関係を持つこと)から精神状態へ、そして最後にえこひいきの行為につながるのである。

先行行為→精神状態→えこひいきの行動

である。

もし、利益相反に関する公的な規制が第三段階のえこひいきの行動のみに向けられているのならば、いくつかの問題が示唆される。第一に個人は、贈答、支援、道徳的に問題のある関係などの結果としての行動のみが利益相反の処罰の対象となる。われわれは、それが政策立案者による自分の利益のための行動だと見なしても、それが他の利害関係者との間の問題ある関係の結果だとの結論を出すことはできない。第二に、法律では人間の精神状態を判断することは難しい。政策立案者が贈答を受け、彼または彼女の決定が贈答者に有利なものになったということは知ることができる。しかし、その決定は贈答者に好意的になっている精神状態によるものなのかは知ることができない（もしくは証明することが難しい）。

合衆国大統領がある人に恩赦を与える場合を考えてみよう。その人は重罪人として起訴されているが、一度も法廷に立たず判決も言い渡されず国外に住んでいる。大統領の選挙献金を調査すると、犯人の直近の親族が多額の献金をしていることがわかった。献金、大統領の精神状態、恩赦の決定との間にどのような関係を示すことができるのであろうか。

利益相反の法律で結果としての行動にのみ注目する第三の問題点は、それは予防の効果をほとんど持たないということである。法的手続きが介入するときにはほとんどの損害はすでに生じてしまう。違反を証明するのは難しいので、少数の場合しか起訴されない。

利益相反に対する法的矯正手段では精神状態は改善できないという理由から、第一段階（自己利益増殖やえこひいきに向かう精神状態を生み出す行為）が規正法の対象となった。スタークは次のように指摘する。

われわれは公職者が心の中で自分の利益を意識することを防ぐことはできないので、最初の段階で特定の種類の利益を持つ行為を禁止する。われわれは公職者が贈答してくれた人に心の中で恩義を感じることを禁止できないので、特定の状況での贈答そのものを禁止する。われわれは公職者が精神的に影響を受けたりご機嫌をとられたりするのを防ぐことができないので、特定の状況での、他の同僚公職者（現役も元も含めて）や民間企業の社員（退職者も就任予定者も含めて）と接触することを禁止する（4）。

彼は、利益相反の法律は特定の利益に有利になるかもしれない精神状態を作り出す先行行為になりうることを公職者に禁じることによって予防的であると論じている。公職者が昼食に招かれることは公共政策に影響を与えないであろう。しかし、積み重なると「見返りを伴う授受」となるかもしれないので、公職者にこれらの行為を禁止する。

アメリカにおける短いが集中した倫理的自己点検の期間は、ウォーターゲート事件の後だった。政権は腐敗した任命で満ちており、法律を故意に侮った大統領はその座を追われた。数年後の一九七八年、議会は「倫理・政府法」(Ethics and Government Act)を成立させた。それはあたかもアメリカが公共倫理を見つけ出したというようなものではなく、えこひいきをしたり自分の利益を追求する公職者の倫理的逸脱行為を監視したり責任を持たせたりすることが単にそれまでは不充分だったからである。

倫理・政府法（第一編）では、公職者または候補者は金銭的資産や受け取ったある種の贈答を申告しなければならない。公職者はその地位での決定が特定の［株や債券などの］自己資産の利殖につながるときは、資産運用を第三者に白紙委任しなくてはならない。同法の条項（第五編）は退職後の利益相反に費やされている。退職後一年間はもとの職場に陳情することは禁止されており、また、元政府職員が政府と裁判で争っている当事者を代表することは違法とされている。さらに、行政府職員が法律事務所での共同経営者として活動することには制限があり、もし利益相反があるのならば司法省職員は調査の監督をしてはならないという規則・規制を発布するよう、司法長官に命じている。

「職務辞退」は政府職員や裁判官の利益相反を管理する方法のひとつである。意思決定者が影響を及ぼす要因から充分に離れられないときに、自分が意思決定の職務から離れるのである。職務辞退は、公共政策の意思決定での自己利殖や相反関係があとになって明らかになり、批判を受けたり疑念を持たれたりすることを避けるために、公職者自身の判断で行われる。ブッシュ政権のドナルド・ラムズフェルド (Donald Rumsfeld) 国防長官は、「保有する株式資産の中に利益相反を生じる企業のものもあった」ので、兵器開発や公的対外援助政策の決定を辞退したと報道されている(5)。現行の利益相反の法律では、ラムズフェルドは据え置いてあるケロッグ（Kellogg）社からの役員報酬を他の資産と変えなくてはならない。なぜならば、国防省は同社からシリアル食品［コーンフレークなど］を購入しているからである。

利益相反に直面する科学者

利益相反に対して公共の利益を守る法律は時間とともに明らかに進化をとげてきた。しかし、科学者や医学研究者の関わる利益相反は歴史が浅く、これらの相反の管理は始まったばかりである。どのような条件のもとで科学者は利益相反を背負うことになるのであろうか。デニス・トンプソン（Dennis Thompson）によれば、利益相反は「主要な利益（患者の利益、研究の価値）に関する職務上の判断が金銭的利得のような副次的な利益によって不当に影響を受ける」ような状況が存在するときにおこる(6)。アメリカ医科大学協会（Association of American Medical Colleges）の報告書では「利益相反とは金銭的その他個人的な事情を考慮することが、研究者の研究を考察し報告するうえでの職務上の判断に妥協をもたらす、またはもたらしているように見える状況」と定義されている(7)。「ニューイングランド・ジャーナル・オブ・メディスン」誌の元編集長のマーシャ・エンジェル（Marcia Angel）はこの点をとらえ「もし、研究者が医薬品Aと医薬品Bとを比較していて、医薬品Aを製造している企業の株を多数保有しているとすれば、彼は医薬品Aのほうが B よりも優れているということを発見したいと思うであろう。それが利益相反である」と述べている。エンジェルによれば、利益相反は状況であって、状況の中での研究者の対応ではない(8)。

科学では金銭的以外の利益相反は存在し、さまざまなやり方で対処されてきた。たとえば、大学の科学者は、同じ大学の研究者が申請者となっている助成金申請の審査委員になることは通常認められない。仲間をほめて敵をたたくという原則は、科学の分野にも見られるからである。学術雑誌の編集者は科学の中に大きな知的見解の相違が存在して、そのため投稿された論文に関して両極端な評価がうまれるということを理解している。

しかし知的な見解の相違は通常科学研究者の間では明らかになっている。ある考え方への強い反対が審査プロセスをゆがめる可能性があるときには、論文審査員の公平性について配慮がなされる。しかしながら、この種の配慮は自説を信じているが他に支持者がいない研究者には助けにならない。二度のノーベル賞受賞者であるライナス・ポーリングは、ビタミンCの大量投与がある種の疾病予防になるという彼の説に対して、研究資金援助が得られず苦労した。

科学者にとって利益相反という考え方はかなり新しいので、彼らは法律や職務倫理規定が定められている公職者とは利益相反に対して異なった見方をしている。典型的な科学者にとっては、彼らが研究に関して持っている利益相反が研究のやり方に影響を与えるなどとは信じられない。科学者は自分たちを基礎科学であろうと応用科学であろうと、知的フロンティアの拡大に貢献するものと見ている。彼らの主要な務めは発見を行い、それを人類社会に応用していくことである。

結果として、ほとんどの科学者が利益相反は市民からのイメージの問題だと考えている。彼らは、研究テーマに商業的利益を持っていたり営利組織から研究資金を受けている研究者が研究にバイアスを持ち込むかもしれない、と人々が推論しているに過ぎないと信じている。この理由によれば、科学者たちは、市民の科学に対する信頼を守るためには、企業家的科学の勃興に対応した市民への広報活動が重要だと結論づける。科学者が自分の仕事を投げ出すような特殊な状況を除いては、自分の投資している資産やスポンサー企業の利益のために研究目的や結果をわざと変えるなどということは、一般には憎悪すべきことと見なされている。別の言葉で言うと、科学者のコミュニティでは科学者の「精神状態」は公職者ならばその行為を腐敗させるようなことからも影響を受けにくいと信じられている。

科学者は自分たちが客観的真実の追究という、公職よりも高尚な仕事に就いているので、公職における利益相反の予防策は科学者には関係がないと見なしている。(選挙で選ばれたか任命されたかに関わらず）高位の公職者は在職中、自分の投資資産を管理することを禁じられているが、科学者は研究資金を出している企業の特許や株式を持っていても、単にその利害関係を届出することを求められているだけである。

いくつかの大学は潜在的な相反関係に対する禁止事項を定めている。たとえば、ハーバード大学ではある企業の公開されている株を二万ドル以上所有している科学者は、その企業からの助成金で行われる研究の責任者になることはできない。研究のスポンサーになっている企業から年に一万ドル以上のコンサルタント料や謝金を受け取ることも禁止されている。このようなポリシーが標準的規範となれば、科学者は高潔さを喪失することに関して他の職業よりも脆弱だという通念を打ち消すことの助けとなるであろう。

公職者が利益相反を届け出ることを怠れば罰則が与えられる。しかし、ほとんどの科学者にとって届出の義務付けは実際には自発的なものである。第一〇章で見るように、利益相反ポリシーを持っている多くの雑誌は、執筆者が金銭的利益を開示しないことを容認している。いくつかの雑誌ではこのポリシーを無視した執筆者を罰することができないでいる。

利益相反が科学の世界と関わるには三つの分野がある。第一に、臨床研究者は治療している患者の体の組織や遺伝子情報を知的財産権として専有する。ヒトの特殊な細胞株や遺伝子マーカー〔遺伝学的解析で標識に用いられる遺伝子や形質：遺伝標識〕を商業化する臨床研究者は治療者としての役割と相反を持つ。第二に、臨床試験では、実験的な治療法に対する医師の金銭的利益が患者の治療において危険性を過小評価するなどの妥協をもたらす。最後に、三番目の心配すべき点として、研究者の金銭的利益やスポンサー企業の存在が、研究者の研究方法の選択や実験データの解釈の仕方に影響を与えることで、研究結果が変わってくるかもしれないということがある。大学の研究において民間企業スポンサーが研究結果に及ぼす影響はつきとめることが難しい。スポンサーの利益はいろいろと微妙な形で研究結果にバイアスをもたらせているかもしれない（第九章参照）。次のケースではヒトの細胞株に関する科学者の金銭的利益が絡んでいる。

「ＭＯ細胞株」

あるがん患者が有名な大学病院で治療を受けたとしよ

う。その患者は手術を受けその後の治療も終えた。数年後、彼は治療医師団が彼から取り出した細胞株を保存し特許にしていたことを知る。そのことは彼に明かされず、同意も得ておらず、彼の特殊な細胞の商業価値を活用することに彼を関与させてくれなかった。

これはワシントン州シアトルの測量技師ジョン・ムーア(John Moore)のケースであった。ムーアは一九七六年にカリフォルニア大学ロサンゼルス校医学部付属病院で有毛細胞白血病と診断された。すぐに彼の肥大した脾臓の一部が取り除かれた。手術の時点では、彼の白血病からの回復の見込みはかなり厳しいものであった。しかし、医師たちがおどろいたことに、脾臓を切除後の彼の回復はめざましく、アラスカのパイプライン現場で働けるまでになった。彼の回復に当惑した臨床医師達は彼の体が白血病に打ち勝った原因を探るため、彼の血液サンプル、骨髄、その他の組織を取って調べた。彼らはムーアの脾臓細胞が、免疫システムを刺激することが知られているインターフェロンやインターロイキンなどのタンパク質を異常に多く作り出すことをつきとめた。

同病院の一人の科学者はムーアの細胞株を育てて大学と協力して、「MO細胞株」として一九八一年に特許申請した。一九八四年には特許が認められた。細胞株はスイスの製薬会社に一五〇〇万ドルで売られ、その会社は数十億ドルの売り上げをあげた。

ムーアはカリフォルニア大学ロサンゼルス校と細胞を商品化した科学者たちに対して裁判を起こした。ムーアは彼らが彼の細胞に商業的価値があることを隠しており、彼には彼の体を使った研究によって生まれた細胞株などがあげた利益の分配を受ける権利があると主張した。カリフォルニア州最高裁で審理され、一九九〇年の判決はムーアの「MO細胞株」からの利益を受ける権利があるという主張を退けた。裁判官の多数派意見によれば、献体者は体から取り出された組織の所有権は持たない、また、ムーアの主張を認めることは「必要な材料へのアクセスを制限することによって研究を妨げ、科学の進歩を損なう(9)」ことになる。

ムーアは手術中または手術後にとられた体の部分についての商業的権利を持つという論点では負けたが、裁判所はムーアのもうひとつの主張は認めた。裁判官は、医師たちはムーアの細胞に対する彼らの金銭的利得を明らかにすべきであったと判断した。金銭的開示は「医師側が情報を開示したうえで患者の同意を得る」インフォームドコンセントの責任の拡張だと判断された。裁判官の多数派意見は「われわれは患者に治療法について同意を得る医師は、患者からの信用を得る義務を果し、患者にインフォームドコンセントに署名してもらうためには、医師が患者の健康に対して持つ個人的利益を、それが研究上の利益であっても金銭上の利益であっても、医療判断に影響を与えるかもしれないならば患者に知らせなくてはならない」と述べた(10)。患者が臨床試験に参加するのを嫌がるのを防ぐため、医師が患者の健康に関係なく治療手順を少し拡張して研究につなげているような場合には、開示は免除されるべきだという被告の主張は退けられた。逆に裁判所によれば、医師が開示しなくてはならないのは、どのような個人的利益（ここでは研究上の利益または金銭上の利益）も臨床の判断に影響を与えるかもしれないからである。医療処置をする動機が患者の健康とは関係がない場合には潜在的な利益相反が存在する。多数派意見は次のようにいう。

医師が患者に研究上の利益を持っているときは潜在的に患者への忠誠心に相反がおきている。医療処置の判断は患者への恩恵と危険とを比較して行われる。医師が研究上の利益を加えると、バランスは患者にはほとんどまたはまったく恩恵がもたらされないが科学的には興味のある処置や試験に傾くことになる。患者の健康以外の利益が医師の判断に影響する可能性は、分別ある患者が提案された処置に同意するかどうか決める前に知りたい事柄であろう。それは患者にとっての判断材料であり、したがって、インフォームドコンセントの必要条件である(11)。

州最高裁の判断は他の州への判例となるものではない。連邦最高裁に行くか、議会がこの点に関して法律をつくらないかぎり、国全体には影響を及ぼさない。他の州の裁判所は利益相反で他の解釈を行うことが可能である。捨てることのできる体組織や細胞から商業的利益を専有することは、患者の健康に関係ありインフォームドコンセントの枠組みの中で開示されるべき利益である、と他の州の裁判所は判断しないかもしれない。

次のケースでは利益相反が臨床試験と直接関係がある。

ジェシー・ゲルジンガーの死

あなたが有名大学病院で治療を受けている患者だとしよう。そして、あなたは自分の病状を改善するためでなく他のよりひどい症状の患者のための臨床試験に参加すると同意した。この試験の目的、予想される便益、考えられる危険性について説明したインフォームドコンセントの書類を読まされ、納得して署名した。しかしながら、インフォームドコンセントの過程では、臨床試験責任者がこの結果に金銭的利益を持っているということは明らかになっていなかった。あなたはそのような情報を知る権利を持つのか。それはあなたの臨床試験に参加することの判断に影響を与えるだろうか。

二歳のとき、ジェシー・ゲルジンガー（Jesse Gelsinger）は、オルニチントランスカルバミラーゼ欠損症（Ornithine Transcarbamylase Deficiency, OTC）という珍しい突然変異による肝臓疾患と診断された。この病気では新陳代謝で自然にできるアンモニアを分解する機能に障害が生じる。体内につくられたアンモニアはもし処置されなければ死に至ることもある。ゲルジンガーの状態は低タンパク質の食事と薬によって治療されていた。いったん治療が行われれば、障害は彼にとって生命の危機というものではなかった。

一九九八年九月、ジェシー・ゲルジンガーは一七歳だった。医師は彼に、疾患に新しいタイプの遺伝子治療を試みる臨床試験がペンシルバニア大学医学部付属病院で始まることを教えた。試験実施計画書によれば、遺伝子の突然変異による機能障害を克服するため、ベクターとして無毒化したアデノウイルス〔本来は上部気道や結膜を侵すウイルス〕を用いて、正常な遺伝子を患者の細胞に送り込む。正常な細胞を注入された細胞は自己増殖して、アンモニアを分解するのに充分な量の酵素を生み出せるようになる、と科学者たちは期待していた。この臨床試験のことを知って一年後、ゲルジンガーはフィラデルフィアに戻って臨床試験に参加することにした。その時点で彼は、この試験は彼のタイプの代謝異常には効き目がなさそうで、むしろ生命に危険のある乳児患者の治療向けに開発されたものであることを告げられた。この事実を知った上で、ゲルジンガーは他の人の助けになるならばと臨床試験への参加に同意した。

臨床研究者は正常な遺伝子を含んだ三〇ミリリットルのアデノウイルスをゲルジンガーの体に注入した。その夜、彼の容態は急変した。体温は四〇・三度になり、体内のアンモニアが正常値の一〇倍以上になった。彼は透析を受けた。数日のうちに、彼の病状は悪化し、多臓器不全となった。アデノウイルス注入して四日後、彼の状態は脳死にまで悪化した。彼の死因は、遺伝子治療の実験で使われたアデノウイルス・ベクターに対する免疫反応であった。

ゲルジンガー死亡事故の調査の中で、ペンシルバニア大学ヒト遺伝子治療センターの長であるジェームズ・ウィルソン（James Wilson）は、ゲノボ（Genovo）社というバイオテクノロジー企業を設立していたことが明るみに出た。彼もペンシルベニア大学もゲノボ社の株を持っていて、同社は遺伝子治療実験において遺伝子操作をしたウイルスを使う方式を開発していた。ウィルソンと同僚の一人はこの手法のある部分に関して特許を持っていた。その当時、ゲノボ社は同センターの二五〇〇万ドルの研究費の五分の一を負担し、見返りとして商業的成果の排他独占的権利を得ていた(12)。臨床試験参加同意書では臨床研究者、大学、企業との間の特別な金銭的関係は明らかにされていなかった。ゲルジンガーの署名した一一ページの同意書の中の、ひとつの文章だけに臨床試験を行う科学者と大学とは研究の成功に金銭的利益を持っていると記載されていた。ゲノボ社が大きな製薬会社に売却されたとき、報道によればウィルソンは一三五〇万ドルの価値のストックオプションを持ち、大学の持つ株の価値は一四〇万ドルとなっていた(13)。「ワシントンポスト」紙の報道によれば「多くのペンシルバニア大学の内部資料によれば、大学の幹部たちはそのような金銭的な関わりが大学にもたらすリスクについてずいぶんと話し合っていた」(14)。

ゲルジンガーの家族は彼の不当な死に対して大学を訴えた。それは非公表の金額で和解が成立した(15)。訴訟における原告の申し立てのひとつが、臨床試験を監督する科学者はゲルジンガーが臨床試験に参加を決める前に利益相反を充分に開示していなかった、というものである。リスクを明らかにしなかったり、過小に評価することを引き起こす可能性のある利益相反の存在を知らされていれば、家族は臨床試験への参加の判断を変えて、ゲルジンガーの命を救うことができたかもしれない、と原告側は主張した。ペンシルバニア大学はゲルジンガーの家族と和解したのち、教員が研究資金を出す企業の株を持っているとき、その臨床試験に参加することを制限する新しい規制を発表した。

ゲルジンガーの事件の影響で、保健福祉省はドナ・シャララ（Dona Shalala）長官のもと、臨床研究者の金銭的利益を臨床試験に参加しようとする人に対するインフォームドコンセントの中で明らかにすべきかどうかの公聴会を開いた。二〇〇一年の一月に発表された素案では、保健福祉省は臨床研究者が金銭的利益を、倫理問題全般を監視する機関内審査委員会に届け出て、可能ならば臨床試験への参加を考えている個人にも知らせるということを提案した（第一二章参照）(16)。全米実験生物学連合（Federation of American Societies of Experimental Biology, FASEB）や全米医科大学協会などの主導的な科学・医学者組織は、この臨床試験の指針案に対して、患者の安全は改善されず医学研究への規制を過剰にするものだとして反対した。

二〇〇三年三月、［ブッシュ政権の］保健福祉省長官のトミー・トンプソン（Tommy Thompson）は二番目の指針案「ヒトを対象とした研究における金銭的関係・利益」（Financial Relationships and Interests in Research Involving Human Subjects）を発表した(17)。これは前のものよりはやわらかい内容になっていた。両方の指針案とも規制として作られたわけでなく、保健福祉省は権限を持たず各研究機関に対して検討する際のヒントとアドバイスを与えただけで、臨床試験に参加する人に利益相反を開示することが必要かどうかは各機関が決める。二〇〇一年の素案では、相反は取り除くことはできないが臨床参加者との同意書の中で開示すべきであるとなっていた。これに対して二〇〇三年の素案では単に臨床研究者が同意書の中に金銭的利益の開示を含むことを考慮するよう勧めているだけである。保健福祉省は「研究における金銭的利益は、潜在的にまたは実際に被験者の権利と厚生とに影響を与えるものもある(18)」と認めているが、同省は被験者をいかに守るかについては各研究機関に任せている。

二〇〇二年に何百万人ものアメリカ人が四万件以上の臨床試験に参加しているが、うち四〇〇〇件は国立衛生研究所が資金を出している。研究者や臨床試験スポンサー企業は被験者の安全や利益に直接関係のないことを追加的に開示することは、被験者を集めることをただ難しくするだけだと主張する。一方で、臨床試験に参加するかどうかというのは、個人にとって人生でもっとも重要な判断のひとつとなりうる。ある人が、臨床研究者と信頼関係に入れるかどうか決めるときに、その人は当該臨床試験に関係することすべてを知っているべきではないだろうか。

公平な専門家を探す

過去二五年で一〇〇万人以上の女性が人工乳房を使っている。一九七〇年代と八〇年代に人工乳房として広範に使われたシリコーン［オルガノポリシロキサン類を含んだ人工乳房の内容物］が漏れ出していることが報道され始めた。そのような漏れはさまざまなリウマチや免疫疾患につながる恐れがあった。シリコーン埋め込みによって害を受けた女性から数千の訴訟が起こされた。メディアや大衆雑誌は、被害を申し立てた人々の姿の写真を、さまざまな体内組織の損傷や免疫反応の結果生じたという主張の裏づけとして、大きく取り上げた。全米の連邦裁判所でおこされた訴訟はすべて、アラバマ州北部地区の連邦地裁のサム・ポインター（Sam Pointer）判事による公判前手続きに統合された。被告はブリストル・マイヤーズ・スクイブ（Bristrol-Myers Squibb）社、3M社、バクスターインターナショナル（Baxter International）社の三社であった。

ポインター判事はおびただしい数の異なった科学的発見、医学的主張、専門家意見に直面した。彼は免疫学、疫学、毒物学、リウマチ学の分野からなる四人の科学者による「シリコーン人工乳房全米科学検討会」という専門家委員会をつくった。検討会は「人工乳房訴訟における疾病の原因に関して科学的文献や研究を評価・批判する責任」を与えられた(19)。任命された四人の専門家の中にピーター・タグウェル（Peter Tugwell）という医師、教授、臨床リウマチ学者、臨床疫学者、カナダのオタワ病院の医学科長がいた。彼は一九九六年四月に検討会に入った。

タグウェルの所属する病院は、研究者に対して企業から研究と臨床試験の資金を集めることを奨励していた。病院は企業との密接な関係を築けるような人材を探しており、病院の資料では、「その人物は企業との臨床試験の数を増やし、われわれの研究者の研究成果から新しい製品や医療サービスが商業化されるよう努め、技術移転を成功させるために商業的スポンサー企業を見つけ、われわれ科学者の知的財産権を保護することに責任を持つ」となっていた[20]。

この事例での問題点のひとつは、タグウェルが裁判の当事者企業のいくつかと持っている関係から重大な利益相反が生じているのではないかということであった。この場合シリコーン人工乳房と利益相反が裁判の中で絡み合った。

裁判所はタグウェルが届け出た内容を調査したうえで、彼は中立性、客観性を損なうような企業との親密さ、関係、連携を過去も現在も持っていない、と結論して任命した[21]。タグウェルは、自分は裁判の当事者企業と関節炎の研究に関して関係を築いたが、人工乳房に関しては関係がないので検討会に参加するうえでの利益相反はないと主張した。彼は宣誓証書の中で、彼の明らかにした経歴書には多くの企業が資金を出した研究が記載されており、そのうえで自分が検討会のメンバーに選ばれたということは、企業スポンサーの研究は何ら問題がなく、今後も企業との関係を続けてよいということを意味すると主張した。彼は一九九六年七月に署名入りの書面の中で、「私が裁判所によって任命される中立、不偏、独立した専門家になれないのならばその理由がわからない」と述べた[22]。以下はタグウェルに対する利益相反の疑惑のいくつかである。

検討会に選ばれるときと前後して、タグウェルは裁判に関わっている数社と接触していた。彼はブリストル・マイヤーズ・スクイブ社と3M社に対して、オメラクト「リウマチ性関節炎臨床試験成果指標を意味するOutcome Measures in Rheumatoid Arthritis Clinical Trialsから頭文字をとってOMERACTとした」と呼ばれる研究者の団体で研究大会も開催するような組織への資金提供を頼み、資金を受け取った。タグウェルはすでに検討会に参加していたが、彼は企業に一九九七年八月の研究大会への資金提供を呼びかける手紙に署名している。手紙は多くの企業に送られたがブリストル・マイヤーズ・スクイブ社も含まれていた。この種の手紙は研究機関が企業からの資金集めというひそかな目的が見え隠れしている。

> 私どものこのような大会を支持なさることは、この分野の医薬品を世界的に展開されようとしている御社には大変有益なことと存じます。研究会に招かれるのはこの分野のオピニオンリーダーで規制を行う政府機関にも影響のある方々ですので、御社の資金提供の影響は大きいものがございます。私どもはただいま、五〇

○○ドルまたは一万ドルの資金提供を行う大口寄付者を募っております。これらの大口寄付者の方には産業界の利益を代表する参加者を指名し、自らも積極的に大会に参加する機会が与えられます。

裁判所の検討会に加わる前に、タグウェルは利益相反に関する質問書に対して３Ｍ社からの資金提供を受けていたことを署名入りで開示した。一九九六年八月、彼は質問書について裁判所と協議した。タグウェルはオメラクトに入った資金を個人的に流用したことはないと報告した。彼の開示した情報にもとづき、裁判所は彼を検討会から排除しないこととした。３Ｍ社は五〇〇〇ドル、ブリストル・マイヤーズ・スクイブ社は五〇〇ドルをオメラクトの大会のひとつに寄付していた。これらの寄付は裁判所による検討会委員選定が行われていた時期であった。タグウェルは検討会の任命を考慮されているときにオメラクトの活動を明らかにしたのに委員になることができたので、彼は検討会の委員でいる間にオメラクトの活動に引き続いて関わることは倫理的に問題ないと信じるに至った。

タグウェルはブリストル・マイヤーズ・スクイブ社と、彼が臨床研究者や同社の医療安全委員会委員として果たせる役割の可能性について同社が関心を持っていたので、話し合いを行っていた。一九九八年十一月、彼はブリストル・マイヤーズ・スクイブ社のひとつの製品の臨床試験を行う契約を結んだ。その契約書の中には、彼が臨床試験の中で同社の未公表の情報を入手してもそれを公表しないということが含まれていた。

ダグウェルは宣誓証書の中で、原告の弁護士から彼とシリコーン人工乳房裁判の被告の一人との関係を尋ねられた。

質問――私の理解するところでは、……一九九九年一月一一日、検討会に参加している中で、あなたはブリストル・マイヤーズ・スクイブ社との間でコンサルティングと臨床試験の二件の契約を結びました。正しいですか。

答――繰り返しますが、あなたの主張するこの関係は、私の考えでは、本件と無関係です。なぜならば、ブリストル・マイヤーズ・スクイブ社や他のどの企業の誰かとの間で持つ研究での議論と、人工乳房裁判への私の参加とは関係がないからです。

原告側の弁護団は利益相反があるのでタグウェルへの検討会委員の任命を取り消すよう、申し立てを行った。ポインター判事は原告の監視委員会が引用している事柄は、裁判所が任命する専門家としてのタグウェルの務めに影響を及ぼしていない、タグウェルは利益相反を持っていない、彼は中立的、客観的、不偏的に行動した、と判断した。

原告側の弁護団のひとりは「今日の世界で、医薬品、医療機器に関することで大学から中立の証人を得ることができると仮定することはできない。……この種の事件で中立の専門家を得られると期待することはできない。誰もができる限り最高の専門家の意見を聞き、そのうえで陪審員はだれがもっとも信頼でき、最高の証拠を持っているか判断するという形にすべきである」と語った(25)。原告側の弁護団はタグウェルは被告のうちの二社と関係があるので、判事はタグウェルを検討会から排除すべきであるし、彼が執筆に加わった検討会の報告書を証拠から除くべきだと主張した。

ポインター判事によって集められた検討会のメンバーのうちの三人は二〇〇〇年三月に「ニューイングランド・ジャーナル・オブ・メディスン」誌において、連邦裁判所でのこのユニークな諮問検討会での経験についてコメントを出した。タグウェルはコメントの執筆者のうちのひとりであった(26)。彼らは「人工乳房関連のすべての連邦裁判を一括して扱うことになった判事は、この裁判で提起されている問題は膨大かつ複雑なので、科学専門家による中立な検討会を任命することが必要だと判断した」と書いていた(27)。「ニューイングランド・ジャーナル・オブ・メディスン」誌は医学雑誌のなかでもっとも厳格な利益相反ポリシーのひとつを持っている。しかし、編集者はタグウェルが彼の中立性に関して利益相反を持っているということを開示する必要を感じなかった。タグウェルは自分が中立な立場で関わっているという裁判において、一方の当事者と実際の金銭的関係を持っていたのであるから、ごくあたりまえの利益相反の概念がこの場合にはあてはまるであろう。

原告側のある弁護士が「ニューイングランド・ジャーナル・オブ・メディスン」誌の編集責任者に手紙を出し、コメントの執筆者のひとりは利益相反を持っていることを知らせた。副編集長からの返事では「ニューイングランド・

ジャーナル・オブ・メディスン」誌の利益相反ポリシーは、政策・倫理に関して議論し、特定の疾病への薬の処方などは論じない「論評」欄には適用されないというものであった(28)。

このケースは政治的で微妙な問題の裁判において、医学専門家に適用される利益相反の解釈がまちまちであることを明らかにした。この裁判での判事は金銭的報酬を含めた当事者との関係があることを知っていながら、検討会の委員となる専門家は利益相反に関しての審査を充分に乗り越えてきたと見なした。この判事の決定は裁判所の任命する専門家と被告との関係では、「関係している対象分野」のほうが「関係しているという事実」よりも重要であることを示唆したものである。被告と同じような関係を持っていれば陪審員にはなることができないだろう、という意見もある。しかし、利益相反を持った裁判所任命の専門家のバイアスの重大さについては誰も疑問を呈していない。

この事例はまた、科学に影響力を及ぼすうえでの企業の役割についても明らかにしている。製品は原告の申し立てている疾病の原因ではないことを示すための研究計画を被告企業が策定して資金も出していたことを示す書類が調査によって明らかになった。研究が進むと、ある企業は統計的有意性に影響を与えるような研究の変更を求めた。医学的に重要な問題に関して研究者による最善の判断に従うのでなく、スポンサー企業が自分たちの利益に合うような仕方で研究が行われるよう、研究に影響力を及ぼすというのは、バイアスを引き起こす重大だがあまり注目されていない要因である。

大学の新しい企業家的エトスを守るために、科学者コミュニティでは利益相反とバイアスとの関係がそれほど重視されなくなってきた。次章はこのテーマについて調査し、二つの関連した質問を考える。第一に、企業がスポンサーの研究はバイアスがおこりやすいのか。第二に、もしそうならば、それはうまく管理できるのか。

第九章　バイアスの疑問

私がジャーナリストの人たちから利益相反に関して昔からずっと、もっとも多く受けているふたつの質問がある。ひとつは科学者がだれから資金を受けているのか、どの企業にコンサルティングしているのか、どの企業の株を持っているのか、ということが何か違いを生じさせるのか。結局、真実を追究するという広く受け入れられている科学研究での規範があるので、科学者が完全に妥協せずこの目的に邁進している限り、他の関係は影響がないであろう。この職業上の規範に反した科学者は、すぐにもっとも低いランクに見なされ立場がなくなるであろう。科学者が得るものは金銭的であろうとなんであろうと、科学者の世界の中で失うものを相殺することはできないのではないか、ということである。

この議論は次の疑問につながる。何であれ到達した実験結果にそのまま従うことが科学者にとっての規範であるとき、大学の研究への民間企業からの資金が研究結果に対して何か影響を及ぼしたという証拠でもあるのであろうか。研究資金源は科学に影響を与えるであろうか。公的資金から民間企業の資金に資金源が大きく変化したことが研究結果の質と客観性に影響を与えるだろうか。

私がしばしば受ける第二の質問は、自分の特定の仮説が証明されること、資金源の政府機関を喜ばすこと、学会での地位を高めることなど、科学者にはその行動を説明する、より重要な誘因があるのに、なぜ金銭的利益をそんなに注目するのか、ということである。科学者は自然界を説明するうえで自分の好む仮説や理論的枠組みというものを持っていることは間違いない。しかし、これらは論文として記録に残る。知的性向は他の科学者が見てわかる。金銭的利益は知的な世界の外部にある。個人の金銭的利益によるバイアスは大学の科学者の持つ通常の利益より秘密裏に潜行している。他の科学者から支持されていない仮説を証明しようという情熱はわれわれが科学に期待しているものである。知識の商業化によって富を得ようという情熱はそれ自身では科学を進歩させず、知識を創造する純粋な努力を汚すことになりやすい。

これらの問題を考える確立された研究プログラムは存在していない。いくつかの雑誌がバイアスの原因を探求することに努めている（が、それらもかなり新しい試みである）(1)。とくに、資金源によるバイアスや利益相反の存在の有無に関する調査を実行するのは難しく複雑である。しかし、利益相反がバイアスと関係しているかという疑問に答を見出すことの重要性はいくら過大に評価しても過大ということはない。たとえば、「ネイチャー」誌の編集者は倫理学者、社会科学者、科学政策学者に対して、金銭的利益と結果のバイアスとの関係について解明してくれるよう強く求めている(2)。もちろん、企業による研究が自社製品のためのバイアスを持つことはある。しかし、そのような研究の多くは査読雑誌には掲載されない。バイアスの問題は深刻に提起されているので、大学の科学の中心部でそれが起きているか調べなくてはならない。

疑わしい科学

私は科学研究におけるバイアスの意味を議論するところから始める。きわめて一般的には、バイアスは「特定の結論に向う傾向、偏重」を意味する。研究において、結果に影響を与える要素は、それが研究の中で明確な役割を果たす変数として見なされていないのならば、研究にバイアスを与えていると言われる。たとえば、研究者がサンプルを研究対象が代表されるように無作為抽出していなかったら、特定の測定結果に向かってのバイアスが含まれることになる。もし、われわれが喫煙が肺がんの原因かどうか調べているときに、塵の多い環境で働く人をサンプルに不注意で選んでしまったら、塵が変数として分析に含まれない限り、結果にバイアスをもたらすことになるであろう。

研究におけるバイアスのもうひとつの形は研究で使われる質問票の質問の仕方である。質問調査の専門家は充分に訓練を受けており、回答は質問の仕方に依存することを理解している。この概念はウソ発見器の専門家によっても理解されている。これらのケースでは、質問調査の結果は簡単に変えることができる。単に質問の表現を少し変えるだけで主観的な回答は変わってくる。たとえば、質問が「あなたはヒト生殖細胞のクローン生成に賛成ですか」というものだったとしよう。回答者の中には細胞が研究だけに使われ生殖には使われないということを知らない人もいるかもしれない。彼らの回答はもし「研究目的にだけ使われるヒト生殖細胞のクローン生成に賛成ですか」と聞かれたらきわめて異なったものになるであろう。

バイアスは行う実験のタイプでももたらされる。あなたがある産業化学物質の健康への影響を調べたいとしよう。実験は成長したマウスにその化学物質の決まった量を投与することによって行われるだろうが、この化学物資はすぐに分解してより毒性の強い代謝物質になってしまうかもしれない。さらに、化学物質の代謝物質の効果は若いマウスでより急速に見られるかもしれない。研究の資金を出す企業は毒性効果がもっとも現れにくい実験の仕方を選ぶであろう。われわれはもし危険性の発見を最小化するように実験方法が意識的に選択されていればバイアスがあると言ってよい。もちろん、多くの標準的な実験の実施計画書は成長したマウスを使うがそれらは必ずしもバイアスが起きているとはいえない。

バイアスは、実験そのものはよく計画され特定の結果に偏重していないときでも、結果の解釈によって起こりえる。データの解釈で異なる統計手法が使われる。科学者の中には帰無仮説（効果がない）を支持しやすい統計を用いるのを好む人もいる。また、多くの研究はデータの考察を伴って出版される。論文における「考察」の部分は科学者にデータを解釈する機会を与え、われわれは分析者の間で彼らの背景や研究スポンサーとの関係などの微妙で明白でない要因のため差異が生じていることをよく目にする。

バイアスは証拠の選択によっても生じる。化学物質の健康への影響に関する多くの出版された論文は、追加的研究の必要性を述べて終わる。科学者は多数の研究からの証拠の重要性を見なくてはならないので、ひとつの研究だけで結論を出すのに充分ということは稀である。しかし、どの研究が選択されるのか。いかにそれらの重要性を評価するのか。証拠になる研究を集めてくるのは科学者の役割である。裁量的な判断が容易にこの過程に入り込む。

いくつかの学術雑誌は利益相反のある執筆者による論評

（他の人が書いた論文への評価にもとづく）や論説（他人の研究結果の重要性を評価して行う規範的な判断を含む）を受け付けないというポリシーを持っている。これらの雑誌の編集者は、論評や論説はデータに基づく研究論文に比べて、読者が利益相反から生じるバイアスについて認識することが難しいと信じている。

「金の卵を産むガチョウを殺すな」という格言は科学研究ではとくに重要である。政府が基礎研究の資金を出していたときは、特定の結果にからんだ利益は存在しなかった。資金の透明性とその分野の科学者による審査のもとで、政府省庁は応用研究の分野でさえも、資金分配において、政治的見解に研究結果を合わせさせたり、自分たちに都合の良い研究を無理して見つけようとしているとは思われないように注意しなければならなかった。保守派はリベラル派や独立派に比べて地球温暖化に懐疑的である。しかし、議会の上下両院で多数派であっても、共和党は科学の結果に影響に及ぼすことはできなかったし及ぼそうともしなかった。

民間企業からの資金で行われる研究には透明性がない。表明されていない研究テーマがある。企業から研究資金を受けている科学者の多くはどのような研究結果が企業を喜ばせ、企業の決算書にプラスになるかを理解している。もしある科学者が企業の研究プログラムに従属的になると、企業はその科学者の研究結果を歓迎し、企業にとってその科学者に研究資金を提供し続けることが利益となる。研究者が企業の利益を内部化することは珍しいことではない。たとえば、化合物の人体への毒性では高い検証責任［毒性が統計的有意となりにくいようにする］を、薬の効能では低い検証責任［効能ありというのが統計的有意となりやすいようにする］を伴うように試験計画を策定することが企業の利益になる、ということを研究者は理解するかもしれない。試験がきちんと標準化されたり質の管理がされていないのならば、大多数の科学者が科学的真理の追究に尽くそうとしても、バイアスが生まれる多くの機会が存在することになる。

刑務所の民営化

利益相反が大変明白なときにはバイアスの疑惑が生じる。しかし、バイアスの疑惑の存在は、バイアスそのものが存在していることではない。チャールズ・トーマス（Charles W. Thomas）のケースを考えてみよう。彼はフロリダ大学教授でアメリカにおける民営刑務所推進運動の強力な支持者であった(3)。彼は一九九九年に「犯罪と非行」（*Crime and Delinquency*）という雑誌に共著論文としてフロリダ州の三つの少年刑務所出所者の再犯率について報告した(4)。二つの刑務所は民間が運営しており、ひとつは公営施設だった。執筆者たちは二つの民営施設からの出所者のデータを公営施設の出所者ものと比較した。その結果、民営施設出所者の方が再び逮捕される率が低いことが示された。さらに、民営施設からの出所者が起こす凶悪な犯罪数も少なかった。これらの結果は、公営施設を営利組織による刑務所システムに変えることが望ましいという意見を支持するものであった。

この再犯率調査のスポンサーは、知事によって任命され民営の矯正施設［刑務所］と州政府との交渉を行う組織である「フロリダ矯正施設民営化協議会」（Florida Correctional Privatization Commission）であった。トーマスはその（報酬を受ける）コンサルタントであった。

アメリカ矯正社（Corrections Corporation of America, GCA）は一九八三年に公営刑務所に替わるものとして組織された。ある時点、この企業はテネシー州全体の刑務所の買収と運営を申し出たこともあった。トーマスは同社から派生した「刑務所真実信頼協議会」（Prison Reality Trust Board of Trustees）と呼ばれる一四人のうちのひとりになった。彼はフロリダ大学の犯罪学・法学研究センターにある民営矯正プロジェクトにも関わっていた。このプロジェクトは主に民間企業から研究資金が出ていて、複数の民間刑務所運営企業が合わせて四万ドルを提供していた。そのプロジェクトがトーマスに［勤務校から給与の出ない］夏期休暇の間の給与二万五〇〇〇ドルを出していた。プロジェクトの最大のスポンサーはアメリカ矯正社であった。

再犯率の論文を調べた社会学者の何人かは問題になりそうなバイアスを見つけた。論文は出所した受刑者の一年後を調査していた。一年後というのは再犯率について結論を出すには短すぎるという批判が出た。ある社会学者によれば、出所した受刑者による再犯の四〇％は六年から一〇年後に起きている(5)。利益相反があっても、トーマスの研究に対する批判者はバイアスを疑うことだけができ、証明することはできない。

民間刑務所運営産業との間で金銭的利益を生む地位にある人物がそのような短い観察期間を用いるのならば、学術雑誌に掲載して論拠のある報道を得たいという希望、最優先される希望、が存在しているとの疑いが生じる。研究結果をすぐにインターネットに載せたことも、矯正施設の民営化の良さをできるだけはやく主張しようとした試みとして疑念が持たれる(6)。

バイアスの疑念は、カリフォルニア、テネシー、ワシントン、テキサス、ニューメキシコの諸州の公営矯正施設と民営矯正施設の費用を比較した一九九六年の会計検査院の報告書によってさらに強まった。テネシー州の例がもっとも適切である。そこでは、会計検査院は民営と公営施設の間で受刑者一人一日あたりのコストに差はなかったことを示していた。民営矯正プロジェクトは、民営刑務所はコストも低く再犯率も低いと主張していた。

もちろん、自分の利益相反が研究のバイアスにつながると簡単に認める科学者はほとんどいない。もう一度言うが、利益相反があるように見えることはバイアスを証明してはいない。したがって、このケースでの状況証拠にもかかわらず、利益相反を持つ科学者と持たない科学者との間で結果を比較するという信頼のおける調査が必要である。これらの研究は実行が難しく資金援助も受けにくい。にもかかわらず、公表されたいくつかの研究は挑発的である(7)。

新薬・新治療法の臨床試験

資金源によるバイアスを調査したものは医学雑誌に掲載されている。私が見つけたなかでもっとも古いのは一九八六年の内科開業医研究教育協会の会報である「ジャーナル・オブ・ジェネラル・インターナル・メディスン」

(*Journal of General Internal Medicine*)［総合診療内科学］誌に掲載された(8)。その執筆者は新しい治療法（医薬品）が効果的かどうかについての臨床試験一〇七件を調べた。医薬品メーカーは新しい治療法を古いものより好む。なぜならば、古い治療法はまもなく特許が切れて競争に直面するが、新しい治療法は新しい特許に守られており、将来にわたる利益が期待できるからである。執筆者が知りたかったのは、資金源と新しい治療法を有効として支持することとの間に関係があるかどうかということであった。一〇七件の臨床試験のうち、七六件が新しい治療法を支持し、三一件が従来の治療法を支持した。新しい治療法を支持したもののうち四三％が製薬会社からの資金で行われ、五七％が非営利組織（政府、財団、大学）からの資金で行われていた。従来の治療法を支持したもののうち、一三％が企業からの資金で、八七％が非営利組織からの資金で行われていた。

この調査は民間企業からの資金提供と新しい治療法の支持との間に統計的に有意な関係があることを示した。われわれはこの効果を「資金によるバイアス」と呼ぶ。別の言葉で言うと、民間企業からの資金は研究結果をスポンサーに有利な方向に曲げることができる。製薬会社からの資金で行った臨床試験がそのように少ない（一三％）比率でしか従来の治療法を支持しなかったことは、どのように説明できるのであろうか。実際、企業は競合する製品が自社のものより優れているということを発表したがる理由などあるであろうか。もちろん、この結果には「資金によるバイアス」以外の説明もあるかもしれない。結局、ほぼ四分の三の研究が新しい治療法を支持しており、支持の中では企業からの資金による研究と非営利組織からの資金による研究とはほぼ同じ割合であった。

この結果は、製薬会社は従来の治療法が新しい治療法より優れているという研究に資金提供し発表されてしまうことに単に気乗りがしない、ということから生じているにすぎないのかもしれない。もしくは、製薬会社から資金を受けている研究者のほうが、他の研究者は知らない、従来の治療法の短所に関する何らかの内部情報を得ているのかもしれない。しかしながら、この調査論文の執筆者は「スポンサー企業によって製造されている薬剤が他社によって製造されるものより劣っていると明らかにしたケースはない」と述べている(9)。資金によるバイアスを議論するときには、この意見だけでも検討の価値がある。

毎年何万件もの臨床試験が行われているが、そのほとんどは食品医薬品局の新しい医薬品・治療法・医療器具の認可を得るために営利組織の資金によって行われている。ランダム化〔無作為化〕臨床試験が本来は最善である。それは臨床試験の参加資格を満足した被験者を無作為に二つ以上のグループに分けてしまい、研究実施者が薬や治療法の効果を評価するときに被験者の選択によってバイアスを生み出すことをできなくするのである。ランダム化臨床試験に関しては二人のオランダ人研究者が次のような問題を提起した。金銭的その他の相反する利益は無作為に行われた臨床試験結果の解釈に影響を与えるであろうか。とくに、そのようなバイアスは営利スポンサーの利益に沿うような「介入」〔または関与と呼ばれ、薬の投与など被験者にもたらされる要因〕を支持する傾向を持つであろうか。二人は国際的に名声の高い「ブリティッシュ・メディカル・ジャーナル」誌に注目した。なぜならば、その編集者は執筆者に金銭的でもそれ以外でも利益相反があれば届けるよう求めていたからである(10)。同誌に一九九七年から二〇〇一年六月までに発表された、ランダム化臨床試験一五九件が対象となった。そのうち九四件で、執筆者たちは利益相反は存在していないと報告しており、六五件では企業からの資金の受け取りがあると報告していた。臨床試験は精神科、整形外科、循環器科も含むいくつかの分野が対象であった。調査は営利組織からの資金だけで行われた臨床試験はそうでないものよりも、「介入」に対する執筆者の結論が肯定的になる傾向があることを明らかにした(11)。

この種の調査は、研究資金源が営利組織であることとある種の治療法が支持されることとの相関関係の後ろにある因果関係については、何も言うことができない。企業が臨床試験に資金を出すときは非営利組織に比べて、試験開始前から成功の見込みというものを強く求める。「ブリティッシュ・メディカル・ジャーナル」誌を調査した研究者も「営利企業は薬などを投与したグループがそうでないコントロールグループよりも症状が大きく改善されている結果が出ている臨床試験に、偶然にか意図的にか資金を提供しているかもしれない」と述べていた。臨床研究者もさまざまな事情を無意識に考慮して、科学者として許される裁量の範囲でスポンサーに有利なようにデータを解釈するかもしれない。

他の調査も実験行為に対するスポンサー企業の影響を確

認しているが(12)、社会科学者は利益相反以外の理由を排除してしまうことに慎重である。たとえば、ある調査で、政府や非営利財団から資金が出されたものに比べて、商業的に資金を出されたランダム化試験において「介入」が有効という結論になる比率が高いことが明らかになった。しかし、執筆者たちは、この結果は、科学者が自分たちで行う場合に比べて、企業は資金提供先を決める際に「介入」が効果をあげるという見込みが大きな実験をうまく探しているためではないか、ということを確認する作業が必要だと論じている(13)。

心臓病薬と企業スポンサー

資金源と結果との関係をもっとも洗練された形で表し大きな影響を持ったのが一九九八年にトロント大学のチームによって発表された論文である。この調査は世界で六つの主要医学雑誌のうちに入るといわれる名門「ニューイングランド・ジャーナル・オブ・メディスン」誌に掲載された(14)。

この調査研究では執筆者は「医薬品の安全性に関する研究者の立場は医薬品メーカーとの金銭的な関係と関連性があるのか」という疑問から出発した。彼らは高血圧の治療に使われるカルシウムチャンネルブロッカー(別名、カルシウム拮抗薬)に注目した。その理由はこれらの薬の安全性は医学会で議論されていたからである。彼らは研究者の間でのこの薬の安全性についての立場の違いは資金源だけで説明できるのか、すなわち、カルシウム拮抗薬を支持する結果は医薬品産業からの資金と関係があるのか、ということを調査した。

彼らはまず第一に一九九五年三月一〇日から一九九六年九月三〇日までのカルシウム拮抗薬についての論文を特定した。各論文と(その執筆者)は薬への評価によって「支持」、「中立」、「不支持」に分類された。第二に、執筆者に、カルシウム拮抗薬メーカーまたはそれと競合する製品のメーカーから過去五年間に資金提供を受けたことがあるかという質問状を送った。この調査では七〇本の論文(五本がオリジナルな研究、三二本が論評、三三本が編集者への投稿)を対象として含むことになった。七〇本の論文の中で八九人の執筆者が「支持」、「中立」、「不支持」に分類され、六九人の執筆者から金銭的利益に関する質問状の返事が来た。この調査研究の結果、「支持」を表明した執筆者の圧倒的多数（九六％）がカルシウム拮抗薬のメーカーから資金を受けていた。「不支持」では三七％、「中立」では六〇％のみがそのような関係を持っていた。この調査研究をした研究者は「カルシウム拮抗薬の安全性についての執筆者の意見と医薬品メーカーとの金銭的関係とは関連があるということが明らかになった」と結論した(15)。

繰り返すが、相関関係を明らかにしても因果関係を示したことにはならない。企業の研究資金支援は研究者のカルシウム拮抗薬に関する意見に影響を及ぼさなかったかもしれない。彼らの意見は企業と関係を持つ前に形成されていたかもしれない。事実、「不支持」の研究者の中でも三分の一は企業と関係を持っていた。しかし、他にどんな理由が数値の違いを説明できるのであろうか。

「資金によるバイアス」の理論は、それによって個人の行動が説明できるとは主張していない。主張しているのは研究者というグループの中で、企業と金銭的関係のある論文執筆者では研究結果が企業の利益に好意的なものに偏る傾向がある、ということである。結果のバイアスや科学研究での不正行為と同時にまた先行して利益相反が存在するということは、利益相反がバイアスを引き起こしたり、不正行為の背後にある動機となっているということを意味するものではない。しかし、それは、他の説明があまり見当たらないときには、一見したところでは結果を説明する証拠となっている。さらに、見かけの利益相反は動機に影響を及ぼす状況証拠を与える。

カリフォルニア大学サンディエゴ校の臨床研究者のケースを考えて見よう。モーリス・ブックビンダー（Maurice Buchbinder）は動脈のつまりをきれいにするドリル状の器具であるロタブレーダーの臨床研究をしていた。彼はこれを製造しているハートテクノロジー（Heart Technologies）社の大株主であった。食品医薬品局は一九九三年にブックビンダーの研究を検査し、彼の臨床試験には適切な追加検証や副作用の報告を怠るなど重大な欠陥が見られるという結論に達した。同大学は彼が患者を対象とした臨床研究を行うことを禁止した。研究者が結果に大きな金銭的利害を持っているとき、臨床試験での規定違反は別の目で見られる。「ニューヨークタイムズ」紙の「隠れた利益——医師が企業家でもあるとき（16）」という見出しがそれを物語っている。

もし、「資金によるバイアス」が金銭的利益を持つ他の科学分野でも見られるのならば、われわれはそれをいかに説明するのであろうか。研究者は民間企業スポンサーの利益を単に汲み取っているのだろうか。おそらくもっと微妙であろう。科学は社会的プロセスである。客観性と真実についての共有された規範にもかかわらず科学者という集団は、とくに前もって決まっているわけでない解釈の段階で、民間企業スポンサーの価値観に影響をうける。科学に揺れ動く余地があるとき、それはスポンサーの利益の方に揺れて行く。臨床試験や他のヒトを対象にしたデータに基づく研究は、バイアスの可能性はあるが、複数の解釈が可能な余地はあまりない。経済的分析ほどは余地がない。以下に費用・効果分析にいかに資金による偏向が入り込むかを見る。

薬の費用・便益分析

医薬品開発の分野で認可のための二つの柱が安全性と効能である。しかし、これらの要件を満たした薬も、もし費用・効果分析をクリアしなければ医薬品市場に出ることはできないかもしれない。医療費抑制が求められる時代に、費用［価格］が便益を大きく上回っている薬は、とくに（少し有効性は劣っても）他に廉価な治療法があるのならば保健費前払制をとっている保険会社にとっては使用を認めてもらえないであろう。［ここで、効能（efficacy）とは専門医の監視のもと理想的な条件の下での薬の有効性であり、効果（effectiveness）とは一般的条件の下での薬の有効性である。両者とも、たとえば血圧値の改善など、医学的数値として表される。これに対して便益（benefit）とは、健康状態の改善による治療費の減少や所得の増加から精神的苦痛の軽減まですべてを金銭的価値に換算したものである。］

新薬の費用・便益分析は「薬剤経済学」と呼ばれる分野である。これは医療費抑制を求める経済の中で経済学が担う新しい役割の分野である。新薬の費用・便益分析は安全性と効果を実証した薬の製品としての成功・失敗を決定するものである。これらの分析は「資金によるバイアス」にどれくらい弱いのであろうか。

ある研究グループは腫瘍の治療薬において、医薬品産業の資金援助と薬剤経済学分析におけるその薬に対する好意的な結論との間に関連があるか調査した(17)。このグループは一九八八年から一九九八年までの間に医学データベースに引用された腫瘍治療薬を調査した。六つの薬が四四の費用・効果分析の論文で検討されていたので、これを調査の対象とした。各論文の結論が「肯定的」、「中立的」、「否定的」に分類された。他の調査と同様、論文の結論を分類した後で資金源を調査した。論文はその資金源が医薬品メーカーか非営利組織かで分類された。四四本の論文のうち、二〇本が医薬品メーカーによって資金が出され、二四本が非営利組織によって資金が出されていた。費用・効果分析で否定的な結論を出したのは非営利組織の資金による論文の三八％と企業の資金による論文のたった五％であった。研究グループは「医薬品メーカーによって資金提供された論文は非営利組織から資金提供された論文に比べて、八倍の頻度で否定的結論になりにくく、一・四倍の頻度で肯定的結論になりやすい」と結論した(18)。

この結果には、民間企業からの資金による研究で起こりやすいバイアスという以外にもいくつかの理由がある。企業はこれまでの研究経過から、医薬品に効能があるという結論の見込みがありそうな研究にのみ資金を出すかもしれない。薬に好意的な結論が多いのは企業が資金提供したが論文発表には至らなかった多くの論文があるせいかもしれない。それでもやはりこの調査論文の執筆者たちは、研究者が企業から研究資金や謝礼を受け取っているとき、これらは研究者に「無意識なバイアスを（おそらく実験結果を解釈するときに）引き起こし、結論に影響を与えるであろう」と主張した(19)。そして、「製薬会社は経済的分析の試験実施計画書の策定で研究者に直接協力したり、評価基準の策定で間接的に関わったりすることができる」(20)。

薬剤経済学分析は、建築工学などが明らかに持っているその分野が共有する一連の標準化された手法というものを持っていない。裁量や先入観が分析に入り込みやすい。手法が定型化されていないことはスポンサー企業が影響力を行使しやすいものにしている。結果として「企業が資金提供した研究と非営利組織が資金提供した研究との間の観察される違いは、選択された分析手法の違い、分析対象のあらかじめの選別、スポンサーのためのバイアスという三つの可能性がある」(21)。

学術雑誌の増刊号

医薬品メーカーはしばしば権威のある学術雑誌の増刊号の発刊に資金提供を申し出る。増刊号は出版元にとってはありがたいし、著名なマークを冠した雑誌に載る機会を一部の科学者に提供し、企業は商業的利益を増進するためのシンポジウムを開催することができる〔企業が特定の薬・治療法についてシンポジウムを主催し、そこで発表された研究が増刊号・特別号として出版される〕。しかしそのような増刊号の審査基準は通常の号とは大きく異なる。増刊号では論文は編集者にはチェックされるかもしれないが、その分野の他の科学者に送られて審査を受けるという査読審査のプロセスは経ない。

増刊号の論文はMEDLINE〔アメリカの国立医学図書館の文献検索データベース〕のようなデータベースには載る。また、増刊号は通常号に並んで図書館に所蔵される。論文の読者は、増刊号の論文が厳しい査読審査のプロセスを経ていないことに気づかないかもしれない。著名な雑誌の増刊号は、企業にとって製品に関連した論文を含んでいるので大変有益である。しかし、企業が資金を出している出版における論文の質の低下やバイアスの可能性はどうなのであろうか。

増刊号の論文の質と同時期の通常号の論文の質とを比較する調査が行われた(22)。調査を行ったグループはMEDLINEデータベースで一九九〇年一月から一九九二年一一月までの三つの著名な雑誌の通常号・増刊号に載った薬のランダム化臨床試験の論文を対象とした。対象となった二四二の論文の質がポイントで評価された。増刊号のポイントは通常のそれよりも一般に低かった。調査グループは「増刊号の論文は投薬治療がきちんと行われたかを確証する手順を取ったかどうかの情報を明らかにしていないことが多い」と述べている(23)。

調査グループはまた増刊号の論文は通常号の査読審査を

経た論文に比べて、無作為に分けられた患者数（試験開始時のサンプル数）と分析されている患者数（試験終了時のサンプル数）が大きく異なるということを発見した。このサンプル数の差は途中で除外されたデータを意味する。除外されたデータが多いことは結果に影響を与えるし、統計的裏づけも弱くなる。

　この調査を行った研究者によれば、「資金源は特定の論文が掲載されるか否かで影響力を持ち、ある種の出版におけるバイアスを生み出している。企業がスポンサーの出版物はスポンサー企業の製品に好意的になる傾向がある」(24)。他の調査もこの傾向を支持しており、メーカーがスポンサーであることと、薬の有効性と毒性に関して好意的な結果との間に関係があることが見出されている(25)。

　医薬品メーカーは製品を市場に出すことが事業である。この目的を達成するために、彼らは食品医薬品局に提出する信頼できるデータを生み出す大学研究者との関係を保たなければならない。医薬品が死亡や重病を引き起こしてしまった場合には、企業は莫大な損害賠償訴訟に直面する可能性がある。企業の中には、訴訟好きな従業員や消費者が多額の賠償金を求めて訴えてきたときに味方になってくれる大学の研究者を探しているものである。このような状況では、訴えられている企業は科学者、とくに企業の価値観や利益と矛盾しない目的や気質を持った科学者との相互に有益な関係を築かなくてはならない。大学の研究者との間に橋を架けることへの投資は保険のようなものだ。企業が製造物責任を問われる「有害物質による違法行為」と呼ばれる裁判では、大学の科学者が被告企業のために法廷で専門家としての証言を行うことがよくある。

有害物質による違法行為と大学の科学

　一〇年以上にわたって、アメリカ東部最大の鉄道会社であるCSX Transportation社〔以下ＣＳＸ社〕は従業員から1-1-1トリクロロエタン、トリクロロエチレン、パークロロエチレンなどの溶剤によって脳障害が生じたと主張され裁判で争ってきた(26)。ＣＳＸ社は公表されない額で従業員の一部とは和解した。しかし、和解には、これらの化学物質が従業員に害を及ぼしたかについての結論はふくまれていない。

ＣＳＸ社は、慢性中毒性脳症と診断された従業員の主張を評価するための研究に資金を出した。同社は裁判で同社のための専門家であったミシガン大学の神経学の教授と契約を結んだ。証言のために彼は患者のデータにアクセスしていた。もちろん、彼の研究に資金援助が行われることになった。しかしながら、約三万ドルの資金は、いくつかの溶媒を製造しているダウケミカル社からきた。

他の優秀な医学や神経生理学の専門家がＣＳＸ社の従業員を認知障害と診断していた事実にもかかわらず、ミシガン大学の教授は労働現場での溶剤によって認知・行動障害になった患者を見たことがないとかつて証言していた。ミシガン大学の機関内審査委員会はＣＳＸ社の資金で行われている研究において、教授が患者のインフォームドコンセントを得なくてもよいと許可した。このことは、教授が企業のための専門家証人である一方で、従業員の診断結果も含んだいかなる医療情報も使用してよいということを意味する。従業員の同意なしに、彼は裁判の一部として得られた医療情報をもとに病因の遡及調査を行った。従業員の申し立ては根拠がないという結果は「ジャーナル・オブ・オキュペーショナル・アンド・エンバイロメンタル・メディスン」(*Journal of Occupational and Environmental Medicine*)〔労働環境医学〕誌に掲載され企業側はそれを引用した。

これは裁判に直面しそうになった化学企業のとる行動の象徴的なものである。彼らは多額の金額と引き換えに、専門家証人や研究実施者として貢献してくれる大学の研究者を探す。いったん、科学者が専門家証人となる契約に署名すれば、彼や彼女は企業の利益を内部化し始める。企業は彼や彼女が自分の証言を裏付ける研究結果を出してくれると信頼できる。企業からの資金による研究が終了した後で、化学物質の健康へのリスクについて専門家証人が見解を変えるということはきわめて稀にしかおこらない。

しかし有害物質の研究課題に影響を与えようとする企業は、政府資金で行われている研究にも影響力を持てるであろうか。この問題はずっと複雑である。なぜならば、政府の研究は、政府の科学者・担当官が研究資金を広く分配する専門家による審査システムを通して動いているからである。どの政府研究プロジェクトに資金が供給されるべきか、という判断はこれまでは政府自らが決めていたが、新しい産官連携推進政策によって企業が何らかの影響力を及ぼすことが可能になってきた。

二〇〇一年七月、人体と環境に有害物質のもたらす影響を調査する主要な連邦政府機関である国立環境衛生科学研究所は、化学産業の団体であるアメリカ化学工業会（American Chemistry Council, ACC）との協定に署名した。この協定の目的はヒトの発育・生殖機能に対する化学物質の影響力の調査を向上させることであった。協定によれば、産業側が一〇〇万ドル、政府側が三〇〇万ドル、合わせて四〇〇万ドルでゲノム科学や遺伝子組換え動物モデルなど最先端の分析手法を使って、成長に悪影響をもたらす可能性のある有害物質のしくみを明らかにすることであった(28)。研究所からの助成金への申請者に対しての、専門家審査の前の予備審査の検討会には、研究所の科学者だけでなく、化学工業会の代表も参加している。化学工業会を通して、化学産業は独立した科学者の申請書に含まれたデータや研究提案の情報にアクセスでき、申請する科学者は産業界の代表とデータを共有することに同意する書面を提出しなければならない。

科学者が、助成金を出す政府機関に初期段階のデータを申請書に含めて提出することはよくあることである。上記の契約によって、こういった情報が研究が完成して論文発表される前に企業が雇った弁護士や毒物学者に流れることは防ぎきれないことになる。企業にとっては、この情報へのアクセスは研究が発表されたときの反論の準備を早く始められることを意味する。さらに、アメリカ化学産業の代表者に研究内容を見られたくない科学者は、公共資金によって行われる研究に申請できないということになる。

政府の研究プログラムに企業が資金援助することは、行われる研究のタイプに影響を及ぼさないでいられるであろうか。環境衛生に関する政府の研究は長い間、企業の影響力から遮断されてきた。国立環境衛生科学研究所と化学産業との協定は、衛生科学の民営化の第一歩となりえる。もちろん、産業界は貴重な専門知識と資金を持っている。しかしその専門知識が有害化学物質を環境から取り除くために使われたときがあったであろうか。産業界は少量の化学物質でもヒトや野生動物の内分泌機能に障害をもたらすという説を断固として受け入れないが、環境衛生科学研究所は内分泌攪乱化学物質〔環境ホルモン〕問題を調査する連邦政府の主要機関であった。産業界が、この研究所の助成する研究テーマに影響力を持つということは、フタレート［フタル酸エステル］やビスフェノールAを人体に触れることがないように除去するかどうかを決めることにも影響力を持つことになるということを示唆する。

ダン・ファジン（Dan Fagin）とマリアン・ラベル（Marianne Lavelle）は彼らの著書『有毒な欺き』（*Toxic Deception*）において、健康への影響が問題視されているアルコール、アトラジン、ホルムアルデヒド、パークロロエチレンという四つの化学物質について調査した。彼らは国立医学図書館の**MEDLINE**データベースで一九八九年から一九九五年までに企業や産業団体がスポンサーになった論文を調査した。彼らが特定した四三本の論文のうち、六本（一四％）が人体に有害、五本が中立または結論なし、三二本が無害（好意的）という結論であった(29)。

それから彼らは同時期に企業によって資金提供されていない論文を調査した。特定した一一八本の論文のうち、二件のみが繊維産業の健康保険基金などと結果に利害関係を持つ組織と関係があった。それを除いたもののうちで六〇％（七一本）が人体に有害、残りは無害と中立・結論なしがそれぞれ二七％と二〇％でほぼ同程度であった。スポンサーの影響力のパターンは分野が産業化学やタバコや臨床医薬品であろうと共通である。多くの研究で資金源が結果に違いを生じさせている。

研究実施計画書を曲げる

パイパー（piper）というのはフルートやバグパイプのような管楽器の演奏者である。「だれが奏者に払っているか」という表現は、文字通りには「演奏される曲はスポンサーが好きなもの」という意味である。しばしばこの表現は科学の資金源についても適用されてきた。研究結果は資金源に依存するのではないか。通念を修正することに関して、われわれがもっとも信頼している科学が、いかにして奏者への支払いという世俗の原則から制約を受けているのであろうか。答は科学における研究計画という微妙な領域にあった。

障害を持って生まれてきた子供の両親は、母親が妊娠中に飲んだ薬によって障害が生じたとして子供のために製薬会社を訴える。これはよくあることである。多数の同様の法的申し立てや訴訟が製薬会社に対して何年にもわたって行われてきた。今回のケースはつわりの薬として処方されていた「ベンデクチン」と呼ばれるものに関してである。他の多くのケースと同様、原告も被告もともに科学者や医師を雇ってベンデクチンが生まれてきた子供の障害、この場合は内反足［先天性四肢障害］、を引き起こしたかどうか証言してもらった。審理裁判所の陪審員は、適切な警告を怠り過失と不正があったとして、企業側に一九二〇万ドルの支払いを命じた。

裁判は最終的にはペンシルバニア州最高裁で審理された。州最高裁では専門家の証言の中の許容性というあいまいな問題を取り扱うことになった。審理裁判所の判決をくつがえし、州最高裁の裁判官の多数派意見は、母親の薬の使用と生まれた子の障害とを結びつけた原告側の専門家の証言は、現行の製造物責任の訴訟で用いられる科学的証拠の水準からみて、正確でなく、信頼できず、許容できないと結論した。

私の注意を引いたのは州最高裁での一人の裁判官の反対意見であった。その裁判官はベンデクチンの胎児への影響の調査で採用される方法が製薬会社が支持しているものであると見て取った。彼は「製薬会社は裁判で有利になるよう反対論を封じ込めるために『一般的に受け入れられている手法』というのを作り出した」「ベンデクチンは奇形の要因ではないという結論の研究の多くに資金援助をしたり、もしくは影響力を及ぼしたりした」と述べた(30)。今日の連邦の製造物責任裁判での証拠に関する判断は、主流派とは異なる意見の専門家の証言を排除している。少数派裁判官は次のように彼の意見をまとめた。「裁判目的の偏向した科学的主流派を作り出し、優秀なのに主流派でない学者の意見を沈黙させてしまうことには少なからぬ不快感がある」(31)。ペンシルバニア州最高裁の裁判官のこの意見は、企業が自分たちの利益を増やすために大学の研究に資金提供する仕方について、どの程度の手がかりを与えてくれるであろうか。

企業は大学の研究で、研究開発と安全性・毒性調査という二つの分野に資金提供する。後者では、企業は研究結果に明確な利益を持つ。つまり自社製品に対して陪審員が不利な判決を下すことによる損害から身を守ることである。そのような場合、企業の中には彼らの製品と消費者が申し立てた損害（疾病、異常、危険な機能不全）との間には因果関係は見つけられなかったという帰無仮説を証明するという、特定の目的を心に秘めて大学に投資を行うところもある。

大学の研究者が行う健康・安全に関する研究に企業が資金提供するとき、企業が研究計画の策定の段階から大学の研究者と関わっているかどうか知ることは重要である。企業は試験実施計画書と呼ばれる研究計画を途中で変更しようとしていないか。彼らは資金を出した研究の結果の論文発表をコントロールしようとしていないか。

企業によるこれらの行為の事例が契約書などの中に見つけることができれば、これらの疑問への答の糸口となる。企業が大学の研究者とかわす契約書は通常は企業秘密なのでこれらの行為がどれくらい一般的かはわからない。問題が法廷に持ち込まれ、そして法廷外での和解に至らない場合には、裁判での調査は企業の書類も対象とするので研究スポンサーが研究計画に果した役割も明らかになる。

シリコーン人工乳房の事件は、企業が消費者に害を及ぼしていると疑われている製品を守るため研究資金を提供するときに、いかにして大学の研究者と関係を持つかということを例示している(32)。この事件では、製造した企業たちは多数の訴訟に対応する裁判戦略を立てた。法廷に提出された資料によると、ある企業はシリコーン人工乳房が疾病の原因だという結論にならないよう試験計画が策定された研究に資金援助した。その企業は研究に資金提供する際に四つの条件をつけた。これらの条件は原告の弁護団からは原告の主張に反対するよう結果を偏向させるものとして見なされた。

条件は次のとおりである。第一に研究は通常の結合組織疾患［膠原病など］を対象とし、臨床の先行研究においては報告されているが典型的ではない症状は対象としない。第二に、研究はシリコーンだけでなく生理的食塩水の人工乳房も含めること。生理的食塩水の人工乳房は問題ないと考えられるので、問題の深刻さが希薄となり、シリコーンが疾病を引き起こしたことが統計的に有意に示される確率が減少する。第三に研究は両側検定を用いてシリコーン人工乳房のプラス面とマイナス面の存在を検定すること［片側五％で有意と言える統計量は両側では一〇％で有意ということになり、両側五％では有意と言えなくなる］。しかし、シリコーンが女性の健康にプラスという仮説はなく検定する必要はないはずである。第四に、一九九一年以降に発症した患者は分析に含まないこと。この除外によって人工乳房の使用年数は平均が七年から九年の間となる。しかし、実際には症状が出るのは一〇年以上経ってからとの見方もある。

シリコーン人工乳房の裁判記録によれば、ダウ・コーニング（Dow Corning Corporation）社の科学者がジョンズ・ホプキンス大学の研究者を説得して、同社からの資金提供が検討されていた症例対照研究［疾病の有無によって二つのグループに分けて、過去に遡って、ある要因にさらされた人の割合を比較する調査］において試験実施計画書を変更させた(33)。スポンサー企業から提案されたこの試験実施計画書の変更が企業の利益にプラスになるものだったかどうかは裁判記録からはわからない。しかし、もし製品の安全性や健康に関する評価調査において、スポンサー企業と研究者とが試験実施計画書策定で話し合うことがよくあることならば、長期的にはスポンサー企業の利益になるようなバイアスが起こりやすいというのが結末であろう。ダウ・コーニングが資金提供した各研究は裁判への影響を明らかにするため司法専門家によって調査された(34)。

裁判記録によれば約一〇〇〇人のシリコーン人工乳房の患者を診察したメイヨー病院の研究者に対して、ダウ・コーニング社は「結果を発表するかしないか、何を発表するか」については企業が決めるという条件付きでの研究資金提供の申し出を行った(35)。

企業が大きな金額になる可能性のある和解や陪審員による評決に直面するとき、中には責任を免れるために科学者の合意を作り出そうと必死に努力するものもある。ジョン・スタウバー（John Stauber）とシェルドン・ランプトン（Sheldon Rampton）によれば「ダウ・コーニング社が一〇万人以上のシリコーン人工乳房の患者と対峙したとき、広告代理店は同社にシリコーンの使用に関して好意的な学説を持つ科学者を探し当て、彼らに研究資金を提供しその学説が広まるようにして、関係業界ならびに一般向けのメディアにも情報を発信し反対論者に対する『真実の部隊』として活躍させなくてはならないと提言した」(36)。

試験実施計画書の書き換えに入り込むバイアスは、明確に科学の倫理を破っているわけではない。科学者は彼らの方法を明確に述べ、試験実施計画書の実行に忠実で、データの収集と解釈に慎重である限り、専門職としての責任を果している。しかし、公共の利益の観点からは、科学者がスポンサー企業からの要求に応えて帰無仮説が支持されやすいように試験実施計画書を変更することを快諾することは、いわゆる自由で独立した科学者は誰の利益のために奉仕しているのかという疑問が生じる。奏者のみが答えを知っている。

マサチューセッツ工科大学教授のニコラス・アシュフォード（Nicholas Ashford）は「ジャーナル・オブ・インダストリアル・メディスン」（*Journal of Industrial Medicine*）〔産業医学〕誌の投稿欄で、バイアスがいかに微妙な形で科学研究の中にもたらされるか説明している。彼の分析は、他のどの単独の論文よりも、なぜ研究結果の完全な公開が（そしてときには完全な利益相反の排除が）科学に対する市民の信頼にとって重要か示している。

公共政策論争における科学の地位を回復しようとするならば、見た目の相反を避けることは相反そのものと同じくらい重要である。価値観が、対象となる問題の選択、結論のもととなり、解釈されるデータ、発見・分析の手法、結果の文章での表現方法、論文中での反対の立場の意見やデータの記述の有無に対して影響を及ぼさないと信じ続けるのは幻想である。科学論文にバイアスをもたらすためにはデータを改竄したり不適切な実験方法を使う必要は必ずしもない。反対のデータや意見に触れることを省略しても査読審査の過程では見つからない。データを考察・解釈・表現し、他の研究を引用するといった過程の中には論文執筆者の裁量の余地がかなりある。……許容される範囲での方法、データ、解釈の仕方に入り込む意図的なバイアスを突き止めたり証明したりすることはきわめて難しい(37)。

「ニューイングランド・ジャーナル・オブ・メディスン」誌の元編集長のマルシア・エンジェルは「金銭的利益相反を持っている研究者による論文は研究計画とデータの解釈の両方で大きなバイアスを持つ傾向がある」という彼女の印象を述べていた(38)。

エンジェルの持った印象は「ＪＡＭＡ」誌に載った、「生物医学研究における金銭的利益相反の実態、影響、管理」について公表された論文を対象にした包括的分類分析（いわゆるメタ分析）の結果によっても裏付けられた(39)。

一六四四本のオリジナルな研究論文から始めて、研究者たちは分析対象になりそうな一四四本を選び、最終的に三七本に絞り込んだ。この研究で明らかにしたかったことは、生物医学研究への資金によるバイアスがあるかどうかということである。彼らの調査したうち、企業によって資金提供された一一本の論文は企業寄りの結論を持つ傾向があった。研究グループは次のように結論した。

> 三七本の論文のみがわれわれの基準を満たし分析対象となったのだが、企業、研究者、大学との間に絡み合う金銭的関係は研究の過程に影響を及ぼすことができるということが明らかになった。企業が資金提供した研究は企業寄りの結論になるということが一貫して強く示された。一一四〇本の論文を調査した別のデータと合わせて、企業からの研究資金による研究はそうでないものより企業寄りの結論になりやすいことは明らかである(40)。

科学学術雑誌は微妙なバイアスから露骨な操作までの何かが示されている企業資金による研究をいかに扱っているのであろうか。次章でわれわれが見るように、医学雑誌編集者のグループのひとつは、研究者が独自にデータを調査し発表について自分で決めるという権利を否定している企業と研究者との契約に反対している。だれが試験実施計画書を策定するのか、民間企業スポンサーの存在をどの程度開示するのか、という問題は引き続き科学・医学倫理の議論のテーマとなっている。

第一〇章　学術雑誌

科学で達成されたことの記録は科学雑誌に蓄積された論文の中に見出すことができる。とくに、各分野の雑誌は何がその分野において確証された知識なのか決める門番の役割を果している。

百年前は世界で約一〇〇〇の科学雑誌が発行されていた。今日、すべての言語合わせて発行されている学術雑誌数は三万五〇〇〇である(1)。このうち約七〇〇〇がアメリカで発行されている。

医学を含んだ科学のどの分野でも、雑誌の間にはランキングがある。いくつかの雑誌はアメリカ化学会やアメリカ医学会という学会からの援助によって名声を得ている。多くの学会は学会誌を出して学会やその分野のための標準づくりの担い手としての評判を獲得しようとしている。他の雑誌は著名な編集長や編集アドバイザーたちを雇うことで名声を得ようとしている。雑誌は、このような指導的立場にいる人のランキングでその地位が影響を受ける。雑誌の歴史の長さとその分野の発展にこれまで果してきた多大な貢献もまた名声につながる。

科学雑誌のランク

科学は中央集権的でないので、雑誌における執筆者の倫理規定や論文の掲載可否を決める基準などもさまざまである。いくつかの一般的な基準が雑誌の地位を判断するのに使われる。第一のそしてもっとも重要な基準はその雑誌が査読雑誌か否かということである。査読システムでは、投稿された論文は該当する分野で実績のある科学者のところに送られ、研究が用いた方法、研究が新たに発見したこと、データの解釈の仕方、研究の重要性について評価を受ける。掲載される率は雑誌のランクによって異なるが、査読制でない雑誌と比較すると、査読雑誌では論文が掲載されるのはより難しく、研究の誤りが見つけられ修正されることも多く、科学者の間での掲載論文に対する信用度が高い。大学（いくつかの政府機関や企業の研究職も同様）における任用、終身在職権認定、昇進の判断基準は主に査読雑誌に載った論文である。

科学雑誌のランクを決めるもうひとつの基準が「引用度数」という数量的な尺度である。他の論文に多く引用される論文を載せている雑誌は科学者コミュニティでの評価が高い。ただ、ここにはある種の循環論がある。科学者はすでに名声を勝ち得ていると信じられている雑誌を読んで引用する傾向がある。したがって、すでに名声のある雑誌が引用度数も高くなる。高い引用度数はその雑誌の名声をますます高める。科学は社会的制度であり、発表された論文という情報の源の信頼度を自ら築くということを想定して成り立っている。大衆文化が同様の決定要因を新聞や一般雑誌のなかに作り出す。

「雑誌引用報告」(*Journal Citation Report*)という年報が科学情報機構（Institute of Scientific Information）から出されていて、選ばれた五〇〇〇以上の科学・医学雑誌での引用された回数を集計している。この年報は社会科学、人文科学の雑誌についても集計している。以下がその集計の仕方である。各論文は末尾に引用した文献をあげている。これらの引用が集計され、ある論文がいかに頻繁に引用され、ある雑誌が何回参考文献欄にあげられているかの一覧表が作られる。各出版物について、この年報はいくつかの指標を計算する。とくに注目される二つの指標が「雑誌インパクト指数」と「引用回数指数」である。インパクト指数は、その雑誌で発表された論文がこの年報に含まれる論文によって平均で一年間に何回引用されるかというものである。雑誌のインパクト指数は互いに比較することができる。インパクト指数が大きいということは、その雑誌の論文はインパクト指数の小さい雑誌に比べて、平均で他の論文により頻繁に引用されているということを意味する。したがって、雑誌ごとに毎年計算されるインパクト指数は、掲載された論文が科学コミュニティで引用される頻度に関しての相対的なランキングの尺度となる。

「雑誌引用報告」が作成している指標で注目すべき第二のものは「引用回数指数」である。これはある論文の被引用回数の合計である。それは毎年集計され累積回数が計算される。雑誌は掲載された論文でどれだけ引用されたか、その総数でランク付けされる。各論文は中程度にしか引用されていなくても、掲載論文の数の多い雑誌は相対的には引用回数指数は高くなる。同様に、掲載論文の数は少なくてもそれらの論文が多く引用されている雑誌も引用回数指数は高くなる。

雑誌のランクのもうひとつの尺度は投稿論文を掲載不可とする率である。論文が掲載されにくい雑誌は厳密に科学者の審査による査読を行っていると見なされる。投稿論文が多く競争が激しい雑誌では、編集者は投稿論文の掲載許可基準を高めている。論文が科学的には問題なくても、競争的な雑誌ではその研究は当該分野にとって重要性が見られるかといった理由が満たされず拒絶されることもある。また、投稿から掲載までの期間が長い雑誌の方が論文の質の向上に努力していると見なされる。発表までに時間があるということは、執筆者が査読した専門家からのコメントに応えて修正して、もう一度提出しているということを示しているかもしれない。

最後に雑誌はインフォーマルではあるがマスコミへの影響力でもランクが付けられる。「サイエンス」誌、「ネイチャー」誌、「ジャーナル・オブ・ザ・アメリカン・メディカル・アソシエーション（JAMA）」誌、「ニューイングランド・ジャーナル・オブ・メディスン」誌は科学雑誌の中では注目度が高い。これらの雑誌ではまずマスコミにその内容が流れるので、マスコミはときには新発見に対して否定的でもあるが、科学雑誌がマスコミに対して発見を先行して発表することは注目を集めることになる。マスコミに良く取り上げられる雑誌は研究者からの引用も多い雑誌である。しかし、逆は必ずしも正しいとは言えない。研究者からは良く引用されるがマスコミには取り上げられない雑誌はある。

高名な科学雑誌に発表された研究は重要な政策、規制、公衆衛生や医学での意思決定のもととなる。学術雑誌での発表は主に新しい医薬品や医療機器を対象とした株式投資家やベンチャーキャピタリストの判断にも影響を与える。雑誌編集者は査読システムの信頼を損ねる倫理面での違反や不正行為の疑惑を大変深刻に受け止めている。

執筆者の利益相反

二〇世紀の最後の二五年、アメリカの大学の科学と医学はこれまでになく商業的利益と密接に結びついた。生物学者は遺伝子工学の新しい発見の応用を模索することをわれ先にと争い始めた。彼らの多くは、ベンチャーキャピタルによる出資と新しい薬や治療法が将来開発できるという見込みとの上に成り立っているベンチャー企業に、科学アドバイザー役員として参加している。バイ・ドール法が成立して一〇年の間に、二〇〇以上の大学で一〇〇〇もの産学共同研究センターが作られたが、数値はその一〇年で倍増以上したことになる(2)。多くの科学者がビジネススクールの卒業生とパートナーを組み自らの企業を設立し大学での地位もそのままにしている。数年前に社会科学者ドロシー・ネルキン (Dorothy Nelkin) は「科学は大きな事業であり、企業によって資金提供され市場原理に基づく費用のかかる事業体である。企業家的価値観、経済的利益、利益の見込みが科学のエトスを形成する」と述べている(3)。

医学雑誌編集者はブルジョア的利益相反が医学研究にもたらす影響について社会に警鐘を鳴らした。一九八四年、「ニューイングランド・ジャーナル・オブ・メディスン」誌の主編集者であったアーノルド・レルマン (Arnold Relman) は、大学の研究で起きている変化を編集者の立場から、「医学研究者が研究対象となっている製品を作っている企業から研究資金をもらったり、その企業の有償コンサルタントになっていることが起きているばかりでなく、そのような企業の役員であったり大株主だったりすることも起きている」と書いていた(4)。自分の観察したことに基づいて、レルマンは「今日、企業家精神が医学にはびこっている」と気づいた(5)。この論説が発表されてすぐに、同誌は利益相反の最初のポリシーを導入した。同誌は、オリジナルな研究論文の場合、論文執筆者は研究対象としている医薬品を製造している企業との金銭的結びつきを開示しなければならないと定めた最初の主要医学雑誌となった(6)。

一九八〇年代の企業家的科学の規模についての観察のほとんどが逸話を集めたものであった。しかしながら、一九八〇年代末に私は基礎科学、応用科学の大学の研究者が商業的利益を積極的に求め、営利企業と正式な関係を発展させているのか、その程度について分析することを始めた。同僚の社会学者で社会的ネットワークの専門家であるジェームズ・エニス（James Ennis）と協力して、私は新興バイオテクノロジー企業の科学アドバイザーになっている科学者の全米規模のデータベースを構築した。大学科学の文化がどの程度変化していたかについて私は関心があった。もしこれらの変化がゆっくり起きているのならば、大学は利益相反に対する管理手法や倫理規定を作る機会を持つであろう。われわれは大学の生物学・医学の教員のうち科学の商業化に関わっている人の比率を「浸透指数」と定義した。われわれはそのようなグループを「二重雇用の科学者」と呼んだ。

浸透指数はアメリカでもっとも名声の高い大学ほど高くなっていた。マサチューセッツ工科大学、スタンフォード大学、ハーバード大学では、一九八五年から一九八八年で生物医学の分野で副業を持つ教員の比率はそれぞれ三一、二〇、一九％であった(7)。ハーバード大学では、六九人の生物医学の教員が四三の異なる企業と連携していた。マサチューセッツ工科大学では三五人の教員が二七社と関係があった。スタンフォード大学では四〇人の教員が二五社と関係があった。研究室が隣り合っているような大学の研究者の間での企業秘密の保護は普通の行為になってきた(8)。大学の科学者の行為は大変急速に変化しているので大学は追いつくのが難しくなっている。

われわれの調査結果によれば、これらのアメリカの主要研究大学は国全体を映す典型的な事例を示している。大学の研究者は基礎的な研究を行うのみならず、研究成果を商業的に利用することを模索している。事態を観察している人の中には、新しい科学の潮流は科学の質と中立性に影響を与えないかという疑問を持ち始めている人もいる。商業的利益と純粋科学の利益とが混ぜこぜになると、真実と客観的知識を私心を持たずに追究するという、市民の科学に対するイメージが損なわれるであろうか。私は科学論文発表に関心を向け始めた。私は主要科学雑誌から無作為に論文を選び出したとして、「複数の執筆者のうちの一人が研究対象となっている製品と金銭的利益関係を持っている比率はどれくらいであろうか」と自問した。カリフォルニア大学ロサンゼルス校のレスリー・ローゼンバーグと協力して、私はこの疑問に答えるべく一四の主要雑誌における約八〇〇の論文を使って研究を行った。われわれは三四％の確率で主執筆者が論文の対象となっているものに金銭的利益を持っている（この調査の詳細は第七章を参照）ということがわかった。

われわれの研究に加えて、他の調査も科学論文の執筆者がこれまでになくコンサルタント、生物・医学関連企業の株主、特許保有者として自分の専門知識から金銭を得ていることを示した。科学・医学の雑誌は長い間にわたって発表論文の中での利益相反の問題を問うという責任を単に回避してきた。

いくつかの雑誌は執筆者に利益開示を求めない傲慢な態度をとっている。たとえば、一九九七年の初め、国際的雑誌の「ネイチャー」誌は学術雑誌に発表された論文の執筆者が高い比率で金銭的利益を持っていたというわれわれの調査への対応として「金銭的『公正』の回避」〔政治的公正、Political Correctness にひっかけて、きれいごとへの皮肉〕と題した論説を出した。そこでは「バイオテクノロジーのさかんなマサチューセッツ州において、生命科学の研究者の三分の一が一九九二年の学術雑誌論文で扱ったテーマと金銭的利益を持っていたとしても驚くことではない（9）」と述べられていた。論説はさらに、同誌は執筆者に利益を開示するよう求めたことはないし、ある利益（個人的金銭的利益）を他の利益（助成金獲得）より重要視する理由はないと主張した。論説は次の文章で結んでいる。「発表された調査は・・・・開示されない利益が不正行為、ごまかし、論文執筆におけるバイアスに結びつくとは主張していない。そして、そのような不正な行為の深刻なリスクがあるとの証拠がないならば、本誌は発表される研究は本当の研究であって金儲けではないという信念を固持する」（10）。

五年後、同じ編集者のもと、「ネイチャー」誌は方針転換し「金銭的利益相反宣言」という論説を出した（11）。そこでは「生物医学の研究論文は執筆者の商業的利益によって影響を受けているという証拠が示唆されている」と述べられた（12）。新しいポリシーは執筆者に、論文が掲載可となる前に、相反する金銭的利益を開示する書類を提出することを求めている。この開示書類提出を拒否した者は、提出を拒否したという事実を書面で認めるよう求められた。

学術雑誌の利益相反ポリシー

一九八〇年代末以来、学会は科学者が雑誌での論文発表に際して利益を開示することが重要であると認識するようになった。一九八八年、医学雑誌編集者国際会議(International Committee of Medical Journal Editors, ICMJE 以下「編集者国際会議」)はメンバーとなっている雑誌に対して、執筆者が利益相反になる可能性のある金銭的利益をすべて届け出るよう求めることを促した。しかし、義務付けたわけではなかった(13)。二年後、全米臨床研究協会(American Federation for Clinical Research, AFCR)は研究者がすべての資金源を公に明らかにすべきであるとの声明を発表した。さらに、同協会は研究者が試験対象としている製品を作っている企業の株を研究者が所有すべきでないと提唱した(14)。

編集者国際会議は医学論文発表での倫理的基準作りで引き続き主導的立場を取った。一九九三年に、編集者国際会議は論文査読者の利益相反を開示することの重要性を認識し、「編集者は審査結果を適切に解釈し、論文を審査する専門家が適格かどうか判断するために彼らの利益相反について知っていなければならない」と述べた(15)。五年後、同会議はこの開示方針をすべての医学関係の執筆者に適用することを確認した。「投稿するときは、論文でも短かい研究報告「レター」でも、執筆者は研究にバイアスを及ぼすかもしれない金銭的その他の利益について認識し開示する責任を持つ」(16)。製薬会社の臨床試験への増大する影響力(とくにデータや公表についての影響力)を認識した上での対応策として、会議は二〇〇一年九月に一二の雑誌の編集者の署名入りの見解を表明した。それによれば、「学術雑誌は、論文執筆者が臨床試験における自分とスポンサー企業の役割について明らかにするよう常に求めるポリシーを作る。学術雑誌は論文執筆者の彼または彼女が臨床試験実施、データへのアクセス、結果を論文発表するかどうかの決定に関して、すべての権限を持っていた、という書面に署名する責任を課すと定める。・・・・スポンサー企業がデータを独占的にコントロールしたり、結果の発表をやめさせるという権限を持った条件で行われた研究の論文は審査もしないし掲載もしない」というものであった(17)。

編集者国際会議は医学雑誌ではかなり小さなグループで

あり、科学・医学雑誌全体を代表しているとはいえない。さらに、同会議の提言は大学の医学部によって日常的には実行されていない。アメリカの医学部、医科大学が同会議の提案をどの程度採用しているか調査したものが「ニューイングランド・ジャーナル・オブ・メディスン」誌に掲載されたが、調査したグループは「臨床試験を日常的に行っている大学は、研究者の持つべき説明責任、データへのアクセス権、結果の論文発表での権限について編集者国際会議の提唱した案に従っていない」、「大学には、臨床試験の計画策定への参画、臨床試験データへの制限のないアクセス、研究結果の論文発表に関する権限を大学の研究者がきちんと持っているかどうかの確証がない」ことを発見した(18)。

一九九〇年代末、私と同僚はどれくらい多くの科学・医学雑誌が執筆者に対して利益相反ポリシーを持っているか疑問を持ち始めた。そして、ポリシーがあるとして、何が開示されるのであろうか。編集者は論文掲載が見込まれる執筆者の利益相反をいかに管理するのであろうか。

私は再びカリフォルニア大学ロサンゼルス校のローゼンバーグと協力して学術雑誌とその利益相反ポリシーについて調査した。われわれは一九九八年に研究を開始したが、一九九七年を基準年と定めた。各年に発表された数万の科学・医学雑誌からサンプルを作る必要があった。無作為抽出したサンプルも可能であったが、われわれは代わりに別の基準を用いた。われわれは（引用回数を基にして）もっとも影響力のある英語での科学・医学雑誌を、「科学引用報告」(Science Citation Report)を用いて特定した。インパクト指標と引用回数指標という二つの指標を用いてのランキングで上位一〇〇〇の雑誌を選んだ。別の言葉で言えば、前年に掲載されたうち頻繁に引用される論文、累積的にもっともよく引用される雑誌という基準で高く評価されるものが分析対象に含まれた。多くの雑誌は両方の基準でランク入りするので、一三九六の科学・医学分野で影響のある雑誌が選ばれた。

われわれが提起した第一の疑問は、これらの雑誌のうちどれくらいが利益相反ポリシーを持っているのであろうかということである。われわれは一九九七年で約一六%が利益相反ポリシーを持っていたとわかった。医学雑誌またはより高名な基礎科学雑誌ほど利益相反ポリシーを持つ傾向があった。この結論は（一九九七年における）「直近指数

（ある雑誌において掲載論文が同じ年に他で引用される平均回数）」が高い二五の基礎研究雑誌と二五の臨床試験雑誌を対象にした利益相反ポリシーに関する他の調査と整合的であった(19)。その調査では二つの雑誌が重複していたので除去されたが、四八の高名な科学・医学雑誌のうちで四三%が論文執筆者に対して金銭的利益を編集部に届けるよう求めている(20)。

われわれの研究に戻ると、一四〇〇近くの雑誌のデータで、二〇〇以上が利益相反ポリシーを持っていた。これらの中から査読雑誌を選ぶと一八一が残った。それから各雑誌における論文を直接見て、執筆者の利益相反開示を調べた。一九九七年に掲載された六万一一三四本の論文が対象となった。驚くべきことに、六万以上の論文の中でわずか〇・五%（三二七本）が、論文の分析対象である医薬品や治療法に対する執筆者の金銭的利益を報告していたにすぎない。もっと驚いたことには、ほぼ六〇%の雑誌（これらはすべて利益相反開示のポリシーを持っている）でその年一年間に一件も利益相反の届出がなかった(21)。

いかにしてこのようなことがおきるのであろうか。科学に起きている大きな商業化の波と、他の研究が明らかにしている傾向とからわれわれが予想するよりも、はるかに少数の開示しか行われないのはなぜであろうか。科学者は雑誌の開示ポリシーに従わないのであろうか。執筆者は雑誌の開示基準を理解していないのであろうか。雑誌編集者は執筆者に公表したポリシーとは異なるメッセージを発信し、利益相反を見て見ぬふりをしているのであろうか。われわれはなぜより多くの開示が起きないかの理由が明らかになることを期待して、補完調査として編集者への調査を行った。

編集者はおそらく情報を得ているのであろうが公表しないことを選択したのであろうという推測も成り立つ。しかし、われわれが編集者を調査したとき、七四%が執筆者から届け出られた情報は「常に」または「ほとんど常に」公表していると答えたので、公表された金銭的利益相反の数が低いのは編集者の判断によるものという説明は成り立たない。もちろん、科学者が公表すべき利益相反をすべて届け出て、発表された数字は実際の数字を過小評価してはいないという可能性も吟味しなくてはならない。しかし、この説明はわれわれの事前調査や生物医学の急激な商業化に関する研究と矛盾するものである。たとえば、アメリカで生命科学の研究を行っている企業二一〇社を対象としたアンケートで、九〇%が一九九四年に大学と連携しており、一〇年前よりも大きく増加している(22)。われわれの調査では、編集者は利益相反を深刻に受け止めていると信じてよい理由がある。三八%の編集者が投稿されたものを、利益相反の存在を理由として（主な理由または他の理由との組み合わせによって）掲載を拒否したことがあるかという質問に肯定的に回答している。したがって、われわれはそのようなポリシーを持っている雑誌において、利益相反がある研究があまり表に出てこない理由として、学術雑誌では利益相反ルールがあまり守られていないということが、もっとも有力なものであると結論した。

利益相反届出のルールを持っている雑誌において、投稿者がそれに従っていないと信じるには理由がある。雑誌は投稿者のガイドライン遵守状況を監視したり評価したりしていない。執筆者に利益相反を届けるよう依頼しただけで、学術雑誌は責任を果した満足感に浸っている。彼らはそこから先は良心に任せている。開示ポリシーを持っている少数派の科学・医学雑誌の中でも、いかにそのポリシーを執筆者に告げているかにかについては程度に大きな差異がある。「サイエンス」誌のような必要最小限の開示ポリシーをもつ雑誌では「発表内容にバイアスをもたらすと見なされるおそれがある執筆者の職務上、金銭上の関係の情報」を届け出るよう求めている。同様に「ハート」（*Heart*）誌は「利益相反に結びつく可能性のある研究助成、企業利益、コンサルタント関係」を届け出るよう求めている。この表現では、執筆者がその関係は他人から見て論文の中でバイアスを生じさせるものと映るのであろうかと想像するという点で、個人の判断の余地がかなり残る。他人がその関係をどう見るか想像したうえでの判断は個人によって大きく異なる。

他の学術雑誌は執筆者に対してより明確で詳細な指示を行っている。「キャンサー」（*Cancer*）誌は、編集者は執筆者に対して、それが第三者から「結果にバイアスをもたらす」と見なされていると判断するか否かにかかわらず、すべての関与を開示するよう求めている。彼らは執筆者に「私は、論文が議論している製品やテーマと直接の金銭的利益を持つ組織や経済主体と（雇用、コンサルティング、株式所有、謝礼、専門家としての証言などを通して）下記のとおり（競争的または友好的な）関係や関与を持っています。

それ以外では、一切金銭的利益がないということを意味します」という開示宣誓書に署名することを求めている。

最後に第三のグループは執筆者に標準化された書面にチェック印をつけてもらう方式をとっている。したがって、すべての執筆者が利益を持っているか否かの宣言が記録される。この方式の雑誌の中で「ジャーナル・オブ・ボーン・アンド・ジョイント・サージャリー」(*Journal of Bone and Joint Surgery*)〔骨と関節外科学〕誌は(イギリス版もアメリカ版も)執筆者に対して(論文が掲載可となってから)つぎの五つの関係ある文面にチェックをつけることを求めている。「この論文の主題で商業的な団体から恩恵を受けるのは、(1)執筆者個人のみ。(2)執筆者個人ならびに執筆者の研究予算、および所属の非営利財団や大学。(3)執筆者個人はなく、執筆者の研究予算および所属する非営利財団や大学のみ。(4)恩恵は受けない。(5)回答せず」。

このやり方では、開示を遵守したくない執筆者に逃げ道が残されているし、五つのうちから一つ選ぶだけでは相反について明確な情報は明らかにならない。潜在的なバイアスがおこる関与のタイプについてどれを重視するか決めることに関して、読者や査読審査員への手助けにもならない。

いくつかの雑誌、とくに著名なところでは「ニューイングランド・ジャーナル・オブ・メディスン」誌は、開示だけでは発表される内容の高潔さを守るには充分だと考えていない。何年にもわたって、「ニューイングランド・ジャーナル・オブ・メディスン」誌は執筆者が利益相反を持っているときには、ある種の論文の掲載を禁止してきた。執筆者への指示の中で、「ニューイングランド・ジャーナル・オブ・メディスン」誌は「論評と論説は先行研究の文献を選んで解釈することが本質なので、その執筆者は評価の対象となっている製品をつくっている企業(ならびにその競合企業)といかなる金銭的利益をも持つべきではない」と述べている。しかし、二〇〇二年六月一三日「ニューイングランド・ジャーナル・オブ・メディスン」誌は利益相反ポリシーを変更すると発表した。「重大な」という言葉が論評・論説の段落に付け加わった〔重大な金銭的利益を持ってはならないということに変わった〕(23)。加えて、謝礼を受け取ったのが掲載時より二年以上も前であったり、持っている企業の株が一万ドル未満のみである場合は、その人物は重大な金銭的利益にはあたらず論評・論説を執筆しても良いと発表した。

「ニューイングランド・ジャーナル・オブ・メディスン」誌の編集部によれば、同誌が利益相反の基準を甘くしたのは、利益相反のない能力のある執筆者を見つけるのが難しくなったからである。厳しい利益相反ポリシーは論評・論説の執筆可能な研究者をほぼゼロにしてしまったと編集者は嘆いていた。編集者は「過去二年間でわれわれは新しい治療法についての論評で投稿を求めてたった一本だけを掲載させることができた」と述べた(24)。彼らによれば、もし、「ニューイングランド・ジャーナル・オブ・メディスン」誌のような雑誌が利益相反ポリシーで妥協せず論評や論説を掲載しなくなったならば、新しい薬による治療法に関する情報源は製薬会社だけになってしまう。別の言葉で言えば利益相反ポリシーで妥協することは、二つの弊害のうち小さい方を選択したということなのである。

他の学術雑誌は「ニューイングランド・ジャーナル・オブ・メディスン」誌が設けた基準を採用しておらず、ただあこがれているだけである。大学の教員にとってそれが大きかろうと小さかろうと、利益相反を持ったままで、雑誌で論説や論評を書く多くの機会は依然として存在している。医学雑誌で論説や論評でのゴーストライターが依然として容認されているときに、(論文発表の倫理的基準設定では先駆者と見なされている)「ニューイングランド・ジャーナル・オブ・メディスン」誌は、倫理的行為の理想的な基準を選択していては専門家を執筆者として獲得する市場競争の中で勝つことができない、と信じるに至った。この根深い問題は、金儲けのための科学という動機付けの変化を必要とする。学術雑誌が論評対象となる製品や治療法と金銭的な関係を持っていない独立した専門家の豊富な予備軍を持てるようにするために大学の医学の倫理的な基盤を再構築することが必要である。

本の静かなスポンサー

ホルモン補充療法の長期的な効果に関する主要な研究結果（リスクが便益より大きいことを示した結果）が、「JAMA」誌の二〇〇二年七月一七日号に発表される前に公にもれてしまった。しかしそのとき、閉経後のエストロゲン〔卵胞ホルモン〕補充療法が、その長期的な影響についての研究がなされる前に、どうしてアメリカの女性の間でかくも広く行われるようになってしまったのだろうか、という疑問が浮かんできた。推定で二〇〇〇万人のアメリカの女性が骨を強化するのと同様、更年期障害のほてりや寝汗を軽減するためにエストロゲンを服用していた。この治療法の人気の源を、「ニューヨークタイムズ」紙の二人のジャーナリスト、ピーターセン（Petersen）とコラタ（Kolata）が探ったところ、ホルモン補充療法の薬を作っている医薬品企業のワイス社は一九六六年に、女性のためのエストロゲン療法をさかんに提唱していた、ある医学博士が書いた『永遠に女性らしく』（*Feminine Forever*）というベストセラーの出版に資金援助していたことがわかった。このケースは、薬の効き目を強調した医学的アドバイスを行っているベストセラーの本が医薬品メーカーの宣伝活動ではない、とどうしたらわれわれはわかるのであろうか、という疑問を生じさせる。

歴史的に、本についての利益相反は科学雑誌の書評と関わりを持つ。書評の執筆者の利害関係は開示されない。「ニューイングランド・ジャーナル・オブ・メディスン」誌でさえ隙を見せた。それは一九九七年にがんの原因としての環境的要因について批判的書評を、その書評執筆者が多国籍化学企業の医療・毒物部門の長であることを開示せず掲載したのである(25)。（厳密に言えば、同誌のポリシーは科学的論評についてであって、書評については編集部も注意していなかった）。

ある論説が「アディクション」（*Addiction*）［中毒］という雑誌に掲載されたとき、利益相反と書評とに関する論争は新たな段階を迎えた(26)。書評される本の作者は利益相反を開示しなくてはならないというポリシーを編集者は支持していた。本の作者が自分の利益相反を謝辞の中に書くことは稀である。多くの科学関係の本が全部または部分的に利益団体によって資金提供されている。作者は謝辞の中で無意識に民間企業スポンサーを明かすことがあるが、そうでないならば、出版責任者は学術雑誌が採用している利益相反開示の倫理的基準を満たす責任をとることができないままであろう。

「アディクション」誌の編集者は二つの本の書評を載せることにした。ひとつはアルコールと健康に関する本だが、醸造業界から資金を受けていて、そのことは読者にも書評執筆者にも知らされていなかった。もうひとつは「ニコチン中毒仮説」を批判するもので、作者らのタバコ産業との関係に触れられず書評が書かれていた。編集者と作者のひとりとの間でかなり率直な意見交換が行われた。作者らはニコチンに中毒性があるという理論を評価するためにタバコ産業によって雇われた専門家であった。彼らはタバコ産業とのコンサルティング関係と本の執筆との間に相反はないと考えていた。「われわれはこの件に時間を費やすことに金をもらっているが、意見を買収されたわけでない」(27)。

「アディクション」誌の編集者は、利益相反を明らかにするため、本も学術雑誌と同じくらいの倫理的ガイドラインを持つべきだと信じていた。「科学的な本は科学的真実の歪みのない投影である。さもなければ価値がない」(28)。編集者は「学術出版の倫理は、作者と出版社に潜在的または実際の利益相反を開示するという絶対的でけっして取り去られることのない責任を課している、と本誌が信じることは正しいであろうか」という修辞学的な質問を読者に投げかけた(29)。編集部は標準的行為として、科学的な本の出版者は作者・編者に利益相反を持っているか尋ね、読者に知らしめるべきであると主張した。そのような行為は行われていないので、「アディクション」誌の編集者は同誌によって書評される本の作者・編者に対して書評が書き始められる前に利益相反についての表明に署名するよう求めるポリシーを制定した。

「アディクション」誌の編集部によって採用された開示ポリシーは、一般読者からは企業の強力な力が科学に及ぼしている影響力のひとつの現れとして受け止められた。雑誌編集者というのは「確証された知識」の門番である。彼らが大学の科学に影を投げかける私的利益に懸念を持つようになってきたことは、社会全体が注意すべきとの警鐘を鳴らされていることに等しい。ある雑誌編集者は「生物医学の雑誌では、学問上のまたは専門職としての出世のための利益相反、大学組織としての利益相反、研究者個人の金銭的利益相反が判断にバイアスを与え科学的情報の伝播を妨げているかもしれない」と述べていた(30)。

本の出版者同様、科学・臨床研究の雑誌も本の作者、書評執筆者、編集者の利益相反の透明性を確立し、最悪の利益相反が雑誌のページに現れるのを防がなくてはならないという理由には事欠かない。たとえば、あるグループは雑誌に発表された臨床試験に関するガイドラインがどの程度、利益相反の開示に触れているかを調査した。一九七九年から一九九九年までの六つの主要臨床試験雑誌に載った予防的・治療的介入研究に関する一九一のガイドラインでたった七つだけが利益相反について触れていることが明らかになった。調査グループは「最近、いくらかの改善は見られるが、影響力のある雑誌が発表している臨床試験のガイドラインにおいて利益相反はほとんど無視されている」と述べていた(31)。言われてきたことであるが、開示の抜け穴をふさぐだけでは、大学の研究が純粋でなくなった、というひとつの重要な結果に変化を及ぼすことはできないであろう。かつては大学は公共の利益のための科学を醸成する場であったのが、今では市場原理の科学の孵化器となってしまった。次の章ではわれわれのもっとも重要な社会的資源、つまり公共心に基づく科学、単に利益関係を明らかにしただけでは回復できない資源、この資源の喪失について議論する。

第一一章　公共の利益のための科学の終焉

今日の研究大学の「使命」を一つに絞って語るというのはわれわれがよく犯す過ちである。大学は複数の学科、学部を持っているように複数の使命を持っている。現代の大学の使命は大学の持つ複数の性格に由来している。この章では、研究大学が持つ典型的な四つの性格について議論する。それらはそれぞれが知識ならびに、おのおのの使命を実現するために作られた構造との間に独特の関係を持つ。

第一の性格は大学の「古典的な形態」であり、アリストテレスの言う「知識は美徳である」という表現によって特徴づけられる。古典的伝統は大学が教育、基礎研究、文明の文化的伝統について批判的考察を行うことを重視する。知識はその本質的な価値を追究する。科学は自由で開かれた情報交換によって育まれる。研究の方向性はスポンサーでなく研究者自身が決める。古典的な形態の大学は誰にも恩恵をもたらさないし、社会的・政治的目的に資するように作られていない。科学は誰にも仕えてはおらず、研究者間の普遍的な協力の規範と理性的な探究の方法によってのみ支配される。私有財産となる研究や軍事機密研究は禁止される。

第二の性格は一七世紀のイギリスの哲学者・科学者であったフランシス・ベーコン（Francis Bacon）の著作に関連する。ベーコン的な大学の理想像は彼の「知識は力である」という表現の変形としての「知識は生産力である」という言葉に特徴づけられる。この理想像のもとでは、大学の主要な力点は、経済や産業の発展のために人材、知識、技術を供給することにある。知識の追究は産業経済に貢献するまでは完結したとはいえない。技術移転、知的財産、産学連携といった言葉は、大学の研究成果と産業の発展との間の新しい関係を表現する用語集の一部である。科学者の責務は発見に始まり、商業的応用で終わる。大学の存在意義は、産業界に人材を供給するとともに、知識が技術になり、技術が生産力になり、生産力が利潤になるよう産業界を助けることにある。

〔第三の〕大学の「国防モデル」は大学が戦時中に果たした役割に由来し、そこでは「知識は安全保障である」という言葉が大学と国防努力との関係を表している。政府が資金を出す研究所やそれを管理する科学者は国防のための資源であると見なされる。議会は軍事力強化のために大学での研究を支援する国防先端研究企画局（Defense Advanced Research Project Agency, DARPA）を国防省に作った。第二次大戦中、レーダー、ソナー〔対潜音波探知機〕、原子爆弾は軍事プログラムの中で最優先課題であった。ベトナム戦争中、大学は発展途上国の冷酷な独裁者に対する人民の反乱を抑制する方法、ジャングルでの除草・除虫剤、レーダーに感知されない兵器などの研究を行った。より最近では、国家安全保障のテーマはミサイル防衛システム、生物・化学兵器対策、テロ対策を含んでいる。軍事機密研究を制限し、兵器開発を禁止し、学内での予備役士官訓練課程の設置を拒否したり、ＣＩＡ〔中央情報局〕からの資金を受け入れていない大学は、この「国防モデル」にはあてはまらず、他の三つの性格を強調していることになる。二〇〇二年の「国土安全保障法」の成立で、国内の安全保障とテロリズム対策のための研究資金が新たに大学に流れるようになったので、ベトナム戦争後しばらくは後退していた「国防モデル」が再浮上してきている。

最後に、私が四番目の性格と呼ぶのが、「公共の利益モデル」であり、これは「知識は人類の厚生である」という言葉で表される。このモデルでは大学の主要な機能の一つは、恐ろしい疾病、環境汚染、貧困といった社会の大きな問題を解決することである。教授は人々からまた自分たち自身からも、複雑な医療、社会、経済、技術の問題に取り組む公共の資源だと見なされる。公共のための科学を標榜する大学はその役割を「問題提起者」とみなし、教員は不平等を調査したり、疾病の原因を究明したり、新しい技術のインパクトを予想したりすることで公共の福祉に供する。「がん撲滅運動」のようなプログラムは、公共の利益（疾病の治療法、この場合、特定の疾病群の治療法）に貢献するという限定された使命のために大学の研究を支援すべきだ、という前提に基づいていた。公共の利益のための科学に寄与する大学の研究者はほとんどの資金を政府、また程度は小さいが民間非営利財団によって提供される。

この章での私の議論は政府によって資金援助される研究が減少するとともに大学の商業化が進むことによって、公共の利益のための科学が減退しているという点に関してである。この点で私は、企業家的科学者は公共の利益が関わる問題を直接解決するために努力するとは限らないということを意味している。研究テーマの選択は社会的重要性でなく商業的重要性が優先する。換言すれば、大学のベーコン的理想像が支配的になったということである。

生物学者でノーベル賞受賞者のフィリップ・シャープ（Philip Sharpe）は「大学は商業的利益と同一になるにつれて、社会の中での独特の存在ではなくなる。それらはもはや知的探求と真理の思考の象牙の塔ではなく、できるだけ多くの金と影響力とを得ようとしている傲慢な人々が率いる企業と見なされるようになる」と述べた（1）。非営利機関の営利機関への変形を調査した『もうけるべきか、もうけざるべきか』（*To Profit or Not to Profit*）の中で、ウォルター・パウェル（Walter Powell）とジェイソン・オーエン・スミス（Jason Owen-Smith）は「大学に起きている変化は、知識の性格の変化、政策立案者と有力な大学関係者による大学の使命の見直し、といったいくつかの複合要因の結果である。これらの傾向はあまりに強力なので逆行することは難しく、逆らうことは合理的でない」と述べている（2）。エモリー大学で行われた大学の商業化に関する研究会での講演で、ハーバード大学元学長のデレック・ボック（Derek Bok）は「利益追求を正当化することによって、大学の商業化は、教員が授業の準備、学生の指導、学内委員会などに時間を費やすことのもとになっていた、大学に存在する自発的な共同体意識を危険に陥れている。教員はより多くの時間をコンサルティングや起業活動に費やすようになるであろう」と述べた（3）。

大学の企業家精神の傾向が議論されるときのキーワードは、秘匿主義、知的財産権、利益相反である。一連の政策の結果、科学者という職業にとって何が失われているのかが議論するときの中心になっている。さまざまな利益がからんだ科学に対する市民の信頼の侵食もたびたび議論されている。しかしながら、もっとも深刻なもののひとつなのに無視されがちなのが、公共の利益のための科学の喪失である。

大学資本主義

進化している大学社会は、公共の利益のための科学の環境をかつてほど醸成しなくなっている。かなりの程度で、大学は財務管理者や金銭的に魅力的な研究テーマを求める企業家的科学者によって乗っ取られている。このシナリオは通常、知的財産権につながる研究という言い方に換言できる。反対に自然資源の破壊を明らかにしたり、企業の言うウソを暴いたり、疾病の環境的原因を突き止めることは大学に金銭的利益をもたらさない。これらの研究の多くでは、企業経由の外部資金が来ないので、大学が教員に大いに期待するようになった外部資金に伴う間接費［一一九頁参照］もほとんど得られない。

一九九八年、さまざまな分野の科学者がマサチューセッツ州のウッズ・ホールに集まり、「公共の利益のための科学協会」（Association for Science in the Public Interest, ASIPI）を結成した。同協会が表明した原則の中には「それまでの訓練費と今日の給与を市民によって支えられている科学者は、その技能と専門知識を市民のために使う倫理的、職務的義務を負う」というのがある(4)。したがって、「公共の利益のための科学」とは、「主として公共財を増進させるために行われる研究」と定義される。

自分の研究成果に基づくベンチャー企業設立に時間を費やしている大学教授は公共の利益のための仕事のために費やす時間も意欲も持たないであろう。彼らは特許申請書を書き、事業計画書を準備し、可能性のある投資家と相談し、経営陣と協議し株式について学び、私企業が活動する上での規制をクリアすることに忙しい。多くの大学は、もし企業家活動の分野に進出しなければ競争に生き残ることができないと自分自身に言い聞かせ始めている。「古典的モデル」の最後の砦というイメージのあるプリンストン大学でさえ最近、教員が作った企業の株を、過半数ではないが大学が所有することを認めた(5)。

著書『大学資本主義』の中でスローターとレスリーは四カ国の企業家的科学者にインタビューした。その結果、彼らは、大学の研究者は市場での活動を行うようになると価値観を変化させるだろう、という予想を確信するに至った。彼らは「われわれは、職業人としての大学教員が大学資本主義に関わるようになると、彼らの価値観が利他主義や公共への奉仕から市場での価値に変わり始めるだろうと予想している」と書いていた(6)。彼らがインタビューした大学教員はまさにその通りであった。しかし教員たちはもう別のこともしている。それは、公共の利益のための科学の役割を、企業家的活動と合致し矛盾しないように定義し直すことである。「利他主義対利益追求といった議論は省略して、利益を上げることは、社会的公共財を供給し、所属する大学に貢献し、本来の科学研究とも矛盾しない、と見なすようにした」(7)。

企業家的思考は公共の目的のための思考とは正反対にある。前者は競争と適者生存という概念を伴う社会的ダーウィン主義の価値観を持っている。企業は他社よりも早く特許を取らなくてはならない。企業秘密は競争の中で勝つには不可欠である。規制は成功への障害物であり、製品を商品化するうえでの進歩を遅らせ非効率性を生み出す。

後者の思考は全体論的な考え方「進化の要因は部分ではなく有機的全体であり、全体は個別の要素の単なる合計ではないという考え方」に近い。この考えでは、皆は一緒に協力すべきであり、共同体的な価値観はたしかに存在している。大学は市場機構とは別に、社会にとって大きな必要性のあること、とくに政治的発言力を持たないもっとも弱いグループが必要とすることについて調査するという特別の役割を持つ。いかにして科学はこれらのグループを助けることができるであろうか。

このような質問は大学発ベンチャーを作っている人物からは出されない。公共の利益のための科学が取り組む問題は、市場機構に任せていては解決できない性格のものである。職業病の研究が投資資金を得たり、利益をもたらすと期待することはできない。われわれが知っているもっとも近いものは民事訴訟の弁護士である。彼らは勝訴を勝ち取ることで利益を得るという条件で職業病などの訴訟を引き受けている。しかし、法律事務所は科学にお金を出していない。職業病に関する研究はだいたいが政府資金で行われている。企業が職業病などの研究に資金を出すときは、安全性を証明して欲しいからである。職業病の研究は主に公共の利益のためのものである。なぜならば、それは疾病予防につながるわけで、商業的利益をもたらす治療薬の開発の方向には向いていないからである。

公共の利益のための科学は、社会的、技術的、環境の面での問題を改善するためにいかに知識が貢献できるかということを自問する。私的な利益のための科学はそれが社会に恩恵をもたらすか否かにかかわらず、その新製品が公平に平等に分配されているか否かにかかわらず、知識がいかに利益の出る製品につながるか、いかに企業の顧客を守ることにつながるかということに関心がある。納税者が何年にもわたって支援してきた研究であっても、科学者はそのような研究における発見を利益のあがる医薬品に転換しようとする。税金でその研究を支援しまたその薬をどうしても必要としている多くの人々にとっては、その薬は高すぎて買うことができないということが起こりえる（8）。

この皮肉な結末は避けることができない。資本主義は個人でリスクをとった人が失敗するかもしれないし富を得るかもしれない、という原則の上に成り立っている。たしかに慈善精神は私的な富を社会の資源に変換する。しかし、公共で負担したリスク（税金で支援した研究）を私的な富に変換することは資本主義精神の濫用である。この手法では、政府が研究資金を出す。そして研究成果が出たら、科学者、大学、パートナー企業という私的な利益になる。大学は公共の資金を私的な富に変換することで重要な役割を果たすようになる。このシナリオは発見とその社会への恩恵はこれらの誘因が働かなければ生まれてこないという意見によって正当化されている。この理由付けが正しいかどうかは議論の余地がある。これらの条件のもとでは、すべての発見が公共財になるとは言えなくなってきた。

大学の経営に大きな変化が生じた。大学の本部事務局は多額の予算を使って、技術移転と教員の発見を開発する権利を売ることに取り組んでいる。さらに、大学における技術移転のイデオロギーは公共の利益のための科学を定義し直すために使われてきた。ローズとスローターは「一般に、大学事務局幹部は地域の（企業の）経済発展につながることで、大学からの技術移転は公共の利益に貢献しているという大学組織としてのイデオロギーを表明する」と指摘した（9）。大学の科学者が企業家として活動して彼らの個人的利益を最大化すれば、公共の利益に貢献したという議論である。この見方によれば、市場原理が大学に持ち込まれるときに公共の利益は満足させられるということになる。大学の取得する特許が増え新製品が実用化されれば、大学は公共の利益に供しているということになる。いかに新しい技術移転ポリシーが機能しているかについての経済的な指標は、新たに大学が取得する特許の数である。しかしながら、そこからどのようなものが作られ、だれが利用でき、利益はどう分配されたかについては誰も調査していない。さらに、いかに商業化が大学の研究テーマに影響を与えているかをだれが調査しているのであろうか。私が前述したように社会にとってもっとも深刻な問題を研究することは、大学にとっては金銭的に魅力的でなく、そのような研究は長期的には社会にとって恩恵があるが短期的には産業界にとって損失となるであろう。まさに、このような問題や大学の研究者によるそれらへ取り組む姿勢が、大学の中での新しい事業的雰囲気の中で失われている。

私は、企業家的科学の新しい波が、一般には「管理可能な問題」と理解されている一連のさまざまな問題を生み出してきていると指摘した。ドナルド・ケネディ（Donald Kennedy）は「サイエンス」誌の論説で「特許係争、私的な利益と公的な利益との衝突、教員が扱わなくてはならない産学連携に伴う悩みの種」について語っていた(10)。利益相反について言えば、大学、学術雑誌、政府機関がしていることは、届出義務を課すことである。秘匿主義については、大学は研究成果の発表の遅延期間を（九〇日とか六カ月とかに）限定するということである。しかしながら、公共の利益のための科学というエトスの喪失は測定することができず、これ以上は認めないというように程度を定めて改善することは難しい。

政府や企業の科学者ではできない公共の問題の分析や解決策の提示への貢献に、多くの大学の科学者は知的能力を使っている。次に紹介するのは公共の利益のための科学に貢献することに人生を捧げた三人の科学者のプロフィールである。彼らの経歴は企業家的大学という新しい潮流と一致しないが、彼らの業績は、庇護してくれる私的利益に恩恵を与えたりまたそれらのために歪められたりすることもない、自由で独立した探求の重要性を強調する。

バリー・コモナー

バリー・コモナー（Barry Commoner）は二〇世紀でもっとも影響のあった環境学者だと多くの人から見られている。彼は、核実験後の死の灰、原子力発電所の安全性、環境汚染の原因、石油依存社会の問題点、ゴミ焼却炉からのダイオキシンの危険性、生態学と経済学など、社会に重要な問題の研究にその六〇年もの学究生活を費やした。

　移民の子としてコモナーは一九一七年にニューヨーク市のブルックリンに生まれた。ニューヨーク市図書館のスタッフでロシア生まれの知識人だったおじの影響で、少年期に科学に対する関心を高めた。コモナーはジェームズ・マディソン高校を優秀な成績で卒業したが、高校では多くの時間を生物学の実験室で過ごしていた。彼の先生たちは彼に生物学を勉強するため大学に進学することを勧めた。それは当時の移民の子にとっては珍しい進路であった。彼のおじはユダヤ人が大学社会で仕事を見つけることは難しいと知っていたので、進学するのならば移民たちの多くが進学するニューヨーク市立大学ではなくエリート大学を勧めた。コモナーはコロンビア大学を志願したが、優秀な成績にもかかわらず入学を拒否された。コロンビア大学の入学事務局は、同大学が受け入れを断った少数民族（ユダヤ系、イタリア系、黒人）のために自ら設立したセス短大 (Seth Low Junior College) に進学するように告げた。

　コモナーは移民にとって当たり前のこの進学先を断った。彼のおばは著名な詩人であり、同大学の教授を通して入学事務局に抗議した。コモナーの入学拒否は取り消され、大恐慌のさなかの一九三三年にコロンビア大学に入学した。入学したころ、コモナーは大学社会における不平等に個人的に鋭敏になり、それは社会における差別を反映したものと理解した。彼は当時を振り返って「社会に問題があるという明確で鋭敏な認識を持って大学に入学した」と語っていた(11)。コロンビア大学で科学の勉強をする一方で、コモナーはストッツボーロ事件（南部で若い黒人数名が無実にもかかわらず殺人犯とされた事件）やハーレムの貧困など一九三〇年代の社会問題に関して積極的に活動するようになった。当時、彼は科学というのは間違いだらけの社会の中で孤立した純粋な存在だと見ていた。「私は科学は独立した歴史、理想、目的、目標を持った自立的、客観的存在だと信じていた」(12)。

　コロンビア大学を出ると、コモナーはハーバード大学の大学院に進み、生物学を専攻した。彼は国際政治問題に取り組んでいたグループである科学労働者協会（Association of Scientific Workers）に積極的に参加した。彼は一九四〇年に単位取得を済ませてハーバード大学を去り、クイーンズカレッジで教職に就き、そこで一年半を過ごした。第二次大戦が勃発すると、彼は海軍に志願してワシントン郊外のパタクセント海軍航空隊基地（Patuxent Naval Air Station）にある航空実験部隊に配属された。彼の任務は太平洋戦線において、侵攻したアメリカ兵をダニ媒介性脳炎から守るために、飛行機からDDTを散布する方法を考えることであった。

彼の政治との関わりは、海軍の命令によってハーレー・キルゴア（Harley Kilgore）が委員長の上院軍事関係小委員会で臨時スタッフとして働いたところから始まった。海軍は全米科学財団を設立する法案には慎重な立場であった。このときに、コモナーは全米科学財団の管理や原子力エネルギーの将来などの論争を通して科学と政治の相互関係を目の当たりにした。彼は原子物理学者が核兵器の危険性について証言する最初の公聴会の開催に尽力した。

戦後、一九四七年にコモナーはワシントン大学セントルイスに就職した。そこで、単細胞の分光器による分析という研究に打ち込んだ。ロックフェラー財団のウォーレン・ウェーバー（Warren Weaver）の影響で、コモナーは社会問題のための科学に関心を持っている組織を求めて全米科学振興協会（American Association for the Advancement of Science, AAAS）に積極的に関わるようになった。彼は同協会の「科学と人類の福祉増進委員会」（Committee on Science and the Promotion of Human Welfare）の委員長を務めた。コモナーは、科学は公共政策の重要な問題について市民に情報提供する責任を持っているという彼の考え方を実践する方法を模索した。ライナス・ポーリング（Linus Pauling）やエドワード・コンドン（Edward Condon）といった指導的な科学者と協力して、コモナーは大気圏核実験に反対するため科学者を動員したり、死の灰の危険を訴える請願運動に参加した。彼は、科学者の役割は市民が自分自身で判断を下せるために必要な情報を与えることであると信じていた。科学者の役割は技術的情報を専有したエリートとして判断を下すことではなかった。

コモナーは公共の利益のための科学者として活躍できるためには、自身が有能な科学者であることを示さなくてはならないと考えていた。遺伝学、植物細菌学、生化学といった分野の基礎科学における彼の貢献は主要学術雑誌に掲載された。彼は二つの大きな研究プログラムを持っていた。ひとつは生命体の中でのフリーラジカル［遊離基］の発見につながったフリーラジカルの研究であり、もうひとつはタバコモザイクウイルスの複製についての生化学の分野であった。

コモナーは一九五八年に「核情報に関するセントルイス委員会」(St.Louis Committee for Nuclear Information, CNI 以下「核情報委員会」)を作ったり、「ニュークリアー・インフォーメーション」(*Nuclear Information*)〔核情報〕というニューズレター、それはのちに「サイエンティスト・アンド・シチズン」(*Scientist and Citizen*)〔科学者と市民〕という雑誌になった(さらに一九六九年には「エンバイロメント」(*Environment*〔環境〕となった)が、そのようなニューズレターに貢献することで、市民に科学を翻訳・伝達するという彼の考えを実践に移した。核情報委員会は一九五〇年代に大気圏内核実験による放射能の死の灰が生物にもたらす危険性について、市民を啓蒙することを目指していた。

核情報委員会による活動のひとつに、親たちに働きかけて幼児の乳歯を集めるということがあった。集められた乳歯は実験室に送られ、大気圏内核実験で生まれる死の灰で共通の構成物のひとつであるストロンチウム90の含有量が測定された。ワシントン大学歯学部が核情報委員会に協力して幼児の歯に吸収されたストロンチウム90の量を測定する実験室が設置された。この運動についてコモナーは「死の灰について科学者が今もっている知識は市民の協力の賜物である。セントルイスの乳歯調査を通して、同市の子供たちは死の灰についての科学的知識のために一五万本の乳歯を寄付してくれた」と述べた(14)。一九六六年までに、この乳歯寄付運動は二〇万本以上の乳歯を集めた(15)。この運動と科学者の請願は、ケネディ大統領が一九六三年に核実験禁止条約を支持することにつながっていった。コモナーによれば「核実験禁止条約における勝利は科学と社会運動とが協力したときの強さを示した初期の例である。これによって、核情報委員会は環境情報委員会と改称して、環境危機全体に取り組むことに使命を広げたのである」(16)。

コモナーの著作『閉じた輪』(*The Closing Circle*)で取り上げられている第二の事例は、創造的な科学的思考が環境政策において論争となっている問題を解決する役割である。一九六〇年代半ばに、イリノイ州ディケイター(Decatur)の保健福祉局長は市の水源の高濃度の硝酸塩についてコモナーに相談に来た。ディケイターはセントルイス市から一二〇マイルのところにある人口一〇万人の町で、トウモロコシやダイズの穀倉地帯を蛇行するサンガモン（Sangamon）川から飲料水を引いていた。局長はコモナーに川の硝酸塩濃度は毎春、連邦政府の基準を上回っていると告げた。局長は高濃度の硝酸塩は（穀倉地帯で特に多く使われていた）肥料によるものか、それとも農家が望んでいる答である、土地そのものから来ているのかということを知りたかった。局長はコモナーに公衆衛生の問題を科学的知識を使って解決するよう求めてきた。こうして、一九六六年にコモナーが設立した自然体系生物学研究センター（Center for the Biology of Natural Systems）はディケイターの硝酸塩問題に取り組むことになった。

コモナーは自問した。硝酸塩汚染の源をどうやって見つけることができるであろうか。自分が以前に行っていた窒素同位体の研究を思い出して、コモナーは窒素の同位体の窒素14と窒素15の比率が土と窒素肥料とでは違いがあるのではないかと推論した。彼は腐葉土や有機物が分解した土の中の窒素に比べてアンモニア肥料の中の窒素は窒素15が多いと知っていた。

コモナーのグループは質量分光器を使って、肥料を使った土地からの水が流れ込んでいるサンガモン川の水における窒素の同位体比率を、化学肥料と土それぞれにおける比率と比較した。分析の結果、市の飲料水の窒素の約半分は合成された窒素肥料からのものであった。この結果は周辺農場における窒素肥料の使用について、長きにわたる激しい議論を引き起こし、最終的には規制が行われることになった。

コモナーの研究センターで行われた公共のための科学の三番目の例は、センターがワシントン大学セントルイスからニューヨーク市のクイーンズカレッジに移ってからであるが、一九九〇年代のダイオキシン問題であった。北米大陸の遠く離れた田舎でもダイオキシンに汚染されているという一連の報道がきっかけであった。なぜ北極圏のイヌイット（Inuit）族がそんなにダイオキシンに汚染されているのか。北極圏のヌナブット（Nunavut）準州の女性の母乳がアメリカやカナダ南部の女性の二倍もダイオキシンを含んでいるのか。ダイオキシンはどこから来るのか。

コモナーと同僚たちは一九九六年から一九九七年の間の四万四〇九一ヵ所に及ぶ北米のダイオキシン発生場所のデータを集めた。天候のデータも集め、原子力発電所からもれた放射能の動きを分析するときに使ったコンピュータモデルで各発生源から生じたダイオキシンの流れを解析した。ヌナブット準州の生態的に壊れやすい地区に堆積したダイオキシンのほとんどすべては準州の外部から来たもので、七〇―八〇%はアメリカであった。比較的少数の場所がヌナブット準州のダイオキシンの汚染源として特定された。四万四〇九一ヵ所のうちのたった一―二%の場所が量的には七五%の汚染の原因であった(19)。ダイオキシン汚染研究の第一人者としてコモナーはニューヨーク市当局の八ヵ所のゴミ焼却施設建設計画に反対する草の根住民運動のリーダーとなった。

＊　＊　＊　＊

われわれはしばしば、誰よりも早く発見することや、最近では商業的に重要な知的財産権を守ることでの、科学の持つ競争的性格について聞くことがある。公共の利益のための科学は、研究の結果が大きな報酬をもたらすものではないので、競争があまりおきない問題や仮説に取り組む。逆に、公共の利益のための科学を行う研究者は「市民参加への戦略的訴訟」(Strategic Lawsuit Against Public Participation, SLAP) や、科学を公共論争に持ち込んだという同僚からの批判や、公衆衛生を守ることでのメンツをつぶされ自己防衛的になっている政府関係者からの非難に直面するかもしれない。

次の例は環境汚染のもたらす公衆衛生への脅威の研究に人生を捧げた科学者である。

ハーバート・ニードルマン

三五年にわたる大学での医学や公衆衛生の研究経歴の中で、ハーバート・ニードルマン (Herbert Needleman) は環境から鉛を取り除くという前世紀でもっとも成功した疾病予防運動の陰にいた偉大な指導者で先駆的科学者であった。ニードルマンは三つの大学を歴任し、鉛の児童の健康への影響を調査し、鉛汚染源の除去のために公共の利益の科学研究に集中した。

彼の経歴をまとめる準備をしていたとき、私はボルティモア市の社会サービス局が主催した南ボルティモアの公共住宅での講演会で、彼が鉛汚染について話すのを聞く機会があった。児童・家族向けの福祉サービスの支給担当者でほとんどが黒人の聴衆に対して、ニードルマンは鉛汚染の危険は二〇〇〇年に以上疑われてきたが、最初のきちんとした調査が報告されたのはほんの六〇年前であると述べた。彼は黒人の子供はとくに鉛中毒の被害に遭うリスクが大きく、学習・行動の発達に深刻な障害を引き起こすことになりやすいと聴衆に説明した。

ハーバート・ニードルマンは大恐慌の数年前にペンシルバニア州フィラデルフィアの中産階級に生まれた。彼の父親は家具販売で生計を立てており、いくつかの町を移り住んだ。ニードルマンは一〇歳のときに、医師になりたいと思い始めた。彼が大学進学を迎えるころに、一家はペンシルバニア州のアレンタウンに移っていた。ニードルマンはミューレンバーグ・カレッジに家から通学し一般科学を専攻した。卒業後、彼はペンシルバニア大学医学部に進学し、小児医療を専攻した。それは彼がインターンシップ研修で出会った小児科医師にあこがれたからであった。

医学部の学費を稼ぐため、ニードルマンは夏休み中、ニュージャージー州ディープウォーターにあるデュポン社の化学工場で働いた。同州は四エチル鉛の合成が長年にわたり行われていたところであった。工場内では工員はタバコを吸ったりマッチを持ち込むことを禁止されていた。日に二回、（午前一〇時と午後二時に）笛が吹かれ喫煙時間となる。数百人もの工員が工場から出て広場の掘っ立て小屋で喫煙していた。ニードルマンには工員の多くが愚鈍で、よそよそしく、近寄りがたいように見えた。工員の中には休憩時間中、ぼんやりと空を見ている人もいた。彼は他の工員から、工場の工員の多くが長年にわたる鉛中毒のせいであのようになっていると告げられた。

ニードルマンは一九五五年から一九五七年まで陸軍で兵役を務めた。彼はメリーランド州のフォート・ミード基地に配属され、小児科主任となり未熟児の治療を監督した。この経験から、彼は小児科医師になりたいという希望をますます大きくした。除隊後、彼は小児科医師となるための病院研修を終え、中産階級のために医師として熱心に働いたが、しだいにリスクにさらされている集団のことに関心を持つようになった。彼は若き医学博士として経験した二つの出来事が人生を決めるのに重要だったと述べている。

一九五七年、小児科の病院研修医だったとき、先輩医師がヒスパニック系の三歳の女の子を治療していた。彼女はひどい鉛中毒であった。ニードルマンはそれが鉛を使った住宅塗料のかけらやチリによるものだと知った。それからニードルマンはそのような場合の処置として教えられた「キレート療法」を用いた。その女の子は一時は昏睡状態に陥っていたが血液中の鉛が体外に出ると回復し始めた。ニードルマンは彼女の母親に転居しないとまた汚染によって深刻な病状に陥ると告げた。母親はどこに移っても同じだと答えた。彼女にとって鉛汚染は逃れることができないものであった。このとき、ニードルマンは診察や治療だけでは充分ではないと感じた。鉛汚染による疾病はそれにかかった子供にとっては毎日のことなのである。環境そのものを変えるために何かがなされなくてはならない。

二つ目の出来事は、彼がフィラデルフィアの黒人信者の多い教会で十代の若者に講演したときのことであった。講演の後、一人の少年が近づいてきて自分の夢について語り始めた。ニードルマンはこの少年は脳に障害があると気がついた。このことは彼が研修医時代に鉛中毒の子供を治療したことを思い起こさせ、鉛中毒を防ぐためにいかにわずかのことしかなされてこなかったかをより真剣に考えるようになった。彼はまた病院に路面電車で通っていたとき見た、アパートの窓からぼんやり外を眺めている多くの黒人の子供のことも思い出した。彼は彼らのうちどれだけの子が鉛中毒のため学校にも行くことができないのだろうかを考えた。皮肉にも、貧しい家庭の子供の低就学率がきっかけで、市の精神衛生局は学校での鉛のことを調査し始めた。

国立衛生研究所が精神医学をめざす若い医学博士向けの奨学金を提供したとき、ニードルマンはそれを受けて病院研修医となり、小児精神医学の分野に入ろうと決心した。これ以後、彼の仕事は毒性環境の子供の精神的・肉体的成長への影響の研究に向けられた。彼の公共の利益のための医学は、一九六〇年代に彼が貧困コミュニティに奉仕的な業務をしていた弁護士と組んで、福祉を受ける権利を主張する母親の団体やニューヨーク州選出の議員と協力して鉛の入った塗料への最初の連邦規制を成立させるときから始まった。

ニードルマンはフィラデルフィアのテンプル大学医学センターで精神医学の助教授だった一九七〇年に、子供に対する鉛中毒の研究を開始した。彼はハーバード大学の小児神経医学者ランドルフ・バイヤース（Randolph Byers）が一九四三年に学童の知的障害は鉛の毒性に原因の可能性があると指摘した論文に影響を受けた(20)。バイヤースは攻撃的行動をとると評価された児童は鉛中毒の兆候をかつて示していたということを発見した。バイヤースは鉛に囲まれた環境が子供を危険にさらしていると指摘したので、鉛産業団体から何百万ドルの損害賠償訴訟をおこすと脅されていた事実を、ニードルマンはのちに知った。

鉛汚染の安定した生物学的な測定対象を探すとき、ニードルマンは血液や尿は選ばなかった。彼が測定対象として有望だと考えたのが、集めることが容易な毛髪あった。しかし、毛髪も環境汚染にさらされているので、鉛の吸収を測定する対象としては不適切であった。論文調査の結果、彼は鉛にさらされた程度の尺度として乳歯を使うことを考えついた。彼はテンプル大学とペンシルバニア大学の歯学部や郊外の小児歯科から都市部や郊外に住む子供の乳歯を集めて試験を行った。続く調査で、彼はフィラデルフィアで古くから鉛産業が集積している「鉛地帯」と呼ばれる地域の学校の児童からも歯を集めた。ニードルマンは、歯に多くの鉛を含んでいる児童が知能検査の点数や会話・言語の能力で劣っていることを発見した。彼の結果は一九七二年に「ネイチャー」誌に七〇〇語の論文として掲載され一九七四年には「ニューイングランド・ジャーナル・オブ・メディスン」誌に掲載された。

「ネイチャー」誌や「ニューイングランド・ジャーナル・オブ・メディスン」誌での論文発表は、ニードルマンの公共政策や公共の利益のための科学への第一歩であった。一九七二年の論文をもとに、彼はアメリカ政府の環境保護庁に招かれアムステルダムでの国際的科学会議で講演を行った。その経験は鉛にかかわる強烈な政治力学を彼に認識させることになった。ニードルマンはこの会議を次のように書いている。

> 私は小児科学会での経験しか持たずにその会議に臨んだ。それは鉛の毒性と疫学に関する学問的論争ではなかった。それは戦争だった。・・・・・一方は小さく守りに回っている環境保護者や医学研究者であり、もう一方はデュポン、オクテル、ダッチ・シェル、エチル・アメリカなどの大きな企業を含んだガソリン関連産業の代表者であった。鉛が少量でも毒性があるという報告がなされるやいなや、報告者を攻撃するため組織された企業側の代表者が大声だがまた良く準備された反

論をしてくる(23)。

彼の論文は企業側からは容赦できないものであった。

ニードルマンは鉛の毒性に関する研究の多くは、「市民が何を知ってよいかに関してしっかりと管理している」企業によって資金が出されコントロールされていると認識した(24)。そこで彼は、鉛から利益を得ている企業からの影響力を受けず自力で研究しなければならないと決心した。

ハーバード大学医学部で一九七一年から一九八一年まで研究し、疫学で一流の科学者であるアラン・レビトン（Alan Leviton）とも共同研究を行い、ニードルマンは研究をより精巧な統計学とより良い比較対照とで精緻化した。彼はボストン近郊の似かよった二つの小学校一年生・二年生から二五〇〇本の乳歯を集めた。彼は生徒の学業成績のデータを集め、鉛の含有量の高さと学業成績の低さとの間に関係があるかどうか調べた。「ニューイングランド・ジャーナル・オブ・メディスン」誌に一九七九年に発表された彼の研究結果は、鉛の蓄積と精神発達の阻害との間に直接の関係があることを示した。この論文はメディアの関心を巻き起こした。鉛産業は一次データを要求したがニードルマンによって拒絶された。この時点で、ニードルマンは鉛産業の反撃の主要な標的になってしまった。

一方、一九七〇年代末に環境保護庁は空気中の鉛についての規制の準備をしていた。ニードルマンは当初は民間団体の天然資源保護評議会からの依頼で、のちには環境保護庁からの委託で、空気中の鉛の基準に関する資料を評価することに参加していた。彼は子供の歯の象牙質の鉛の含有量が知能指数の低下と関係があると結論した。この情報が公共政策に影響力を持つようになると、鉛産業界は彼の研究の公平性を攻撃し始めた。一九九〇年に司法省の弁護士が、ニードルマンに「スーパーファンド法」〔環境浄化の費用を汚染物質にかかわった当事者に広範に求める法律〕のもとでユタ州の鉛汚染業者を提訴するという有名な訴訟に加わるよう依頼したときに攻撃は激化した。

鉛産業に雇われた二人の科学者がニードルマンにデータへのアクセスを要求しニードルマンも認めた。彼らは二日間、ニードルマンの実験室に来てデータを写していった。連邦政府による提訴は裁判になる前に和解した。企業側が政府に採掘地の浄化費用のため六三〇〇万ドルを払うことになった。雇われ科学者の持って帰ったデータに基づき、鉛産業側は国立衛生研究所の科学公正局（Office of Scientific Integrity）にニードルマンが研究で不正行為を行っているとの異議を正式に申し立てた。国立衛生研究所はニードルマンが一九八一年以来精神医学科・小児科の教授として勤務していたピッツバーグ大学に、彼の研究に関しての調査を依頼した。一九九一年一〇月に始まった調査の期間中、ニードルマンのファイルはピッツバーグ大学の命令で施錠され、大学の科学公正監視員の立会いのもとでしかニードルマンは自分のデータを見ることができなかった。鉛産業の申し立てを審査した大学の検討会はニードルマンの研究には不正行為、捏造、盗作の証拠はないと結論した。しかし奇妙なことに、一九九一年一二月に最終結果を発表したとき、検討会のメンバーは「不適切な表現という不正行為」の可能性は完全には除外できないと述べて疑念を残すような結果になった。検討会は、ニードルマンは鉛の効果が大きく出るように分析モデルをわざと使ったという企業側からの批判に答えようとしたのだが、この批判を裏付ける証拠は見つかりはしなかった。しかし検討会による、疑念を完全に払拭していない不可思議な調査結果では決着がつかないので、ニードルマンは大学に世界的な専門家が参加する公開の場で彼の研究を議論するよう大学に強く求めた。大学の教員議会が満場一致で開催を支持し、ニードルマンも連邦裁判所に開催を申し立てたので、大学はしぶしぶ公開検討会を開催した。一九七九年のデータを再調査した独立した科学者たちは「不正行為なし」という同じ結論に達した。一九九二年五月、ピッツバーグ大学の審理委員会は満場一致で不正行為の証拠は見つからなかったと結論した。

ニードルマンは、「子供の鉛中毒の原因究明と防止とに対する著しい貢献」という業績を讃えられ、ハインツ財団環境賞の第二回受賞者となった。受賞理由としてハインツ財団はニードルマンが「政府と企業とを彼の発見の意味することに向き合うようにするため自分を犠牲にしてまで絶え間なく努力した。このことは彼を攻撃の標的としたが、彼は彼の批判者に対して勇気と粘りと誇りをもって戦った」ことをあげた。

ハーバート・ニードルマンの大学での医学や公衆衛生の学科での仕事のほとんどは、鉛の子供への影響を調査し、それを政策立案者に知らしめることであった。公共の利益のための科学の一環として彼は最近、心配する両親たちに『有毒物質のあふれる中での健康な子供の育て方』(*Raising Healthy Children in a Toxic World*) という本を共著で出した。彼はまた「より良い環境のための市民」(Citizens for a Better Environment)「公益科学センター」(Center for Science and the Public Interest)「殺虫剤を制限する親の会」(Mothers and Others for Pesticide Limits)「マウントサイナイ児童健康・環境センター」(Mount Sinai's Center for Children's Health and the Environment)」などの公共の利益のための団体の顧問を務めている。

ニードルマンは大学という環境が、彼が尽力してきた公衆衛生の研究を、企業からの脅しや政府からの圧力に負けずに行うことができる唯一の場所だと打ち明けている。ニードルマンが勤めていた大学は外部からの影響力から超然としていて、彼の科学的研究と公共の利益のための仕事とに干渉せず、彼の学問の自由を支持していた。

三番目の例は若い科学者が彼女の神経科学への情熱をもって、都市部の貧しいコミュニティの環境衛生の改善のために献身的に取り組んだ姿を紹介する。

ルズ・クラウディオ

もしあなたが科学者に彼らの公共の利益への業績を尋ねるならば、彼らは自分の参加した諮問委員会や非営利に行った講演のリストを出して答とするであろう。これらも賞賛に値するものではあるが、公共の利益のための科学にはもうひとつの意味があり、それは一九六〇年代の市民の科学運動、一九七〇年代の科学啓蒙組織、一九九〇年代の環境正義運動〔環境保全と社会的正義の同時達成を目指す運動。少数民族・貧困層が環境破壊の犠牲者になっていることを指摘する〕の流れを汲むものである。この伝統における公共の利益のための科学というのは「人民による人民のための科学」であり、「人民」というのはしばしば、危険にさらされながら政治的発言力のないコミュニティのことである。この考え方を完全に実現するため科学者はコミュニティと連携しなくてはならない。それはちょうど企業家的科学者が民間企業と連携するのと同じである。企業が資金提供する科学とのもう一歩進んだ類似点として、コミュニティのための科学に身を置く者は地域の問題に取り組む際には、研究の策定と実践の段階から、地域と関わらなくてはならない。

ルズ・クラウディオ（Luz Claudio）は私の知っている誰よりも、この意味での公共の利益のための役割を実行している。マウントサイナイ医科大学の地域予防医学科の彼女の研究室で話を聞いたとき私は、プエルトリコの小さな山村からアメリカでもっとも優秀な環境・職業病医療の研究センターで職を得るまでの彼女の研究経歴を知ることができた。彼女の勤めるセンターはマンハッタンの一〇一番通りにあり、世界でもっとも裕福な居住地の一つであるアッパーイーストエンドとニューヨークでもっとも貧しい居住地の一つであるスペイン系ハーレムの境目にある。

クラウディオの自然に対する幼いころの興味は、村の「クランデラ（スペイン語で治療者を意味する）」と言われた祖母の影響であった。彼女の祖母は野草を熱心に集めて医学的効能別に分類し研究していた。小さな子供だったクラウディオは祖母の生徒であり、時には野草の薬効と美容の実験台であった。祖母によって、クラウディオは自然を観察することに興味を持つようになった。しかし、そのころ、科学はクラウディオにとって依然として遠く離れた、漠然とした目標であった。

中学生のころ、クラウディオは科学の授業の知的で難しい課題を楽しみ、数学に天賦の才を見せる成績優秀な生徒であった（「私にとって周期律表はそれまで見た中でもっとも面白いものだった」）。彼女は成績優秀で中学を卒業したが、彼女の先生は秘書としての技能を身につけることが就職に有利なので、職業科高校への進学を勧めた。タイプが上手でなかったので、彼女は両親を説得して町の普通科高校へ転校した。そこでは職業訓練でない普通科教育が行われており、大学進学への道が閉ざされていなかった。

高校時代、クラウディオは泌尿器科医院でアルバイトをした。そこで最終的には検査の責任者にまでなり、彼女は医学と生物学を勉強したいという気持ちをつのらせた。高校卒業後、彼女はプエルトリコ大学のカジェィにある分校に入学したが、都合の良いことにそれは小さな雨林の近くにあった。彼女は生物学でとくに生態・自然体系を専攻して一九八四年に卒業した。卒業後はハワイのエビ養殖場でインターンシップを行ったのち、アルバート・アインシュタイン医科大学に出願し合格した。彼女は、いかに抗体を形成した細胞が血液脳関門を超えるのか、という多発性硬化症の中心となる発症プロセスを研究し、一九九〇年に神経病理学の博士課程を修了した。

博士号取得後、クラウディオは全米科学振興協会から奨学金を得て、一つの論文を書きあげた（のちに学術雑誌に掲載された）(25)。それは化学物質の神経への毒性を試験管内で調べる方法に関するもので、当時化学物質の胎児への影響を鑑みて規制を行うべきかが議論されていた分野であった。この研究の経験とプエルトリコの汚染されたコミュニティの鮮烈な記憶とによって、クラウディオは自分の研究の焦点を環境問題に絞る決心をした。一九九一年、彼女は環境医療を神経生物学に結びつけていたマウントサイナイ医科大学の環境・職業病医学科長のフィル・ランドリガン（Phil Landrigan）にスカウトされた。マウントサイナイにおける同学科は、鉱山労働者や造船所工員のアスベストによる疾病を発見した著名な職業病研究者の故アービン・セリコフ（Irving Selikoff）によって設立されたものであった。

マウントサイナイで四年間勤務すると、彼女は同大の地域支援・教育プログラムの長になった。これは彼女の部局が、少数民族コミュニティの環境衛生問題に取り組むことへの決意表明であった。そのようなプログラムを作る動機付けはクリントン大統領の一九九三年の「環境正義に関する行政命令」による。それは連邦政府機関に対して、規制を行うときは各コミュニティに生じるリスクが平等でないことを考慮するように求めたもので、ケネス・オルデン（Kenneth Olden）の指導力のもとで国立環境衛生科学研究所のコミュニティ重視という新路線に対応するものであった。この地位はクラウディオにエリート的でも家父長的でもない、公共の利益のための科学の新しいモデルを発展させる機会を与えた。

クラウディオが環境保護庁から、コミュニティの指導者に環境衛生について教えるための助成金を得たとき、彼女はブルックリン、ブロンクス、イースト・ハーレムから活動家を集め、彼らに地域の環境衛生で心配している点を話してもらった。鉛入り塗料のことが話されると彼女は予想していたが、驚いたことに、ぜんそくの増加が問題としてあげられた。地域の指導者と彼女は協力して市内のぜんそくについてデータを集め、地域ごとに差異があるか調べた。ニューヨーク市のコミュニティ別でのぜんそくによる入院率はどれくらいか、という疑問に答えるために、彼女はニューヨーク市全域のぜんそくの入院患者数データを用いた。地域ごとでの住民数に対する入院率は郵便番号ごとに分けた地図にプロットし五段階にして色分けし、住民の所得との関係を調べた。ぜんそく入院率がもっとも高い地域はもっとも低所得なブロンクスであることが明らかになった。少数民族がもっとも多い地域がぜんそくの入院率がもっとも高かった。「ニューヨークタイムズ」紙の記事の最初の一文は「全米の都市におけるぜんそくの流行に関するこの種の調査で初めて、ニューヨーク市におけるぜんそく入院率は都市部の貧しい少数民族の多い地域の子供において、専門家が予想していたよりはるかに高いことがあきらかになった」と書かれた(26)。

この研究結果のおかげで、地域の医療提唱者は政府に対して大気汚染規制を強化すること、予防・治療医療サービスをそれまで軽視されてきた住民に与えること、すでにぜんそくに苦しんでいる地域に新たな大気汚染源をつくらせないことなどを科学的根拠を持って陳情することができた。

クラウディオのぜんそく罹患に関する研究がきっかけとなり、地域における環境の健康への影響を、コミュニティを対象とした同様の科学的モデルで分析するという研究が続いた。一九九〇年代末には、ニューヨーク・エジソン統合会社〔電力・ガスを総合的に供給する会社〕は都心の発電をまかなっていた土地を売値が良いので手放した。かわりに、エジソン社は一四番通りのイーストサイド南部の発電所の稼働率を上げる計画を立てた。これはより多くの燃料が燃やされ大気中に排出されることを意味した。「イーストリバー環境連合」という地域のグループは、環境正義の立場から新しい操業計画の許可に抗議した。彼らはすでに大気汚染のリスクにさらされている地域がさらに苦しめられることになると主張した。当初、そのようなリスクの疑念はあったが科学的証拠がなかった。

イーストサイドのコミュニティと協力して、クラウディオは発電所近隣に住む住民に対する大気汚染の影響の調査方法を策定した。研究グループは発電所のそばの四つの建物に住む四〇〇人以上を調査し、ぜんそく罹患率が約二三％（現在発症中が一三％）で全国平均の二倍以上であることを明らかにした。慢性気管支炎の率も全国平均の二・五倍以上であることがわかった。この調査は地域の指導者に、発電所の稼働率があがり大気中への排出物が増加すれば、この地域の住民がますます悩まされることになるという証拠を与えた。クラウディオのモデルによるコミュニティ単位を対象とした科学的調査は、マウントサイナイの科学者や調査に参加したコミュニティの指導者たちを共著者に含んだ論文として発表された。この調査結果はイーストサイド南部コミュニティの組織によって、有毒物質の排出の削減、大気汚染調査、エジソン社の諮問委員会への地域住民の参加を交渉するときに使われた。

　クラウディオなどの科学者が、公共の利益のための科学研究として概念化し実践したコミュニティ単位を対象とした分析のおかげで、ニューヨーク市近辺の住民は、発電所からの排出物、ディーゼルエンジン排ガス、ごみ焼却炉、高速道路拡張など、低所得・少数民族コミュニティに、より大きな健康被害のリスクをもたらすさまざまな都市開発に対して、科学的根拠をもって反対の声をあげることができるようになった。

＊　＊　＊　＊

コミュニティの指導者が参加することを許し、また彼らとうまく協力していくことができる、公共の利益のための科学に献身する大学の研究者がいなければ、技術や科学の専門的知識は一方の利害関係者のみが所有し、住民は健康上のリスクの存在について強く感じているが結局は根拠のない直感にすぎないという事態に置かれてしまう。大学資本主義のエトスを内部化してしまった大学は、大学にとってのより大きな経済的価値は商業的連携に力を注ぐことから生まれるということしか頭にないので、この章で紹介した公共の利益のために尽くした三人の科学者によって示された、大学が行うことができるはずの市民生活への計り知れないほど貴重な貢献の機会を自ら閉ざしてしまうであろう。

第一二章　大学における新しい倫理的感性の展望

私も含めて多くの人々はアメリカの大学で振り子は振れ過ぎてしまったと考えている。大学は大学自身と教員が利益相反に支配されることを看過している。技術移転を積極的に推進し企業から寛容に資金を受け入れることで、大学は科学の研究と成果の公表における高潔な態度に妥協を強いている。医学と生物学という分野はこれらの議論の中心であったが、他の分野でも同様なことが聞かれる。自分たちの分野での商業的な傾向を評価して、二人の地理学者は「われわれはいかに大学というものが現状に疑問を呈し、より良い将来像を描くという役目を果たしてきたか忘れるべきではない。今日、批判的・抵抗的な精神のための自律的な場所という大学の役割が、教育の市場化、知識の商品化、生産的であれという単純だが情け容赦のない圧力によって、どんどん削り取られていっている」と述べている(1)。

ミシガン大学のジェームズ・デューダースタット（James Duderstadt）学長のように、学長の中には、大学の教員や事務局職員は概して誇り高く責任ある人々であり、「大学の利益や彼らの教育・研究での責任と知的財産や技術移転での利益とを適切にバランスさせる」ことができるという意見を持つ人もいる(2)。大学の積極的な商業化のほかの弁解者と同じく、デューダースタットは「利益相反を避けるカギは一般への開示である」と信じている(3)。しかしながら実際、大学が利益相反そのものを禁止しない限り、利益相反の開示というのは単に、より深刻な利益相反を生み出し続けることを正当化する口実となる。

テキサス大学の「M・D・アンダーソン・がんセンター」(M. D. Anderson Cancer Center) の著名な腫瘍学の教授のジョン・メンデルソーン (John Mendelsohn) のケースを考えてみよう。一九八〇年代初め、彼は細胞内のシグナル伝達系を遮断することによって腫瘍の成長を阻害しているように思われた抗体（C225）を発見した。イムクローン（ImClone）社はその抗体からエルビタックス（Erbitux）という抗がん剤を開発した。エルビタックスの成功の見込みが大きくなったので、イムクローン社はブリストル・マイヤーズ・スクイブ（Bristol-Myers Squibb）社と商品化のための契約を二〇億ドルで結んだ。

メンデルソーンはイムクローン社に科学アドバイザーとして参加し、一時は三〇〇〇万ドル相当にもなった株を持っていた。アンダーソンセンターはエルビタックスの臨床試験を行う機関のひとつであった。

臨床試験の結果、保健福祉省食品医薬品局からイムクローン社が求めていたエルビタックスの認可は得られなかった。そして人々の間で議論が生じることは避けられなかった。イムクローン社は、食品医薬品局からの不認可の結果が公表される数週間前に、同社の関係者が下落する前の株を売って数百万ドルもうけた、と批判された。同社はまた偽の臨床試験の実施計画書を食品医薬品局に出して、エルビタックスの優先審査の許可を食品医薬品局から得たという疑惑も持たれた。同社の創設者と最高執行役員は偽証とインサイダー取引の罪で刑事告発された。

連邦議会下院のエネルギー・商業小委員会に出席したとき、メンデルソーンはイムクローン社との利益相反と彼が倫理規定に違反したかについて尋ねられた。彼は「私は患者をC225（エルビタックス）で治療したことはない。……私は口頭発表、論文発表、会合での発言を行うときにはいつも、自分がイムクローン社の株を持ち、科学アドバイザーであり、役員にもなっていることを明らかにしている」と答えた(4)。メンデルソーンはまた同社との関係はアンダーソンセンターが承諾した書面の中に記載されているとも主張した。この種の開示書類だけでメンデルソーンの利益相反を処理するのに充分であろうか。エルビタックスの臨床試験で彼が行使できる影響力から彼は充分距離を置いていたのであろうか。イムクローン社と関係を持っていることを鑑みれば、薬の試験を彼の研究機関で行うべきであったのであろうか。

振り子は振れ過ぎたということ、開示は利益相反の一般的な解決策にならないこと、何らかのより強い規制が検討されているということの徴候はあちこちに見られる。研究や論文発表における道徳的な高潔さの境界線が検討され、より高いレヴェルでの道徳的な尺度を再構築しようという動きがある。科学と医学での利益相反に対する市民からの批判的な声にこたえ始めている利害関係者は五つある。それらは、学術雑誌、学会、政府機関、大学、そして非営利研究組織である。私はまず学術雑誌における執筆者の利益相反への対策の傾向を見てみたい。

学術雑誌

過去一〇年、科学学術雑誌は執筆者と論説委員が利益相反を持っているように見えることに関して、より敏感になった。一九九〇年代を通して、多くの学術雑誌が利益相反のポリシーを定めた。そのほとんどで執筆者に利益相反の開示を義務付けている。しかしいくつかの雑誌はより厳格な立場をとり、テーマと直接利益相反を持つ人間は論評や論説を執筆できないようにした。医学雑誌は基礎科学の雑誌よりも利益相反のポリシーを設けることではずっと先を行っている。ゴーストライター、名前だけの執筆者、発表している研究のデータを自由に扱えない執筆者「代わりにスポンサーが扱う」などはいくつかの雑誌を悩ませていた。医学雑誌編集者国際会議は、執筆者だけがデータを公表するかどうか決める権限を持ち、執筆者に名を連ねた人間は研究にきちんと貢献している、という文言に執筆者が署名することを推進するようメンバーになっている雑誌に求めるという勇気ある一歩を踏み出した。

執筆者が学術雑誌の利益相反ポリシーを守るかどうかは、罰則がなく彼らの良心に基づいている。多くの雑誌は遵守を監視するヒトと時間がない。私は同僚とともに、利益相反ポリシーのある一八一の査読雑誌における利益相反開示の状況を調べたが、多くの編集者は自分の雑誌で一年間にまったく開示がなかったことに驚いた。大学の研究が商業化されている今日の状況では、開示することがないというのは考えにくい。このおこりそうもない結果は、ポリシーが違反者に対して罰則を持っていないときは遵守されていないのではないかという疑念を引き起こす。

財政的に豊かな少数の国際的に名声のある雑誌を除くと、多くの雑誌は財政的に苦しい。ネットでアクセスできることによって印刷された雑誌の需要は減少していて、いくつかの雑誌の財政はさらに悪化している。もし編集者が執筆者の利益相反の問題を重視しすぎると、利益相反情報を開示しなくてもよい雑誌に論文執筆者を取られることになる。

学術雑誌は科学における利益相反の波に抗する努力をしているが、彼らだけでは充分にことをなしえない。論評・論説の執筆者の利益相反を禁じているいくつかの雑誌を除いて、多くは単に自発的な開示を求めるのみである。執筆者の利益相反への対応は科学者コミュニティの全員を含んだ形で一貫性を持って行われなくてはならない。

学会

いくつかの科学や医学の学会は利益相反ポリシーの制定に着手している。アメリカ医学会（American Medical Association, AMA）は一九九〇年以来、利益相反問題への取り組みでは指導的な役割を果たしている。医学関係ではアメリカ最大の団体として、アメリカ医学会は原則、制定した倫理規範への補足意見などをたびたび発表してきた。アメリカ医学会の「医学倫理の原則」（Principles of Medical Ethics）は一九八〇年に改定されたが、それは、他のすべての規範や提言の基になった主要なガイドラインである。しかしながら、その七つの原則の中に利益相反は含まれていなかった。一九九〇年に、アメリカ医学会は「医師と患者の関係についての基本的要素」（Fundamental Elements of the Patient-Physician Relationship）というタイトルで六つの原則を採用した。そのうちのひとつの原則は「患者は医師の持つ潜在的な利益相反については告知され、中立な専門家としての医師の意見を受ける権利を持つ」と述べている(5)。また、アメリカ医学会の「医療倫理規定」（Code of Medical Ethics）は、同会で採用された原則の解釈や特定の問題に適用された報告に基づく意見を集めたものである。生物医学研究に関する節で、「もし、医学コミュニティが客観性を確かなものにし、研究者個人と研究機関の高潔さを維持しようとするならば、臨床試験における利益相反の存在、または利益相反が存在しているように見られることはどうしても避ける必要がある」と述べている(6)。それはさらに、企業から研究資金を受けている研究者は、「研究が終わるまで倫理的にその企業の株を売買することはできない」、そして、臨床試験の研究者は金銭的利益相反を、短いものも含めてすべての研究論文の発表の際には開示すべきであると述べている(7)。これらの表現はガイドラインであるので、アメリカ医学会のメンバーでどれくらいが遵守しているかはわからない。

他の学会、とくにヒトを対象とした研究を行うことがある研究者の学会は利益相反への指針を発表している。アメリカ遺伝子治療学会（American Society of Gene Therapy）は二〇〇〇年四月五日に「臨床研究における金銭的利益相反（Financial Conflicts of Interest in Clinical Research）という声明を採択した。これは連邦政府のガイドラインよりも厳しい基準を定め、「臨床試験において、患者を選択したり、患者からのインフォームドコンセントを得たり、臨床試験そのものを管理する立場の研究者やスタッフは、その試験の資金を提供している企業の株、ストックオプション、その他いかなる便益も得てはならない(8)」としている。

一九九五年に発表された連邦政府のガイドラインは、研究者が企業の株式全体の五％以上を保持したり、年に一万ドルを超える報酬を企業から受けている場合には所属機関に届け出ることを求めている。ガイドラインは特定の行為や関係を禁じているわけではなく、届け出られた「重大な利益相反」をどう管理するかは個々の研究機関に任されている。

アメリカ医科大学協会は一二五の認定された医科大学・医学部、四〇〇の研修病院、約九万人の医学部教員からなる組織である。アメリカ医科大学協会の利益相反に関する考え方は一九九〇年に「研究における利益相反・責務相反の対処法に関するガイドライン」（Guidelines for Dealing with Faculty Conflicts of Commitment and Conflicts of Interest in Research）として示された。他の大学関係の団体と同様、アメリカ医科大学協会は産学連携を「医学進歩を保ち、市民の健康を増進し続けるために必要不可欠」と見なしている(9)。しかし、同協会はまた「金銭的利益と専門家としての責任との間に、単に相反があるように見えること自体が研究の客観性に対する市民の信頼を損ねるかもしれない」と主張している。産学連携が必要不可欠であることと、利益相反があるように見えることが市民の信頼を損ねることとを同協会はいかにして調和させるのであろうか。

ヒトを対象とした研究ではとくに厳しい道徳的高潔さの基準が必要であるとの立場を維持するため、アメリカ医科大学協会は「研究機関のポリシーは、ヒトを対象とする研究において重大な金銭的利益を持つ個人は研究を行ってはならないという『反証可能な認定』を制定すべきである(10)」と述べ、立証責任を伴った「反証可能な認定」という概念を規制に適応している〔後述するように禁止という原則に対して例外を適用する余地は認めるが、その理由を説明する責任は所属機関にあるということ〕。さらに、アメリカ医科大学協会はこの原則、つまり「ヒトが対象の研究における重大な金銭的利益に関する反証可能な認定」は資金源が私的でも公的でも適用されるとしている。

アメリカ医科大学協会の利益相反倫理規定のもとでは、規定自体が自主的なものであるが、どうしてもその研究者が研究に参加しなくてはならないという状況を示すことが求められる(11)。この立場は連邦政府の諮問委員会への倫理規定にさかのぼる。それは第一に、利益相反を持つ研究者は研究に参加させない、第二に、「止むを得ない状況」では利益相反のある研究者も参加してよいという原則である。アメリカ医科大学協会のアプローチは崇高な基準であるが、例外が起こる多くの余地も残っている。連邦政府機関と同様、アメリカ医科大学協会は「特定の利益を持っている人物が専門知識と経験において余人をもって代え難い人物であり、その人物なしでは研究が安全に効果的に行われないときには、彼または彼女はこのことを所属機関の利益相反委員会に示して同意を得たら、金銭的利益がある研究者は研究に参加できないという前提を退けることができる(12)」と述べている。

大学の利益相反委員会は大きな助成金・委託研究や大物研究者に対峙したとき、どのくらい有効なのであろうか。有名教授に対する大学の監視委員会の権限について疑わざるをえなくなるような事例もある（本章二一八ページで紹介するフレッド・ハチンソン・がん研究センターを参照）。しかし、アメリカ医科大学協会が示したように、大学に対して利益相反に関する情報を、連邦政府規定で設置が義務付けられている機関内審査委員会に報告することを義務付けるなどの進歩も見られる。審査委員会はヒト被験体の試験実施計画書の認可を行う責任があり、いくつかの委員会ではすでに利益相反に関する判断を行うことを新たな責務としている。

われわれは利益相反の管理と臨床試験参加者の保護とは別々に行うべきだという意見を聞く。しかしながら、ジェシー・ゲルジンガーの死亡事件（第八章参照）の後、利益相反をインフォームドコンセントの中に含むべきだという意見が強まった。臨床試験で死亡した犠牲者のための裁判では、利益相反を開示していなかったり未然に防いでいないことは患者のリスクを高めていると論じられている。

アメリカ総合大学協会は個人的・組織的利益相反に関する報告書を作り、提言を行うために特別専門委員会を設置した。特別専門委員会は南カリフォルニア大学のスティーブン・サンプル（Steven B. Sample）学長とネブラスカ大学リンカーン校のデニス・スミス（L. Dennis Smith）学長を共同委員長とした。委員会はまたアイオワ大学、プリンストン大学、コロンビア大学の学長も含んでいた。アメリカ総合大学協会はこの委員会の活動成果を二〇〇一年一〇月に発表した(13)。現在入手できる情報を分析して委員会は「利益相反の広がりに関する明確な統計はないが、産学連携は明らかにますます活発になり、それにつれて利益相反が大学の研究の高潔さに妥協を強いる危険も増大し続けている」と結論した(14)。大学が教員の利益相反をケースバイケースで判断するやり方を一般的には支持しているが、特別専門委員会はヒトが対象となる実験の場合には特別の警告を発し、許容度ゼロのアプローチを提唱している。「ヒトを対象とした研究はそうでない研究が持っていない危険を伴うので、いかなる金銭的利益も許容されるべきではない」(15)。

しかし、アメリカ医科大学協会と同様、特別委員会の許容度ゼロの提唱も例外を設けることでやわらげられている。「もし、止むを得ない事情によって一般原則に対する例外を認めるのならば、研究はより厳しい管理手段のもとで行われるべきである」(16)。アメリカ総合大学協会の立場もアメリカ医科大学協会の立場も大学に、ヒトを対象とした研究では可能な限り利益相反を避けること、止むを得ない場合は利益相反を弁護できるようにしておくこと、資金源にかかわらず倫理規定を適用することを求めている。加えて、両者とも機関内審査委員会に利益相反の評価と監視に参加すべきと考えている。アメリカ総合大学協会は機関内審査委員会が特定の利益相反が管理され患者に開示されているかチェックする権限を持っていると確信している。しかしながら、この権限は機関内審査委員会の認可状や法律に基づくものではない。多くの機関内審査委員会はこれらの問題に対処できるように作られていない。アメリカ総合大学協会の特別専門委員会は、ヒト被験体の試験での金銭的利益相反を二段階で処理することを提唱している。第一段階は大学の利益相反委員会による評価で、それが第二段階で機関内審査委員会に送られ最終決定されるのである。アメリカ総合大学協会の委員会によれば、「そのようなシステムでは、機関内審査委員会も利益相反委員会も、［自分だけが批判されたくないので］相手の決定をくつがえして、利益相反管理の要件を緩和することは起こりにくい。もし金銭的利益相反が取り除かれたり和らげられないのならば、どちらの委員会でも研究実施を禁止できる」(17)。

アメリカ総合大学協会の特別専門委員会は、ヒトが対象となる研究での利益相反を管理することに関して、どの委員会よりも強力な安全策を講じている。しかし、提唱案は政府の役割を最小限に抑え、さらなる連邦政府からの規制は避け、自己管理の原則を支持し、大学ごとの柔軟な対応を維持し、政府規制の最低ラインを超えた倫理原則を大学が制定するように作られている。たとえば、政府は組織的利益相反に関しては何も制限を出していないが、アメリカ総合大学協会の委員会報告ではこの種の利益相反は「大学の高潔さの礎と、高潔さへの市民の信頼に打撃を与える」としている(18)。組織的利益相反は大きく分けて二種類ある。ひとつは大学や大学事務職幹部が企業、とくに教員の設立した企業、の株を持ったりロイヤルティを受け取ったりして、そのことが大学で行う研究に影響を及ぼすこと。もうひとつが大学に財・サービスを供給できる立場の企業の関係者が大学の理事になっていることである。利害関係は明らかであろう。

特別専門委員会によれば、「組織的利益相反は市民のための知的仲裁者としての大学の役割を減少させることになる」(19)。アメリカ総合大学協会は大学に対して警告と一般的ガイドラインを出したが、明確な禁止事項はついていない。組織的利益相反に対して、アメリカ総合大学協会の委員会は、常に開示する、多くの場合は相反を管理する［弊害が大きくならないよう監視する］、大学と市民の利益を守るために必要なときは禁止する、という三つの原則を発表した。しかし、大学の収支決算や大口寄付者との関係が関わっているときに、大学に公共の利益のために厳しい倫理基準を取ることをどうやって期待できるのであろうか。過去一〇年間、いくつかの大きな学会は大学社会の疫病となってきた個人的・組織的利益相反によって大学の研究の高潔さが深刻に侵されていることを問題視し始めた。専門的な医学学会の動きはそれほどでもない。保健福祉省の調査官室が二〇〇一年に行った二一の医学学会のガイドライン調査によれば、救急医療学会（American College of Emergency Medicine）と精神医学会（American Psychiatric Association）の二つのみが医師に患者や臨床試験参加者に金銭的利益相反を開示することをはっきりと盛り込んだ倫理規定を制定していた(20)。連邦政府の対応もまたゆっくりで慎重である。より多くの説明責任に対して漸進的な変化で応えている。

連邦政府機関の利益相反ポリシーの変化

一九九〇年代末にさかんに報道されたスキャンダルや内部調査がきっかけとなって、連邦政府機関は利益相反のポリシーを厳しくした。資金を出したり規制を行っている機関への金銭的利益の、より透明性が高く、より包括的な開示と、助成される研究機関における利益相反の自己管理の堅持というのが、その傾向である。政府の狙いは二つある。ひとつは政策決定が公正・中立であるというイメージを維持したいのである。もうひとつは政府資金による研究、とくに臨床試験が、研究テーマと利益関係を持っている科学者によって実際または見た目でバイアスが起こされ腐敗しているということはない、と一般市民に理解してもらうことである。

政府の調査機関である会計検査院は、環境保護庁の諮問検討会の外部委員の選考について二〇〇一年六月に調査した。会計検査院は、利益相反が迅速に発見され是正されておらず、市民は影響力のある検討会の専門家委員の立場について知らされていないと指摘した。これを受けて環境保護庁は二〇〇二年六月に、利益相反への対処法の変更を含んだ新ガイドラインの原案を作った。

環境保護庁の科学諮問委員会は行政官とさまざまな分野の一〇〇人ほどの専門家から成っている。政策に関係する科学的分野での評価をするため諮問検討会が組織されるときは、まず科学諮問委員会委員の中からメンバーが選ばれ、そこにさらに追加的に専門家が加わる。一九七八年の「政府倫理法」によると、科学諮問委員会のスタッフは利益相反を持っていたり公平さに欠けているように見える候補者を選ばないようにしなくてはならない。

新しいポリシーは利益相反により多くの注意を払っており、だれが検討会の専門委員として推薦されるかを決めるプロセスに、市民がより深く関与できるようになっている。このポリシーとその施行手順によると「もし、検討会委員の候補の私的利益や行動と、委員としての公共の責任が相反するならば、または連邦政府倫理規定が定義するように、たとえ見かけ上でも委員がバイアスを持っていそうなとき、科学諮問委員会のスタッフは規定によりほかの個人に検討会委員になってもらうよう努めなくてはならない(21)」。以前は検討会委員になる予定者は年に一度、利益相反の申告を行っていた。今度の規定では、彼らは検討会委員に推薦される度に報告しなくてはならない。委員に決まった人の報告書はより詳細である。委員候補は利益相反と見られるかもしれない関係をすべて記述することを求められる。もし、利益相反が見つかれば、委員会のスタッフが科学諮問委員会の執行部の委員長に相談しなくてはならない。さらに、市民はバイアスを持つ検討委員会の候補に抗議する機会が与えられる。環境保護庁は「その人の専門知識に替わるものがないので」検討会委員の候補の利益相反を免責する法的権限を持っているが、市民に対してより透明性の高い説明が必要とされ、また、免責理由は記録として残るので安易に免責できなくなっている。

保健福祉省と全米科学財団は一九九五年に助成金を受けるすべての研究機関に対しての利益相反規制を発表した。この規定によって、連邦政府資金を受け取る機関は利益相反について報告・管理する仕組みを整えることに一歩踏み出すことになった。

一九九七年時点で、「内部での研究プログラムの研究執行ガイドライン」(Guidelines for the Conduct of Research in the Intramural Research Program)のもとで、国立衛生研究所は研究所に勤務する内部研究者に近親者も含めた金銭的利益のすべてを届け出ることを含んだ包括的な開示ポリシーを持つことになった。開示は内部の科学者が外部からの連邦政府資金申請に対する審査に参加する場合ならその前に、研究発表の場合は事前に研究会の主催者に対して、またすべての口頭・文書での発表の前に行わなくてはならない。しかしながら、国立衛生研究所内部の研究者が論文を投稿したら編集者に自分の利益相反を届け出なくてはならないというルールは、(国立衛生研究所から研究資金を受け取る大学などの）外部の研究者には適用されない(22)。政府の研究助成金は受け取った研究者が論文を投稿するとき自分の利益相反を編集者に届けることを義務付けていない。そのような義務付けは間違いなく、多くの学術雑誌が執筆者による利益相反の開示届出というポリシーを採用することへの動機付けになるだろう。

臨床試験では市民が利益相反問題に敏感であるし、ヒトが対象となる試験の高潔さを守ることは国にとってきわめて重要であるので、食品医薬品局は商業目的を持つ臨床研究者への批判がおこるのを避けるべく努力している。一九九八年二月に発表（施行は翌年）された食品医薬品局の規定では、食品医薬品局に提出するデータの信頼性（効能と安全性）に影響を与えうる臨床試験を担当する研究者の金銭的利益相反を、認可を申請するメーカーが食品医薬品局に報告することを義務付けている。食品医薬品局の規定は、薬、医療品、医療機器の商品化を申請するものは、安全性を示すことに重要な貢献をした臨床研究者の金銭的利益を届け出るよう求めている。届出を怠ると食品医薬品局は認可を拒否したり、追加的試験を要求することができる。

食品医薬品局は、研究の結果が報酬に影響を及ぼすような金銭的契約を臨床研究者と結んでいないことを薬の認可申請者が確証することを求めている。別の表現では、企業はストックオプションなど薬が売れれば臨床研究者への支払いも多くなるという契約をしてはならない。臨床研究者は試験される製品に金銭的な利益を持ったり、スポンサー企業の「重大な量の株式」を持ったりしてはならない。したがって、食品医薬品局はとんでもない利益相反に対してはいくつかの禁止事項を設けたことになる。しかし、他の行為に関しては、データの信頼性を評価するときに利益相反のことを考慮できるように、金銭的利益の開示を求めるにとどまっている。

二〇〇〇年五月、ドナ・シャララ保健福祉省長官は利益相反規制をよりはっきりさせるための追加的ガイドラインを出すという彼女の考えを表明した。彼女の目的は国立衛生研究所と食品医薬品局が協力して「たとえば研究者の臨床試験での金銭的利益が参加する可能性のある患者に開示される、といった医学研究コミュニティ全体をカバーする新しいポリシーをつくる」ことであった(23)。シャララの提案の第一は研究機関にある機関内審査委員会に個人と組織の利益相反の問題に取り組んでもらうことであった。シャララは「保健福祉省は研究の客観性と被験者の安全を脅かす金銭的利益相反を抑制するための新しくより良い方法を生み出すため広く意見を求める(24)」という方針を表明した。

シャララは、食品医薬品局が利益相反の開示に違反した者に罰則を課すことができるような新しい法案の制定を求めていた。シャララは利益相反、ヒト被験者の保護、機関内審査委員会の間のすき間を埋めたかった。利益相反の開示を怠ることは臨床試験に参加しようとする人に対する現実のリスクまたは見た目のリスクを大きくする。保健福祉省は「手引書の中間報告案」(Draft Interim Guidance)を二〇〇一年一月に発表した(25)。(厳密に言えば、「手引書」というのは規制ではなく、研究機関や大学に対する連邦政府による追加的な監督方針であると見られている。)この中で、保健福祉省は、「大学、臨床研究者、機関内審査委員会が潜在的または現実の利益相反を審議することの一助となり、必要ならば患者との同意書に開示を含むことを容易ならしめるためにこの手引書を作成した」と述べている(26)。中間報告案では機関内審査委員会が個人的・組織的利益相反の認定と管理に関与し、患者の臨床試験参加同意書に研究者の研究スポンサーが記載されることを求めていた。この案に対して、「組織的利益相反」の定義がはっきりしないこと、機関内審査委員会がこのあいまいな定義のもとで判断を下せるか疑問であるという意見が多数寄せられた。臨床研究者や大学が実験結果に対して金銭的利害関係を持っているとわかったら臨床試験に参加を希望する人は態度を変えるのではないであろうか。そのような試験では参加希望者を集めるのが難しくなるのではないか。機関内審査委員会はすでに忙しいのに、新しい責務を果たせるのか。これらの意見が大学の業界団体であるアメリカ医科大学協会やアメリカ総合大学協会から保健福祉省の案に対して出された。二番目の指針の草案は二〇〇三年三月三一日の「官報」(*Federal Register*)に掲載されたが、最初の案が提唱する考えを基本的には踏襲していた(27)。連邦政府資金によるヒト対象の試験を行う大学は金銭的〔大学発ベンチ誘ーへの投資や寄付金などの資産の運用での〕決定と研究での決定の責任を持つ部署を分離すること、利益相反委員会を作ること、その委員会が責任を広げて組織的利益相反に取り組めるようにすること、大学の金銭的利益を把握または監視するためには独立した組織を用いることを提唱した。

保健福祉省内の公衆衛生局（Public Health Services）と食品医薬品局による利益相反管理の働きかけにもかかわらず、同省のヒト被験研究保護局（Office for Human Research Protection）は「ヒトを対象とした試験における潜在的な利益相反を考慮する統一的包括的なアプローチは現在存在していない」と述べている(28)。

二〇〇三年の初頭の時点で、大学が教員の作った企業にますます投資するようになっているにもかかわらず、アメリカ政府は組織的・個人的利益相反への新たに正式な取り組みを行っていない。大学技術管理者協会が加盟大学に行った調査では、六八％の大学が大学に研究資金を提供している企業の株を持っている(29)。カリフォルニア州の五つの大学の教員だけで三〇〇のバイオテクノロジー企業を設立している(30)。食品医薬品局と国立衛生研究所による対応はまっとうできれいな政策を求める世論に応えるという、政府機関の渉外活動の一つである。しかし、その対応は、アメリカの大学におけるますます増大する商業的な側面という問題の核心には及んでいない。

大学

アメリカの大学は教員の利益相反に関しては依然として習熟曲線の上にいる［学んでいる途中である］。組織的利益相反への対処に関しては連邦政府からの義務付けも国としてのガイドラインもないので各大学が勝手に行っている。もっとも大きな変化は、全米科学財団または国立衛生研究所から資金を受けている大学は利益相反を管理するポリシーを制定するよう義務付けられたことから生じた。この必要最低限レベルを超えて、いくつかの大学は医学部生や臨床研究者向けに科学的高潔さに関する講習会を開いたりして利益相反問題に取り組んでいる。

大学の利益相反ポリシーに関する調査ではこれまでのところ、ポリシーは一般論に終始し、その内容と実施で大学ごとにばらつきがあることが明らかになっている。たとえば、国立衛生研究所からの研究資金で一九九八年の上位一〇〇大学を対象とした調査がある(31)。それによれば、五五％がすべての教員に利益相反の開示を求めているが、四五％では研究責任者だけである。比較手的少数（一九％）の大学のポリシーでのみ、企業からの資金で行う研究を行うときにおける、その企業との金銭的利益関係の上限を定めている。たった一二％しか論文発表遅延の限度を明確に定めていない。四％でのみが教員が個人的に金銭的利益を持っている企業からの資金による研究に学生が参加することを禁止している。この調査は大学全体での統一的ガイドラインの必要性を主張している。「利益相反の管理の仕方に関する大学間でのばらつきはスポンサーになりたい企業に無用の混乱を引き起こすとともに、大学同士が企業をひきつけようと競争して大学の規範をそこなうという事態につながるかもしれない」(32)。

大学が利益相反の事件を処理するとき、教員に利益関係を放棄するよう求めることはほとんどない。ジャーナリストのデイビッド・ウィッカート（David Wickert）はワシントン大学（シアトル）の教員が提出した数千もの金銭的利益の届出書を調べた。その結果によれば、大学は三二一件について問題があるかもしれないと調査を行い、たった八件について教員に利益関係を放棄するよう求めた(33)。

最近、医学部において利益相反と臨床試験とに大きな注目が集まっている。遺伝子治療の臨床試験が失敗して死んだジェシー・ゲルジンガーの事件（第八章参照）のあと、保健福祉省はいくつかの聞き取り調査を行った。(二〇〇〇年に発表された）ひとつの調査は国立衛生研究所からの資金受け取り上位一〇〇の大学の利益相反ポリシーを分析した。ひとつの有望な兆候は五つの大学で開示のポリシーは連邦政府ガイドラインが大学に求めるものより厳しいものであった。さらに、六大学で利益相反担当の責任者だけでなく機関内審査委員会にも開示内容が報告されていた。四大学で臨床試験を行っている研究者への規定は連邦政府の定めるものより厳しいものであった(34)。

別の調査では、二五〇の医学部・研究所から回答を得たが、九％が連邦政府が求めるものより厳しいポリシーを制定していた(35)。この二つの結果は、研究資金の大きな優秀な大学ほど、高潔さと価値を守るために、道徳面での方位磁石の針を（連邦政府が大学に定めるよう求めた基準よりも）厳しい利益相反ポリシーの方向に向けていることを示している。

企業との契約に関しては、大学はカリフォルニア大学サンフランシスコ校やトロント大学の例から、制限約款が企業にデータや論文発表をコントロールする権利を与えてしまうということを学んだ。大学は、研究方法と結果の発表に関して大学の研究者がコントロールできる権利が制限されるような契約を、しだいに拒否するようになっている(36)。エール大学のバートレット・ジアマティ（Bartlett Giamatti）は「企業との共同研究を行ううえでの不可欠な条件として、大学（エール大学）は教員が自由に研究することや研究結果を口頭で発表することへのいかなる制限、禁止、侵害を受け入れない。……大学は、スポンサー企業が特許やライセンス申請するための時間を除いては、論文発表を制限することを受け入れない(37)」と述べている。

教員が研究者と経営者両方である場合、論文発表の遅延の決定は大学にとって外部からの力でなく、研究成果を発表するよりも経済的価値を最大化するという大学の行動規範の一部である。秘匿主義という規範は大学の外からだけでなく内からも生じる。発表の遅延や他の研究者へのデータ提供の拒否は、もしそれによって、有効となる可能性がある治療法の使用を遅らせることになったり、研究開発活動が妨げられたり、ある技法や製品の危険性に関する知識を商品化やライセンス供与が行われる前に広めることが妨げられたりするのならば、社会にとって有害な結果をもたらす。

二〇〇一年の「ＪＡＭＡ」誌に載った論説で、組織的・個人的利益相反への取り組みで開示を超えたいくつかの有望な提案がなされた。その中で二人の医学博士、ボストンコンサルティンググループのハミルトン・モーゼス（Hamilton Moses III）とハーバード大学医学部長のジョセフ・マーティン（Joseph Martin）は大学の基礎・応用研究に資金を出す企業の株のうちで教員や大学が持っているものすべてを扱う、大学とは別の組織を作ることを提案した。この計画は政府に任命された人は自分の持っている株の運用を第三者に白紙委任するのと似ている。提案者は現行の大学による利益相反の管理には不安を抱くのが当然だと考えている。彼らによれば

公開されていても未公開でも、また小さな会社の株の小さな部分であっても、株の価値が臨床試験の結果や研究室での重要な発見に依存しているような場合、そのような関係を適切に管理するのは難しい。現実のま

たは見た目の上での利益相反が最高の人格を備えた人物に対してでさえ、その人の判断を意識的にまたは無意識的に左右することになることが必然的に生じるのを完全に防ぐように監視することは不可能である(38)。

モーゼス＝マーティンの提案は、もし効果的に実施されるのならば、教員または大学の投資の決定が科学研究での判断と関連していると見られてしまう可能性も排除することができる。加えて、研究と株式保有との間に「防火壁」を築くことは、「インサイダー取引」の疑惑を払拭できる。しかしながら、この提案は、研究者へのコンサルティング報酬や贈答といった他のタイプの利益相反の対策とはならない。

独立した研究機関

多くの研究機関は大部分の研究資金を政府から受けている。それらはまた研究者が大学に籍を置くことで、大学との関係を持っていることが多い。これらの研究機関の中で、政府機関やジャーナリストから注視されているのが、シアトルにあるフレッド・ハチンソン・がん研究センター（Fred Hutchinson Cancer Research Center）である。これは税金で支援されている非営利機関でワシントン大学（シアトル）と関係が深い。地元ではザ・ハッチ（The Hutch）と呼ばれる同センターの科学者たちは研究資金のスポンサーとなっている企業と金銭的に深く関わっていた。一九七〇年代の設立以来、少なくとも二〇人の科学者が同センターをやめて会社を設立しその株式総額は一八〇億ドルを超えていた(39)。「シアトルタイムズ」（*Seattle Times*）紙の［インフォームドコンセントをもじった］「知られざる同意書」（Uninformed Consent）と題した一連の報道によって、利益相反関係が市民の注目を集めた。長年にわたり、同センターの医師は自分が臨床試験の対象となる薬や医療器具に利害関係を持っていても、患者に告げていなかった。臨床研究者は試験の結果に金銭的な利益を持つ企業の多くの株を保有していても臨床試験の監督をしていた。「シアトルタイムズ」紙は二つの臨床試験に注目した。ひとつは一九八一年から一九九三年まで行われた骨髄移植試験で、もうひとつは一九九一年から一九九八年まで行われた乳がんの試験的治療である。報道によれば、これらでは異常に高い死亡例が報告されたということである。

同センターのある医師は機関内審査委員のひとりであったが、同センターにおけるあまりにひどい利益相反を告発し連邦政府機関に連絡した。「シアトルタイムズ」紙によれば、この内部告発者は「本質的には金銭的利益相反が非倫理的人体実験につながり、少なくとも二四人の患者が死んだ。監視委員会はセンター内の恐怖と威嚇の雰囲気のもとで虚偽の報告を受けたり何も知らされなかったりして欺かれていた」と述べた(40)。ジャーナリストが受け取ったレポートによれば、臨床研究者だけでなくセンターそのものも実験に金銭的利害関係を持っていた。

皮肉なことに、同センターの理事会は一九八三年に、研究者個人や家族が利害関係を持つ研究に参加することを禁止する利益相反ポリシーを制定していた。しかしながら、調査したケースではこのポリシーは機能していなかった。何人かの研究者はこのポリシーの存在さえ知らないと答えた。

連邦政府による調査とマスコミ報道によって、同センターは新しい利益相反ポリシーを二〇〇二年五月に制定した。それによれば、臨床研究者は、もし、自分や家族が株を保有するなどの許容範囲を超えた金銭的利益関係を持っている営利企業が資金を出している場合、またはその企業の製品が対象となっている場合、その臨床試験に参加することが禁止された。同センターによるこの新しい、かなり複雑なポリシーは他の主要な研究機関・医療機関での利益相反ポリシーの改革の先駆と言える。しかしながら、これらの研究機関の利益相反の開示は組織内部に対してであって「情報自由法」の対象とならない。市民への開示がなければ、利益相反ポリシーの実施を怠っていることは、訴訟でも起こらない限り、見つけることはできない。次章は大学や公的資金を受けている研究機関における利益相反を管理し防止するための、単なる開示を越えた方法を探る。

第一三章　結　論

——公共の利益のための科学への再投資

本書を通して、私は高等教育機関の無制限の商業化によってわれわれが直面する最大の危険は、公共の利益のための科学と公共の知的財産が育まれる場所がなくなることであると論じてきた。公共の利益のための科学とは、大学教授が政治力のないコミュニティを無償で助けることに加えて、政府機関や非営利組織に専門的アドバイスをすることであると、私は意味づけている。公共の利益のための科学は、大学の研究者が彼または彼女の専門領域における公共政策論争に独立した厳しい分析を行うという役割を含んでいる。自由で公開された情報交換、共有地としての知的財産、公平無私の規範など失われていくさまざまなものの中で、公共の利益という精神の衰退が一番大きなものであるが、大学が社会改良のためにできるこの重大な貢献の衰退を防ぐためには、ほとんど何もなされてきていない。学会や政府機関は、大学の企業家精神に付随するさまざまな問題が大学の価値観への大きな脅威であると認識し始めている。そのような学会が普遍的な対策として行っている主なことは、利益相反関係の開示である。しかしながら、開示は私が示してきた問題の解決には程遠いものである。開示はまた、公共の利益のための科学をはぐくみ、独立した中立な専門知識を蓄えるという大学の伝統的な役割の放棄を、不可避なものとして受け入れてしまっている。

産学連携に関する多くの議論は大学の中核となる価値を守ることに焦点を合わせている。そしてそのようにすべき理由はたくさんある。高等教育機関が事務局や外部から圧力を受けることなく学者が自由に創造と発見を行う場所になっていないのならば、その社会は世界の高度な文明の中で傑出した存在とはなれない。産業界では情報の私有化は有用であるが、大学社会では有害である。知識の生産と伝播にかかわった人はデータを秘蔵するのでなく共有しなくてはならない。

大学の中核となる価値については多くの議論があるが、

皆が納得する価値に関して実のある分析はほとんどない。大学が公共の利益のための科学を放棄してしまったあとでも、学問の自由を維持することはたしかに可能であろう。たんに大学が非営利組織であり続けると努めることだけでは、何の解決策にもならない。大学の中核となる価値の保護そのものだけでは、（企業の利益でなく）公共の利益のための科学や、（たんに利害関係を持つグループのためでなく）公共のための知識人の源泉として大学の地位を社会に残すことはできない。

大学の独特な地位

大学をほかの企業組織とは別の存在に保つということは新しい課題ではない。一九一九年、アメリカの主要な社会学者の一人で、『有閑階級の理論』（*The Theory of the Leisure Class*）［小原敬士訳、岩波書店］で知られるソースタイン・ヴェブレン（Thorstein Veblen）は実業人による大学の管理について一冊の本を書いて論評している(1)。彼は二〇世紀の初めの傾向を、効率性、品質管理、労働生産性、テーラー主義（ベルトコンベアによる流れ作業）などの近代的経営手法に大学をはめ込もうとすることだと見て取った。ヴェブレンは、「もしこれらの経営の原則が論理的帰結から離れ、企業経営とは異なる性格を持った大学に、その差異を考慮せず適用されるならば、その結末は知識の追究が大学の中で停止し、これまではっきりとした名称のなかった活動［営利活動］に取って代わられる(2)」と述べている。

経営管理は概して階層的である。ヴェブレンによれば、もし大学が企業経営者のみによってトップダウン式に運営されるのならば、学者は「論理を突き詰め結論に達する」ということを自由に行えなくなるであろう(3)。なぜならば、彼が指摘したように、結論の中には大学の理事会や経営者と衝突するものも出てくるからである。

もちろん、大学の中にもある種の階層は存在しているが、それは主に事務局の中での階層である。それ以外では、大学の構造はきわめて分権的である。エール大学の元学長のジアマティは「大学の構造は軍隊、企業、また初期には大学教員を輩出していた教会とも異なる階層組織である」と書いている(4)。たとえば、大学では学長も理事も教員が教室で何を教えるか、どのような政治的、学問的意見を信奉しているのか、どのような助成金を申請するのか、などを命令できない。ヴェブレンから六〇年後、戦後のアメリカの大学の変化も見たうえで、ジアマティは「私的（営利的）企業と私的（非営利的）教育との間での反目は、責任ある協力関係に道を譲った」と述べている（5）。

ヴェブレンが描いた二〇世紀初頭のアメリカの大学は教育や学術・研究の機能を果たしつつ受託された責任も果たさなくてはならない組織であった。彼はこの状態を危ういものと心配していた。寄付金や授業料は私立大学を破綻させないのに充分であろうか。大学は予算、負債、貸付、給与支払いなどを行っているのだから、経営計画を持つ必要はないのか。大学の成功はこの経営計画に沿った企業のような目標の達成にかかっているのではないか。彼によれば、「経営原理の大学への導入は学問の追究を弱め、妨げ、大学が維持してきた目的を打ち負かすであろう」（6）。

二一世紀の幕開けの時、大学は経営管理から多くの手法を導入している。しかし、大学の職務と行動は少なくとも短期的には企業経営で標準的な目標達成尺度の採用には抵抗しているようにみえる。約一〇〇年前の状況の観察から、ヴェブレンは、学者の理想論と企業の経営原理との間の妥協の中で「企業のようになれという圧力の前で、学問の理想は不確実にまた不安定な形で屈服しつつある」と見て取ることができた（7）。

ハーバード大学のボック元学長は、在任中の一九八一年に理事会向けの年次報告書の中で、現代の大学が少しずつ金銭的な目的に向かっていくことへの苦悩を次のように表している。「心配する理由は・・・・技術的進歩を利用するプログラムが、実用性と商業的利得を求めるという新しく強力な動機付けを大学組織の心臓部に導入することによって、知識の追究と教育という大学の中心的な使命をゆるがしている［ことである］」（8）。

アメリカの大学をユニークなものにしている理由は何か。どんな価値観、もしそのようなものがあるのならば、は守らなくてはならないのか。別の言葉で言うと、数千もの大学の持つ文化のうち、どんなものが保存され妥協に抗すべきものなのか。公共の利益のための科学にとって必要なものは何か。大学の中核的な価値への脅威は何なのか。若者の教育と研究への貢献以外で重要な価値は社会の中での大学のユニークな地位である。ジアマティによれば、認可状によって設立され、非政府部門の中で企業とは一線を画し、政府とも距離を置いて独立してきた私立大学は多元的で自由な社会に本質的なもうひとつの役割がある。それは、独立した批評家、私立大学自身が属する民間セクターに対する批評家、敬意を払っている政府に対する批評家、大学そのものへの批評家、その批評のプロセスの保護者である(9)。

大学を他の組織と違ったものしているのは大学のどんな特徴なのか。企業家的精神の傘下に入ってしまったら、社会へのどのような貢献が失われるのか。研究大学の教員は、学生への教育・指導、人文・自然科学の研究、委員会などの学内行政という三つの役割を持つ。大学では学術面はきわめて自治的である。学科ごとがその分野での基本線に沿ってどのような講義科目内容にするかを決める。彼らは、その分野の常識的な範囲からあまりにかけ離れた講義を開かないようにだけ注意すればよい。特に、学位授与機関としての認定審査を受けなければならない時期はそうだ。

大学の管理職はテニュア「終身在職権」をとった教員の独立性に不満を持つことができよう。タフツ大学の教務部長は教員の会議を運営するのは猫をひとまとめにして先導するようなものだ、という愚痴をしばしば部下の職員から聞かされた。ミシガン大学のデューダースタット元学長は、多くの大学は「創造的無政府状態とでも言うべきもので、学科長のような指導的地位にいる教員が先導するどころか管理する権限も持たない……大学は依然としてボトムアップの組織であり自発的な事業体である」という構造を持っていると書いている(10)。ハーバード大学の学部長だったヘンリー・ロソブスキー（Henry Rosovsky）は「教員は概して規則のない社会をつくっている。別の表現では、テニュアをとった教員は、各人が自分自身の規則を作ってしまっている」と述べている(11)。

教員は講義をする責任がある。それは大きな研究大学では一週間で三から九コマを年に二八週行えばよい。実験を監督している自然科学系の教授は平均して人文・社会科学の教授より授業負担が少ない。

教員にとって大学での生活で独特な特徴のひとつは、彼や彼女の時間管理は本人に任されているということである。教育において、この特徴は何の科目をどのように教えるかを教員が決めてよいということを意味している。もちろん、多くの大学には一般教養課程での必修科目、学科ごとの専門必修科目というものがある。たとえば、統計学は多くの大学で心理学専攻では必修である。統計学の入門クラスのほとんどすべてでカバーされる基本的な概念や統計処理の方法というものはある。物理学や数学の入門クラスでも、その分野で中心となる基礎的知識が教えられる。必修科目に加えて、経済学科でのミクロ経済学のように、その分野では必ず教えられなければならない標準的な講義もある。しかしながら、これら各分野での中心科目以外では、教員は学際的な内容や方法論も含むこともある新しい講義を試してみる大きな自由裁量権を持っている。

テニュアをとった後でさえ、研究を行い論文を発表することは、その教員に期待されていることのひとつである。しかし、大学の精神は教員が自分で選んだテーマを自由に考え、書き、研究し、調査することができるという考え方の上に成り立っている。たとえば、ある人物がブラジルの珍しい植物を研究する植物学者として研究者の経歴をスタートさせたとしよう。しかし、もし彼が望むならば、彼は彼の関心を珍しいアフリカのカビの研究に変更してもよい。もし、彼が学者として生産的であり続けるのならば、賞賛と昇進という報酬を受けるであろう。もし、彼が科学者、学者として生産的でなくなったならば、彼は講義や学内行政でもっと働くように言われるかもしれない。

アメリカの主要大学で、概して教員は研究、教育、学内行政以外に社会貢献するためのかなりの時間的余裕を持つことができる。教員は週に一日、大学の仕事と関係なく個人的に報酬の得られる仕事やコンサルティングなどを行うことができる。

アメリカの大学の学者はさまざまな運動に自分の名前を貸し、公共の利益団体や学会に役員として参加する。たとえば、私も「責任ある遺伝学会議」(Council for Responsible Genetics)」の設立メンバーであり、その組織に無償で協力している。

大学は教員が専門的知識にもとづく意見、または専門とは関係ない問題について意見を述べるときも、大学や所属学科の名前を使うことを禁止できない。アメリカの大学の構造は公共の知識人としての役割を支持するようにできている。多くの分野で専門家は、一般雑誌に書いたり、コメントを寄せたり、署名入りの論説を書いたり、インタビューに答えたりして直接市民に語りかけることによって、学術的な研究以外でも、公共に資する働きをしている。この種の注目を受けることはすべての教員にとって心地よいものではなく、何人かは照れて避けたがる。しかし、市民との対話に参加する多くの教員は、彼らの発言は大学の意向とは独立した意見として市民には受け取られていると認識して対話を行っている。彼らは大学に所属していても大学から発言することに対して妨害やコントロールを受けていない。

黒人研究、宗教研究の学者コーネル・ウエスト（Cornell West）は黒人の都市文化に関するＣＤの制作に参加して、ハーバード大学のローレンス・サマーズ学長（Lawrence Sommers）から叱責された。全体的に大学社会からの反応はすばやく、サマーズ学長にきわめて批判的なものであった。自分の創造的エネルギーをいかに使うか、何に使うのか、だれと協力してだれに自分の名前を使わせるか、という判断に関するウエスト教授の学問の自由を侵害することでサマーズ学長は超えてはならない一線を越えてしまったのである。

もちろん、すべての市民は表現と結社の自由の権利を持っている。しかし、現実には政府規制官や企業の科学者のように自分の公の発言が特別な重要性を持つ状況で働いている人々は、自分の組織に影響する問題に関して公の発言をするときには明確な組織の規範や目に見えないタブーを感じる。例外は非営利の諮問団体であり、そこではきり発言することが職務の一部として定められている。しかし、そこで働く人々は組織の政治的見解に忠実であることが求められ、そうでなければ職を失うであろう。したがって、地球温暖化の危険について市民に警鐘を鳴らすためにできた団体では、その被雇用者が石炭使用を促す新しい誘因策を公に支持することは許されないであろう。

大学では、どの問題に関しても組織としての統一見解がない。学問の自由という概念は教員が彼らの良心にもとづいて話し、彼らが調べて知ったことに基づいて行動をすることを期待されていることを暗に意味している。この理由から、政府、メディア、法律家は諸問題ついての見識ある分析をしてもらうことにおいてさまざまな大学教員に頼っているのである。何人かの教員は彼らがそのために大学に雇われたわけではないし、教育も受けていない分野についても自力で専門家としての地位を再構築してしまう。いったん、彼らが社会にとって価値があると判断されたら、彼らも独立した意見を持つべく努力するのである。

組織としての大学または大学内のある部分が利益相反を持っていると信じられる理由があるときには、教員への信頼がかなり急速に骨抜きになる。一例として、カリフォルニア大学バークレー校の研究者が南メキシコ地方の伝統的なトウモロコシの品種が遺伝子組換え品種で汚染されていると発表したとき（本書第三章参照）、ほかの学科の同僚たちがその結果を批判した。しかし、その学科全体がアメリカの大手バイオ企業との研究契約を結んでいたのであって、そのようなところの教員からの批判に対して、メディアの中には、懐疑的な人もいた。ジアマティの言葉によれば、「大学はわれわれの社会の中で独立した組織である。しかし、もし独立ということがもっとも重要な関心事となっていないのならば大学は社会に対して責任ある貢献ができない」(12)。

学問の自由の社会的価値

大学を、ヨーロッパやアメリカの社会にあるさまざまな公的・民間組織と異なるものにする特徴のひとつが「学問の自由」である。それは大学の生活で不可欠なものである。『アメリカの大学』(*The American University*)という著作のなかでタルコット・パーソンズ(Talcott Parsons)とジェラルド・プラット(Gerald M. Platt)は学問の自由は「知的探究と情報交換をあらかじめ設けられた最小限の制限のもとで行う権利である」「そしてそれは極端な見解を表現、主張する権利を含む」と述べた(13)。学問の自由の法的概念はプロシャの憲法が学問の自由(Freiheit der Wissenschaft)を認めた一八五〇年頃にさかのぼる(14)。

教授を外部の事情から「保護して雇用する」という概念は中世にその起源がある。中世の学者は「腐敗した外部の影響力から知識と真実とを守るため自発的、自律的であろうと努めた」(15)。一六五〇年、ハーバード大学は「各タウンの代表よりなるジェネラルコートとよばれた議会から」認可状を得た。一七二二年、同大学はエドワード・ウィッグルスワース（Edward Wigglesworth）を最初の教授（神学）として任期無制限で任命した。これが北米におけるテニュア制度の到来を告げるものであった。二〇〇年後の一九二五年、できたばかりのアメリカ大学教授協会（American Association of University Professors, AAUP）が第一回の全国大会で学問の自由と結びつけてテニュアの問題を提起した。しかしながら、高等教育の中でのテニュアに関する今日的な見解は一九四〇年のアメリカ大学教授協会の「学問の自由とテニュアの原則に関する見解」（Statement on Principles of Academic Freedom and Tenure）に見ることができる。一九五〇年代末までに、審査期間［七年程度、助教授として勤務して業績が審査される期間］で成功したならば終身雇用が与えられるというやり方が高等教育機関で広く採用されるようになった。テニュアに対するアメリカ大学教授協会の立場はアメリカ総合大学協会、アメリカ法科大学院協会などを含めて一七〇以上の研究者の団体の支持を集めている。高等教育におけるテニュアは、当初、政治的・経済的理由で始められたのだが、学問の自由と切っても切れない関係になった(16)。スタンリー・アロノウィッツ（Stanley Aronowitz）は『知識工場』（*Knowledge Factory*）の中で、「テニュア制度は一般市民、大学事務局、異端者を処罰したがる同業の大学研究者から、非主流の意見を持つ教員を守る必要性と結びついている」と書いた(17)。

（必要な講義負担をこなさなかったり露骨な非道徳的行為をしないかぎり）いかなる理由によっても解雇されないとわかっている人々は少なくとも理論上はどんな発言もすることができるという身分の保証を得ている。テニュアを得ている教員を解雇する理由を正当化するのはきわめてハードルが高いし、また高くあるべきである。一般に考えられているのとは逆に、テニュアは完全な終身雇用の保証ではないが、多くの場合、大学と裁判所とはテニュアの原則を支持する。ジャック・バーズン（Jacques Barzun）は「テニュアを大学教員に与えることは連邦裁判所の裁判官にテニュアを与えるのと同じ理由——思想のコントロールからの独立性の確保——である」と書いている(18)。

大学学長は通常理事会によって「意のままになる被雇用者」として任命される。これは理事会が理由なしに、また適法手続［法の手続きを経ずに個人の自由や権利を奪うことができないという憲法で定められた権利］を気にせず、学長を解雇できるという意味である。大学学長は管理職としてのテニュアは持たず、特定の年数の任期も保障されていない。大学教員のみがテニュアを持つ。しかしながら、学長に任命された大学教員が学長を辞めても自分の学科でのテニュアは維持できる。もしテニュアを持っている教員が他の大学の管理職になったとしても、(学科で別個のテニュア審査を通らないと)自動的にテニュア教員というわけではない。大学学長は大学教員のような安全な地位を普通は持っていないので、以前に比べると社会的問題に関して自由に発言するのが難しくなってきた。現代の社会問題に明確な道徳的な意見を表明することは論争を巻き起こし、非営利財団、卒業生、州議会、企業である場合が多いが大口寄付者など、これら資金提供者のだれかを敵に回し資金を集める面で困難に直面する(19)。この発言の困難さが今日の学長には過去の学長に比べて公共の知識人としての存在感のある人がほとんどいなくなったことを説明している。

　大学で学問の自由が消えうせるかもしれない二つの考えられる状況がある。ひとつはわれわれが知っているような形のテニュアがなくなることである。テニュアの授与以上に大学教員の教育、執筆、研究の権利を守れるものはない。テニュアを持たない若い教員は、テニュアまでの審査期間は学問の自由への制限に耐えられるかを審査している期間ではないと理解している。しかし、彼らは学内行政や国の政治的問題、政治団体との関係、公共の問題に関する発言に用心深くなっている。

　教員に与えられている探究と表現の自由は、原則や理想論以上のものでなければならない。それらは、教員を雇ったり解雇したりする判断が、候補者の考え方に対する大学管理職の好き嫌いによって左右されるという起こりそうもない可能性からもしっかりと守られなくてはならない。テニュアが与えられていない教員や学者も不当な解雇からは法律で保護されている。しかし、そのような場合は不当性を証明するのは教員側にあり、大金持ちの解雇する側に挑まなくてはならない。テニュア制度は、大学での少数派の意見を説得して転向させることの代りに解雇してしまおうとすることから教員を守ることに関して、これ以上優れたものはない。テニュアを獲得したあとで、教授が啓発されていない偏屈者になってしまい、なおかつ地位は守られるという悲しい結末になることはありうる。このようにめったに起こらないが好ましくないケースがあっても、学問の自由は守られるというのが大学のユニークな点である。

学問の自由が侵される第二の状況はもっと微妙なものである。大学が学問の自由に明白に直接的には干渉しないだろうという可能性はたしかにある。しかし、もし大学がその形、資金源への依存の仕方、倫理的規範を変化させたら、大学教員も学問の自由によって与えられる機会を実現するのが心地よいものではなく、生産的なものでもないと理解するようになるであろう。投票するのに高い税金がかかる社会での投票権、だれに投票しても変わりがないように思われる選挙の投票権のように、学問の自由は抽象的な権利となってしまうであろう。大学の教員が二つの世界にぶら下がり、そのうちひとつは公共のための批評家となることがタブーのような大学外部の社会であるとしたら、学問の自由はどんな価値を持つのであろうか。学問の自由の社会的価値はそれを強力に行使することにある。大学の文化と企業の文化が重なり合うことは、学問の自由の役割を時代錯誤の状態に陥れる。

特許化された自分の発明を発展させる大学発ベンチャーに参加している教員は、ベンチャーキャピタル、広告、マーケティング、株、借入、規制、その他企業家精神にかかわるすべてのもの、という一種の文化の中に入る。この文化の中では、ある種の行動規範は大学で通常見られるものとは異なるものである。「大胆さ」は「ビジネスの世界では」事業リスクをとることを意味するが、それは「大学の世界でのように」公共政策を批判することではない。同様に、「冒険的」とは普通でない製品を売り込むことであるが、病気の原因に関して新しい理論を提唱することではない。大学発の企業家は公共の知識人とは異なった行動をする。前者は製品を売り込み、後者は考えを広める。ビジネスの世界では執行責任者（CEO）が製品の危険性や労働者の安全性について公に語ることはない。企業経営者は、望ましいビジネス慣行と疑わしい倫理とが争っている中で経営することをますます求められている。明確な境界線はなく、境があいまいになっている。

大学にとって批判精神は知識の増大にとって本質的なものであり、公共のための批判精神は真実の発見への鍵である。他人の考えを批判するということは適切というだけでなく責務でもある。したがって、知識の追究とビジネスとを混ぜてしまっている大学の研究者は公共のための批判精神を避けることにつながる新しい文化の規範を内に秘めることになる。大学発ベンチャー企業家としては、企業家精神の基本的ルールのいくつかを受け入れることが期待される。遺伝子特許を持っている人で「生命特許」を批判することができる人がどれくらいいるであろうか。そのような議論はその人の意識に入ってくることもないであろう。

大学の科学がほとんど企業によって取り込まれていることを示す例が雑草学に見られる。『有毒な欺瞞』(*Toxic Deception*)の中で、著者ダン・ファジン(Dan Fagin)とマリアン・ラベール(Marianne Lavelle)は「産官学の研究者が集まっている雑草学の学者は自らを『スプレーノズル』とか『スプレーして(殺した生物の冥福を)祈る連中』とか呼んでいる(20)」と述べている。政府からの研究助成金は少ないので、大学の雑草学の科学者はほとんど完全に企業からの研究資金に頼っている。結果として、彼らは主に化学的除草剤の研究に専念しており、輪作や生態系のコントロールによって雑草を抑えようというような研究はあまり行わない。同書は全米雑草学会元会長であった農務省の科学者の「もし農薬会社からの研究資金以外に資金がないのならば、農薬の研究をするしかない。それは冷酷な現実である」という言葉を引用している(21)。一九九六年、同僚と私は雑誌「ウィード・サイエンス」(*Weed Science*)［雑草学］に一九八三年から一九九二年までに掲載された論文で、どの分野の研究が多いかを調べた。およそ七〇%が化学的除草剤、二〇%が雑草の生物学・生態学、一〇%足らずが総合的な害虫駆除法や非化学的な雑草駆除法であった(22)。

もし、科学のある分野がほとんど企業によって資金援助されているのならば、科学者が研究を企業の施設で行おうが大学の施設で行おうが大差ない。取り組む研究テーマ、集まるデータの種類、測定される効果がスポンサー企業の影響力のもとで行われる。このような状況下では、特定の民間部門に大きな恩義を受けている科学者は、雑草のコントロールのやり方に疑問を呈して公共の利益のための科学を行おうとすることは適切でも賢明でもないと見なされるであろう。

テレサ・キャンベル(Teresa Isabella Daza Campbell)とシェイラ・スローター(Sheila Slaughter)は産学連携に関わっている科学者の価値観、行動規範について研究した。それは政府からの資金によるすばらしい研究の成果だが、彼らは大学教員がパートナー企業の規範に合わせるようになっていることを見出した。結果として、「不適切な行動の機会は増加するであろう」と報告している。彼らはさらにこの新しい関係は「不正行為の機会を何倍にもする雰囲気を作り出す」と述べている(23)。彼らの研究が行われるまで、企業との連携と科学における不正行為との間の関係を確信を持って示した産学連携の分析はなかった。

かつては学者・教員と呼ばれた科学の教授という地位は、今や個人的な富を増大させるためにその地位の持つ威厳と名声と自由を求める自己中心的な科学的企業家の舞台になった。ミシガン大学の学長であったデューダースタットは「教員の専門化が進行し、彼らの技能に対する市場からの圧力が大きくなり、大学が単なる途中駅となるにつれて、多くの教員の間で大学への忠誠度は減り『自分に何が得られるか』という態度がますます明らかになってきた」と述べている(24)。

公共の利益のための科学は、毒性の危険や政治的な不正義ならびに憎悪、誤って偶像化された人物、持続できない経済成長戦略、欠陥商品、疾病をもたらす環境などを増大させる誤ったイデオロギーに対して率直に批判的に発言する意志と能力のある人物を必要としている。社会における私立大学の価値を語る中で、ジアマティは、私立大学は「多元的な社会において、独立した批評家、私立大学自身が属する非政府セクターへの批評家、敬意を表する政府への批評家、大学そのものへの批評家、その批評のプロセスの保護者という役割」を果たすと述べている(25)。もちろん、批評家としての大学は学問の自由を社会の利益のために活かそうという教員の集合体である。大学の社会に対する貢献という概念は全米単科大学・総合大学運営協会(Association of Governing Boards of Universities and Colleges)の声明にも明らかであり、「州立大学、独立した非営利大学は教育、研究、社会貢献を通して社会全体の利益のために努力しなくてはならないという使命によって他の社会組織と異なる。……大学は過去、現在、未来に同時に貢献する文化的遺産と専門知識の貴重な源泉である」(26)。この役割はいかにして守られるのであろうか。

ほとんど予想可能なほど定期的に、大学学長、理事は長年にわたる問題である大学の大切な価値を、侵食、妥協、逸脱から守るにはどうしたら良いか、について話し合っている。そのような会議がカリフォルニアのパジャロ・デューンズ(Pajaro Dunes)で一九八二年春にスタンフォード大学、ハーバード大学、マサチューセッツ工科大学、カリフォルニア工科大学、カリフォルニア大学が主催し三六人もの大学、企業の参加者を招いて開かれた。そこでは、産学連携の将来、大学や教員の高潔さと保護などが議論された。そこでは、「学問の自由」「自由で開かれた知識のやりとり」「信頼され公平無私な資源としての大学」といった神聖な表現が見られた。しかし、産学連携、技術移転企業家精神、大学発ベンチャーが現代の大学の現実として語られもした。その会議の報告書では大学は自由な研究の伝統を守ることが謳われたが、企業との連携を強める新しいやり方も支持された(27)。

伝統派はひどい商業化には一線を画したいが、現代派はアメリカの組織の境界線がシフトしつつあるので、大学もこの変化に適応すべきだと主張する。遺伝子治療の失敗によるジェシー・ゲルジンガーの悲劇的な死は臨床試験での深刻な利益相反をきわだたせて、連邦政府からの強い反応も招いた。保健福祉省は全米科学アカデミーの中の医学院に、臨床試験での被験者の保護に関する規制の総合的評価をするように要請した。二〇〇二年に、医学院によって招集された検討会は、研究の危険から安全であるために国の制度の大幅な変化まで含んだ報告書を発表した。検討会はその報告書で、臨床試験の実施計画書の審査の中で利益相反を評価することを強く薦めた。報告書はまた、異なる委員と委員会によって、科学評価、金銭的利益相反評価、危険や患者からのインフォームドコンセントなどの倫理問題に関する評価という三段階の審査が行われるべきだと提唱した。医学院の提案によれば、新しい研究倫理審査委員会(Ethics Review Board, ERB)は一九七〇年代以来連邦政府規制によって義務付けられてきた従来の機関内審査委員会に代わるものである。この提案では、いったん、科学と金銭的利益相反の評価が終わったら、研究倫理審査委員会は試験実施計画書が倫理的に受け入れられるものかどうか最終判断をくだす。

これは被験者を保護するための連邦政府システムの主要な部分として利益相反問題を位置づけた全米科学アカデミーとその医学院による最初の大きな努力である。検討会は、「研究者、研究倫理審査委員会のメンバー、大学本体そのものの潜在的利益相反は大学にある適切な利益相反監視部門で評価され、研究倫理審査委員会に報告される。利益相反監視部門は金銭的利益相反が開示されコントロールされているか、計画されている研究の安全性や中立性に妥協を強いるほど大きくはないかを判断する」としている(28)。

もし医学院が推奨する案に沿って改革が行われれば、利益相反がより透明性の高いものとなり、被験者がより良く保護されるようになるであろう。しかし、政府資金によって支援されている大学や非営利研究機関での金銭的利益相反を減少させたり最小限にする提案は、まだ何もされていない。

伝統的な役割と境界線の再構築

われわれは伝統的な組織の境界線が消えていく時代にある。銀行が株式の売買を行い、証券会社が銀行業務を行う。エンターテイメント企業が新しい放送会社を所有し、新しい放送会社がエンターテイメント部門を持つ。農家が農作物から化学製品をつくり、農業会社が農産物を大量生産する。動物は薬の開発に使われ、薬がエンターテイメントに使われる。政府の研究者が企業と連携するのが許され、企業が毒物に関する連邦政府の研究に資金援助する。株式公開している企業に公開が義務付けられている会計情報報告書を作成する独立した監査企業が、監査している企業のコンサルティングも行う。腫瘍の治療薬を製造している製薬会社ががん治療センターの経営も引き受ける。世界は少し混乱している。大学のような非営利組織が積極的に営利的企画に乗り出していることを聞いてもわれわれは驚くべきではないのであろう。それは複雑に入り組んだ組織間の境界線のもうひとつの例なのである。

大学が企業のほうを向き、非営利と営利の境界線をあいまいにすることが支持されている時代において、大学の科学と医学の高潔さを取り戻すには何ができるのであろうか。われわれはおそらく、大学を設立した根本の目的を再調査することから始めるべきである。そして、われわれはこれらの目的が、大きな予算を調達するためや一部の教員のために潜在的な収益機会を与えるために、侵食されたり妥協されたりすることから守ることの重要性を、もう一度考えてみるべきである。以下の三つがわれわれのやり方を導く一般的原則である。

「大学で知識を生み出す人間の役割と、知識に金銭的利害を持っている人間の役割とは分離され区別されるべきである。」

「患者を治療しつつ彼らを研究対象にするという受託された責任を持つ人間の役割と、患者の治療に役立つ特定の医薬品、治療法、製品、臨床試験、設備に金銭的利害関係を持つ人間の役割とは分離され区別されるべきである。」

「治療法、医薬品、有害物質、消費者向け製品を評価する人間の役割と、それらの製品の成功・失敗に金銭的利害関係を持つ人間の役割とは分離され区別されるべきである。」

大学の科学と医学の高潔さへの市民の信頼は、これらの役割が複雑に交錯するようになると揺らぎ始める。これらの目的を達成するために最初に実行すべき課題は金銭的利益の開示である。開示は上記の一般的な原則が破られる傾向にあるかどうかを明らかにするので、科学者が研究の中に持つ金銭的利害関係を開示することは、一般的原則を満たす最初の一歩である。大学教員による金銭的利益の届出は学術雑誌、議会の委員会、資金を出す政府機関、政府の諮問委員会などによって広く義務付けられるべきである。利益相反の開示は研究結果の発表の部分的条件としてだけでなく、研究助成金申請の条件としても求められるべきである。研究資金を提供する連邦政府機関は、研究者は連邦政府資金で行った研究成果を論文として投稿するときには利益相反関係を開示しなければならないと義務付けることによって、学術雑誌に対して利益相反対策をとる動機付けを与えることができる。

利益の存在を開示することは、特定の関係を禁止する努力が伴わなければ上記の一般的原則を満足させることはできない。自分が社長や役員をしている企業からの資金による研究に教員が参加することは禁止されるべきである。研究者と知識のもっとも主要な利害関係者との間の防火壁は確固たるものにしておかなくてはならない。

大学が非営利団体としての資産運用のための投資の常識を大きく超えるくらい、ある企業の大株主になっている場合（たとえば、企業の経営上の意思決定に影響を及ぼすのに充分なほどの株を持っている場合）、大学はその企業からの研究助成金や受託研究費の受け入れを辞退すべきである。もしくは、もし大学がそのような研究をどうしても行いたいのならば、研究から影響を受けそうな株の運用を第三者に白紙委任すべきである(29)。このような条件（または同等の条件）が満たされた場合にのみ研究と投資の意思決定は適切に分離される。

同様の対応策は生命科学に適用される。臨床試験を監督する研究者は、その試験結果から利害を受ける企業の株を持つべきではない。臨床研究者は、科学の高潔さと参加する患者のために託された責任を持つべきである。これらの目的はときどきは相反するが切り離されたものではない。しかしながら、臨床研究者の託された責任における潜在的利益相反を抑えるには、患者の擁護者として臨床試験とまったく関わりのない医師が存在しているべきである。そうすることで臨床研究者は、「その患者は臨床試験を続けるべきか、プラセボ（偽薬）の投与を続けるべきか」などに関して別の医学的意見を聞くことになるであろう。

利害関係者からの不当な影響力から連邦政府の諮問委員会を守ることは、適切な公共政策意思決定にとって必要不可欠である。科学的専門知識は政治的リトマス試験によって決められるべきではない(30)。政府機関は科学が関わる多くの諮問委員会から利益相反を除外するために連邦法規を文字通り解釈すべきである。委員会が検討する問題に重大な利害関係を持つ人物を免責して委員会に入れるには、厳しい審査をクリアする必要がある。稀なことでも、この候補者が厳しい基準をクリアした場合、その委員会では非常勤の投票権のない委員として参加し、利益相反の事実は市民が見ることができる議事録に残されるべきである。

われわれは大学教員が政府の名誉ある検討委員会に任命されたり、政府から助成金や受託研究費を受けるときに、ベンチャー企業家的行動に手を染めていないことに対して大学教員に誘因を与える必要がある。さもないと、科学に基づく政策のうそ偽りのない決定を行おうとする過程は悪循環に陥ってしまう。政府機関はその分野の最適任の専門家は利益相反問題を抱えていると言う。そのような専門家は名誉ある委員会に任命され、多くの研究助成金をもらい、その助成金による研究のおかげでその専門家の研究者の間での名声がますます高まり、そのような名声によって政府の委員会からも委員になってくれるようますます求められる。これらすべては利益相反に目をつぶって政府委員に利害関係を持った人間が入ることを当たり前にすることにつながっている。助成金、受託研究、委員会による任命の誘因体系が、いろいろな利益を持つ企業家的科学者に報酬を与えないようにして、利益相反の人物が委員になることが日常的でなく例外的になるようにするときに初めて、この悪循環を断ち切ることができる。

利益相反において、もっとも取り組む価値があり、かつ深刻な問題は、医薬品、有害化学物質、そのほか消費財の評価での大学の科学者の役割に関わるものである。たとえば、医薬品試験において、企業は通常、大学の医学、毒物学、薬学の学科の研究者に委託する。スポンサー企業はしばしばデータと研究結果発表に関して権利を行使する。企業は試験実施計画書の策定も手伝い、結果を食品医薬品局のようなしかるべき認可機関に提出する。同様のプロセスは結果の提出先が環境保護庁や労働安全衛生局（Occupational Safety and Health Administration, OSHA）である化学物質の評価でも見られる。

製品の安全性評価においては、スポンサー企業と評価する大学の研究者との密接な関係は人々を不安にする。大学や大学の研究者の中には、将来にわたる継続的な研究資金援助の見返りに、評価の厳密性、中立性、独立性で妥協をするものもあるかもしれない。理論上は、何もこれを防ぐことはできない。最善の方法は評価する人々と結果から利益を得る人々との間に防火壁を築くことであろう。しかしながら、［企業からの資金による評価を禁止した場合］政府官僚組織がそのような評価をすべて行うほど充分に大きいと想像することは現実的でない。

利害関係者が資金を出し（ある程度）コントロールも行っている製品評価の研究における高潔さを守るにはある種の想像力を働かせなくてはならない。医薬品試験で言えば、ひとつの方法は独立した国立医薬品試験研究所（National Institute for Drug Testing, NIDT）を設立することである。食品医薬品局に提出するデータを作成したい企業は薬をこの国立医薬品試験機関に提出しなくてはならないようにする。国立医薬品試験研究所は民間機関とも協力して試験計画を発表する。国立医薬品試験研究所は全米の研究機関からの受託試験の申し込みを受け付ける。詳細な臨床試験の実施計画書が提出され、審査の結果、受託先が決められる。試験実施計画書、データの利用、論文の発表については国立医薬品試験研究所と受託した研究機関との間の交渉で決まる。国立医薬品試験研究所は統一的に適用される研究の質に関する規定を発表する。機密情報は保護される。試験が終了したら結果は製薬会社に送られる。結果は認証されたデータとして必要な認可省庁に送られる。

このやり方では、企業は初期段階では好きな外部機関に試験を委託してよい。しかし、国立医薬品試験研究所を経由して集められたデータでないと認可申請には使えない。国立医薬品試験研究所は良い結果も悪い結果もすべてのデータを記録し保存しておく。このタイプの枠組みでは、利害関係者と医薬品試験実施者との間に緩衝材的領域となる新しい政府組織を作ることによって、潜在的利益相反からすべての関係者を守り、試験におけるバイアスの可能性を大きく減少させる。国立医薬品試験研究所によって制定される利益相反規則は大学であろうが企業であろうがすべての試験実施機関に適用される。試験結果からの利益に関係する企業の株式は試験実施機関も試験実施者個人も保有することができない。

私は過度の商業化を大学に導入することによる利害関係は、大学の学部や科学者の学会を超えた影響力を持っていると論じてきた。アメリカで公に認可を受けている各大学は「知識の生産」という大きな企ての中で務めを果たすという社会的にユニークな役割を持っている。単一の大学がこの責務を果たすのではない。むしろ、アメリカの研究大学が全体としてこの役割を果たしている。この知的な泉から、この国のほとんどの雑誌編集者が生み出され、科学関係の学会の会長が選ばれ、全米科学アカデミーの会員が見出される。この泉こそ、独創的な研究の強力な源泉なのである。

もしわれわれがこの知識の泉をほかの利益、とくに企業の利益、で汚してしまうのならば、公平で独立した批判的な分析の純粋な貯水池を失うことになる。個々の大学は自身の組織的利益相反によってもうひとつの利害関係者——真実が厳密な学問的な考察の客観的な結果としてではなく、社会的関係として見られる傾向がある、しらけた政治の舞台の中でのいまひとつの自己中心的な組織——として見なされるであろう。

ある種の組織は伝統、法律、規制によって相反する役割から守られなくてはならない。裁判所は刑務所を運営する組織と同じではない。医師は臨床試験に患者が参加して薬を飲むたびに利益が得られる存在であるべきではない。連邦議会の議員と裁判官は企業の役員になるべきではない。

大学の科学者は企業の経営者にも、アメリカの営利企業の小間使いにもなるべきではない。大学の利益相反は禁止・防止されるものでなく微妙に管理されるべきものだという前提を受け入れることは、アメリカの大学が持ってきた公共の利益のために貢献するという機能が何にもまして危機に瀕することなのである。

注

第II章

1. この事例は、スウェーデンの新聞（*Torsdag*, August 1, 2002.）に載った記事を翻訳したインガー・パームルンド（Ingar Palmlund）が私に教えてくれた。（"Foretag styr allt fler professorer"）.

2. Andrzej Górski, "Conflicts of Interest and Its Significance in Science and Medicine," *Science and Engineering Ethics* 7 (2001): 307-312.

3. Giovanni A. Fava, "Conflict of Interest and Special Interest Groups. The Making of a Counter Culture," *Psychotherapy and Psycosomatics* 70 (2001):1-5.

4. Arnold S. Relman "The New Medical-Industrial Complex," *New England Journal of Medicine* 303 (October 23, 1980): 967.

5. Anonymous (editorial), "Medicine's Rude Awakening to the Commercial World," *The Lancet* 355 (March 11, 2000): 857.

6. Peter Gosselin, "Flawed Study Helps Doctors Profit on Drug," *Boston Globe*, October 19, 1988, A1.

7. Gosselin, "Flawed Study Helps Doctors," A4.

8. National Science Foundation, *Science and Engineering In-dicators 2002: Academic Research and Development,* ch. 5, table 5.2. Support for Academic R&D, by Sector: 1953-2000.

9. *Drug Intelligence and Clinical Pharmacy* 20(1986): 77-78.

10. Drummond Rennie. "Thyroid Storm," *Journal of the American Medical Association,* 277(April 16,1997): 1238- 1243, at www.ama-assn.org/sci-pubs/journals/archive/jama/vol_277/no_15/ed7011x.htm

11. Rennie, "Thyroid Storm"

12. Karen Kerr "Drug Company Relents, Dong's Finding in *JAMA*," *Synapse* (May, 1997): 1, at www.ucsf.edu/~synapse/archives.

13. Kerr, "Drug Company Relents," 1.

14. Kerr, "Drug Company Relents," 1.

15. *State of Tennessee v. Knoll Pharmaceutical Co.*

16. G.H.Mayor, T.Orlando, and N.M.Kurtz, "Limitations of Levothyroxine Bioequivalence Evaluation: An Analysis of an Attempted Study," *American Journal of Therapeutics* 2 (1995): 417-432.

17. Ralph T. King, Jr., "Judge Blocks Proposed Synthroid Pact, Criticizing the Level of Attorney's Fees" *Wall Street Journal,* September 2, 1998, B2.

18. David Willman, "Waxman Queries NIH Researcher's Ties," *Los Angeles Times,* December 9, 1998.

19. David Willman, "2nd NIH Researcher Becomes a Focus of Conflict Probe," *Los Angeles Times,* September 4, 1999.

20. David Willman, "Scientist Who Judged Pill Safety Received Fees," *Los Angeles Times,* October 29, 1999.

21. David Willman, "The Rise and Fall of the Killer Drug Rezulin," *Loa Angeles Times,* June 4, 2000.

第III章

1. Roger L. Geiger, *Research and Relevant Knowledge* (Oxford: Oxford University Press, 1993).

2. Francis X. Sutton, "The Distinction and Durability of American

Research Universities," in *The Research Universities in a Time of Discontent,* ed. J. R. Cole, E. G. Barber, and S. R. Graubard (Baltimore: The Johns Hopkins University Press, 1994).

3. Geiger, *Research and Relevant Knowledge,* 299-300.

4. James Ridgeway, *The Closed Corporation* (New York: Random House, 1968), 84. (『崩壊する大学』、杉浦利英・河合伸訳、朝日新聞社、一九七〇年)

5. Robert M. Rosenzweig, *The Research Universities and Their Patrons* (Berkeley: University of California Press, 1992), 42.

6. Rosenzweig, *The Research Universities,* 59.

7. Rosenzweig, *The Research Universities,* 43.

8. G. A. Keyworth II, "Federal R&D and Industrial Policy," *Science* 210 (June 10, 1993): 1122-1125.

9. Wesley Cohen, Richard Florida, and W. Richard Goe, *University-Industry Research Centers.* A report of the Center for Economic Development, H. John Heinz III School of Public Policy and Management, Carnegie Mellon University, July 1994.

10. U.S. Congress, Office of Technology Assessment (OTA), *New Developments in Biotechnology: 4. U.S. Investment in Biotechnology* (Washington, D.C.: USGPO, July 1988), 115

11. OTA, *New Developments,* 114.

12. OTA, *New Developments,* 113.

13. National Research Council, introduction to *Intellectual Property Rights and Research Tools in Molecular Biology,* a summary of a workshop held at the National Academy of Sciences, February 15-16, 1996 (Washington, D.C.: National Academy Press, 1997), l.

14. Sheila Slaughter and Larry L. Leslie, *Academic Capitalism* (Baltimore: The Johns Hopkins University Press, 1997), 223.

15. U.S. Congress, House Subcommittee on Investigations and Oversight; House Subcommittee on Science, Research and Technology; Committee on Science and Technology, *University/Industry Cooperation in Biotechnology,* 97th Cong., June 16-17, 1982 (Washington D.C.: USGPO, 1982), 2.

16. U.S. Congress, *University/Industry Cooperation,* 6.

17. U.S. Congress, House Committee on Government Operations, Subcommittee on Human Resoruces and Intergovernmental Relations, *Are Scientific Misconduct and Conflicts of Interest Hazardous to Our Health?* (Washington, D.C.: USGPO, September 10,1990),68.

18. Maura Lerner and Joe Rigert, "Audits say 'U' Knew of ALG Problems," *Star Tribune,* August 23, 1992, 1B, 3B.

19. Maura Lerner and Joe Rigert, ""U" is Forced to Halt Sales of Drug ALG," *Star Tribune,* August 23, 1992, A1, 6-7.

20. Joe Rigert and Maura Lerner, "Najarian Admits Mistakes were Made in ALG Drug Program," *Star Tribune,* August 26, 1992, B1, B2.

21. Goldie Blumenstyk, "Berkeley Pact with a Swiss Company Takes Technology Transfer to a New Level," *Chronicle of Higher Education,* December 11, 1998, A56.

22. Will Evans, "UC-Berkeley Alliance with Novartis Blasted by State Senators," *Daily California,* May 16, 2000.

23. J. Walsh, "Universities: Industry Links Raise Conflict of Interest Issue," *Science* 164 (April 25, 1969): 412.

24. Miguel Altieri (talk to the Environmental Grantmakers Association, New Palz, N.Y., September 13, 2000).

25. Ignacio Chapela and David Quist, "Transgenic DNA Introgressed

into Traditional Maize Landraces in Oaxaca, Mexico," *Nature* 414 (November 29, 2001): 541-543.

26. Nick Kaplinsky, David Braun, Damon Lisch et al., "Maize Transgene Results in Mexico Are Artifacts," *Nature* 415 (April 4, 2002): 2.

27. Paul Elias, "Corn Study Spurs Debate on Links of Firms, Colleges," *Boston Globe,* April 22, 2002, D6.

28. Kelsey Demmon and Amanda Paul, "Mexican Investigation Validates Corn Study," *The Daily Californian,* August 20, 2002.

29. Public Citizen, *Safeguards at Risk: John Graham and Corporate America's Back Door to the Bush White House* (Washington, D.C.: Public Citizen, March 2001).

30. Sheldon Krimsky, Hormonal Chaos: *The Scientific and Social Origins of the Environmental Endocrine Hypothesis* (Baltimore: The Johns Hopkins University Press, 2000).

31. Douglas Jehl, "Regulations Czar Prefers New Path," *New York Times,* March 25, 2001, Al, A22.

32. Dick Durbin, "Graham Flunks the Cost-Benefit Test," *Washington Post,* July 16, 2001, A15.

33. Durbin, "Graham Flunks," A15.

34. Julie Smyth, "Psychiatrist Denied Job Sues U of T: Linked Prozac to Suicide," *National Post,* September 25, 2001.

35. Nicholas Keung, "MD Settles Lawsuit with U of T over Job," *Toronto Star,* May 1, 2001, A23.

36. Donald J. Marsh, "A Letter from Dean Marsh Regarding Issue of Academic Freedom," *George Street Journal* [Brown University publication] 21, no.30 (May 23-29, 1997), B13.

37. Miriam Schuchman, "Secrecy in Science: The Flock Worker's Lung Investigation," *Annals of Internal Medicine* 129 (August 15, 1998): 341-344.

38. Wade Roush, "Secrecy Dispute Pits Brown Researcher against Company," *Science* 276 (April 25, 1977): 523-524.

39. Marsh, "A Letter from Dean Marsh," p.4.

40. Schuchman, "Secrecy in Science."

41. Richard A. Knox, "Brown Public Health Researcher Fired," *Boston Sunday Globe,* July 6, 1997, B1, B5.

42. Bernard Simon, "Private Sector: The Good, the Bad and the Generic," *New York Times,* October 28, 2001, sec.3, p.2.

43. David G. Nathan and David J. Weatherall, "Academic Freedom in Clinical Research. Sounding Board," *New England Journal of Medicine* 347 (October 24, 2002): 1368-1369.

44. Editorial, "Keeping Research Pure," *Toronto Star,* October 29, 2001, A20.

45. Patricia Baird, Jocelyn Downie, and Jon Thompson, "Clinical Trials and Industry," *Science* 297 (September 27, 2002): 2211.

46. S. van McCrary, Cheryl B. Anderson, Jolen Khan Jakovljevic et al., "A National Survey of Policies on Disclosure of Conflicts of Interest in Biomedical Research," *New England Journal of Medicine* 343 (November 30, 2000):1621-1626.

47. S. van McCrary, "A National Survey of Policies," p. 1622.

48. U.S. General Accounting Office, *Biomedical Research: HHS Direction Needed to Address Financial Conflicts of Interest.* Report to the ranking minority member, Subcommittee on Public Health, Committee on Health, Education, Labor, and Pensions (Washington, D.C.: GAO, November 2001) GAO-02-89.

49. David B. Resnik and Adil E. Shamoo, "Conflict of Interest and the University," *Accountability in Research* 9 (January-March 2002): 45-64.

50. Department of Health and Human Services, Public Health Service, "Objectivity in Research," *Federal Register* 60 (July 11, 1995): 35810-35819.

51. Resnik and Shamoo, "Conflict of Interest and the University," 56.

52. David Blumenthal, "Growing Pains for New Academic/Industry Relationships," *Health Affairs* 13 (Summer 1994): 176-193.

53. Walter W. Powell and Jason Owen-Smith, "Universities as Creators and Retailers of Intellectual Property: Life-Sciences Research and Commercial Development," in *To Profit or Not to Profit,* ed. Burton A. Weisbrod (Cambridge, U.K.: Cambridge University Press, 1998), 190.

54. Dan Ferber, "Is Corporate Funding Steering Research Institutions Off Track?" *The Scientist,* February 5, 2002.

55. Committee of Experts on Tobacco Industry Documents, World Health Organization, *Tobacco Company Strategies to Undermine Tobacco Control Activities at the World Health Organization,* July 2000, at filestore.who.int/~who/home/tobacco/ tobacco.pdf (accessed March 1, 2002).

56. Raymond L. Orbach, "Universities Should Be 'Honest Brokers' between Business and the Public Sector," *Chronicle of Higher Education,* April 6, 2001, 13.

57. Jeff Gottlieb, "UCI Case Raises Issue of Schools' Ties to Business," *Los Angeles Times,* December 27, 1998, A28.

58. Editorial, "Conflict of Interest Revisited," *Nature* 355 (February 27, 1992): 751.

第四章

1. Eliot Marshall, "Patent on HIV Receptor Provokes an Outcry," *Science* 287 (February 25, 2000): 1375.

2. Paul Jacobs and Peter G. Gosselin, "Experts Fret over the Effect of Gene Patents on Research," *Los Angeles Times,* February 28, 2000.

3. James Madison, letter from Madison to Jefferson (October 17, 1788), in "Federalist No. 43," in *The Federalist Papers,* ed. Clinton Rossiter (New York: Mentor, 1961), 271-272.

4. Madison, "Federalist No. 43," 271-272.

5. Louis M. Guenin, "Norms for Patents Concerning Human and Other Life Forms," *Theoretical Medicine* 17 (1996): 279-314.

6. U.S. Congress, Office of Technology Assessment, *New Developments in Biotechnology: 5. Patenting Life* (Washington, D.C.: USGPO, April, 1989) OTA-BA-370, 51.

7. Norman H. Carey, "Why Genes Can Be Patented," *Nature* 379 (February 8, 1996): 484.

8. Carey, "Why Genes Can Be Patented," 484.

9. Daniel J. Kevles and Leroy Hood, *The Code of Codes* (Cambridge, Mass.: Harvard University Press, 1992), 313.

10. *Diamond v. Chakrabarty*, 477 U.S. 303 (1980).

11. Office of Technology Assessment, *New Developments,* 53.

12. U.S. Congress, Senate, *Revision of Title 35, United States Code,* 82nd Cong., 2nd sess., June 27, 1952, report 1979.

13. *Diamond v. Chakrabarty*, 477 U.S. 303 (1980).

14. Office of Technology Assessment, *New Developments,* 53.

15. Andrew Pollack, "Debate on Human Cloning Turns to Patents," *New York Times,* May 15, 2002. See also, United States Patent, 6,211,429,

Machaty and Prather, April 3, 2001. Complete oocyte activation using an oocyte-modifying agent and a reducing agent.

16. Warren A. Kaplan and Sheldon Krimsky, "Patentability of Biotechnology Inventions under the PTO Utility Guidelines: Still Uncertain after All These Years," *Journal of BioLaw & Business*, special supplement: "Intellectual Property" (2001): 24-48.

17. See www.faseb.org/genetics/acmg/pol-34.htm.

18. *Funk Brothers Seed Co. v. Kalo Inoculant Co.*, 333 U.S. 127 (1948).

19. R. Eisenberg, "Patents and the Progress of Science: Exclusive Rights and Experimental Use," *University of Chicago Law Review* 56 (1989): 1017-1086.

20. Rex Dalton, "Scientists Jailed for Alleged Theft from Harvard Laboratory," *Nature* 417 (June 27, 2002): 886.

21. Peter G. Gosselin and Paul Jacobs, "Patent Office Now at Heart of Gene Debate," *Los Angeles Times*, February 7, 2000, A1.

22. Eliot Marshall, "NIH Gets a Share of BRCA 1 Patent," *Science* 267 (February 26,1995):1086.

23. Jon F. Merz, Antigone G. Kriss, Debra G. B. Leonard, and Mildred K. Cho, "Diagnostic Testing Fails the Test," *Nature* 415 (February 7, 2002): 577-578.

24. Michael A. Heller and Rebecca S. Eisenberg, "Can Patents Deter Innovation? The Anticommons on Biomedical Research," *Science* 280 (May 1, 1998): 698-701.

25. Office of Technology Assessment, *New Developments*, 59.

26. Editorial, "Gene Discoveries Must Be Shared for the Sake of Society," *Los Angeles Times*, May 14, 2000.

27. Rex Dalton and San Diego, "Superweed Study Falters As Some Firms Deny Access to Transgene," *Nature* 419 (October 17, 2002): 655.

28. Gosselin and Jacobs, "Patent Office Now at Heart," Al.

29. Attributed to Michael S. Watson, American College of Medical Genetics. Quoted in Gosselin and Jacobs, "Patent Office Now at Heart," Al.

30. この引用はアメリカ・タイサックス病および関連疾患病協会で、息子をカナバン病で亡くしたジュディス・ティピス（Judith Tsipis）による。

31. Fran Visco, president of the National Breast Cancer Coalition.

32. Jonathan King, cited in Andrew Pollack, "Is Everything for Sale?" *New York Times*, June 28, 2000, C1, C12.

第五章

1. Robert K. Merton, personal communication, October 7, 2002.

2. Robert K. Merton, "Science and the Social Order," *Philosophy of Science* 5 (1938): 321-337.

3. Robert K. Merton, *Social Theory and Social Structure* (New York: The Free Press, 1968), 604.

4. Robert K. Merton, "Priorities in Scientific Discovery: A Chapter in the Sociology of Science," *American Sociological Review* 21 (December 1957): 635-659.

5. Merton, "Priorities in Scientific Discovery," 605.

6. Merton, "Priorities in Scientific Discovery," 606.

7. John Ziman, *Real Science* (Cambridge, U.K.: Cambridge University Press, 2000).

8. Ziman, *Real Science*, 31.

9. Merton, *Social Theory and Social Structure*, 608.

10. Ziman, *Real Science,* 36.

11. Merton, *Social Theory and Social Structure,* 610.

12. Ziman, *Real Science,* 33.

13. "Secrecy is the antithesis of this norm; full and open communication its enactment." Merton, *Social Theory and Social Structure,* 611.

14. Seth Shulman, *Owning the Future* (Boston: Houghton Mifflen Co., 1999), 54.

15. Merton, *Social Theory and Social Structure,* 610.

16. Merton, *Social Theory and Social Structure,* 610.

17. Ziman, *Real Science,* 180.

18. Ziman, *Real Science,* 174.

19. Robert K. Merton, personal communication, October 7, 2002.

20. われわれの一九八三年から一九九三年までの『雑草学』に掲載された論文の分類によれば、除草剤関係の論文のほうが化学物質を使わない方法よりも数が多くなる傾向があることが明らかになった。Sheldon Krimsky and Roger Wrubel, *Agricultural Biotechnology and the Environment* (Urbana: University of Illinois Press, 1996), 52-53.

21. イリノイ大学の職業病・環境医学教授のサミュエル・エプスタイン（Samuel Epstein）は一九九八年のアメリカ・がん学会で「学会予算の一〇〇分の一％以下だけが環境の発がん要因の研究に向けられている」と推定した。www.nutrition4health.org/NOHAnews/NNSO1_EpsteinCancer.htm (accessed May 23, 2002).

22. Merton, *Social Theory and Social Structure,* 614.

23. Merton, *Social Theory and Social Structure,* 601.

24. マーティン・ケニー（Martin Kenney）は産学複合（university-industrial complex）という言葉を彼の本にも用いた。"Biotechnology: *The University-Industrial Complex* (New Haven: Yale University Press, 1986).

25. Barbara J. Culliton, "The Academic-Industrial Complex," *Science* 216 (May 28, 1982): 960.

26. National Science Foundation, Directorate for Social, Behavioral and Economic Science, "How Has the Field Mix of Academic R&D Changed?" (December 2, 1999), 99-309. See table B-32, "Total R&D Expenditures at Universities and Colleges: Fiscal Years 1992-1999"; Table B-38, "Industry-Sponsored R&D Expenditures at Universities and Colleges: Fiscal Years 1992-1999." Accessed at www.nsf.gov/search97cgi/vtopic.

27. National Science Foundation, *Science and Engineering Indicators,* 2002 (Washington, D.C.: NSF, 2002), appendix table 5-2, "Support for Academic R&D, by Sector: 1953-2000."

28. David Concor, "Corporate Science versus the Right to Know," *New Scientist* 173 (March 16, 2002): 14.

29. The Association of University Technology Managers, *AUTM Licensing Survey: FY2000* (2002), 115-119, at www.uutm.net/survey/2000/summary.noe.pdf (accessed on September 15, 2002).

30. David Dickson, *The New Politics of Science* (New York: Pantheon, 1984), 105-106.

31. David Blumenthal, Michael Gluck, Karen S. Louis, Michael A. Soto, and David Wise, "University-Industry Research Relationships in Biotechnology: Implications for the University," *Science* 232 (June 13, 1986): 1361-1366.

32. Blumenthal et al., "University-Industry Research Relationships," 1365.

33. David Blumenthal, Michael Gluck, Karen S. Louis, and David Wise, "Industrial Support of University Research in Biotechnology," *Science* 231

(January 17, 1986): 242-246.

34. Blumenthal et al., "Industrial Support of University Research," 246.

35. David Blumenthal, Nancyanne Causine, Eric Campbell et al., "Relationships between Academic Institutions and Industry in the Life Science: An Industry Survey," *New England Journal of Medicine* 334 (February 8, 1996): 368-373.

36. Richard Florida, "The Role of the University: Leveraging Talent, Not Technology," *Issues in Science and Technology* 15 (Summer 1999): 67-73.

37. David Blumenthal, Eric G. Campbell, Melissa S. Anderson, Nancyanne Causino, "Withholding Research Results in Academic Life Science: Evidence from a National Survey of Faculty," *Journal of the American Medical Association* 277 (April 16, 1997): 1224-1228.

38. Blumenthal et al., "Withholding Research Results," 1224-1228.

39. Eric G. Campbell, Brian R. Clarridge, Manjusha Gokhale et al., "Data Withholding in Academic Genetics," *Journal of the American Medical Association* 287 (January 23/30, 2002): 473-480.

40. Robert K. Merton, "A Note on Science and Democracy," *Journal of Legal and Political Sociology* 1 (1942): 115-126.

41. U.S. Patent and Trademark Office, Department of Commerce, "Utility Examination Guidelines," *Federal Register* 66 (January 5, 2001): 1092-1099.

42. M. Patricia Thayer and Richard A. DeLiberty, "The Research Exemption to Patent Infringement: The Time Has Come for Legislation," *The Journal of Biolaw and Business* 4, no.1 (2000): 15-22.

43. ヒト遺伝子の数は、当初は一〇万個と推定されていたが、最近では三万個程度と考えられている。

44. Peter G. Gosselin, "Deal on Publishing Genome Data Criticized," *Los Angeles Times*, December 8, 2000, A7.

45. Simson Garfunkle, "A Prime Argument in Patent Debate," *Boston Globe,* April 6, 1995, A69-70.

46. Ziman, *Real Science,* 78.

47. Ziman, *Real Science,* 79.

48. Ziman, *Real Science,* 116.

第六章

1. Susan Wright, *Molecular Politics* (Chicago: University of Chicago Press, 1994) 529, n.44.

2. U.S. General Services Administration, "Twenty-Seventh Annual Report on Federal Advisory Committees: Fiscal Year 1998" (March 1, 1999), 1, at policyworks.gov/mc/mc-pdf/fac98rpt.pdf (accessed February 20, 2001).

3. U.S. General Services Administration, "Twenty-Seventh Annual Report," 7.

4. U.S.C. App. 2 Sec. 5(b)(3).

5. See 18 U.S.C. 208(a), sec. 18 U.S.C., sec. 208(a), purpose.

6. President William J. Clinton, Executive Order No.12838, "Termination and Limitation of Federal Advisory Committees," December 31, 1993.

7. Office of Government Ethics, "Interpretations, Exemptions and Waiver Guidance Concerning 18 U.S.C. (Act Affects a Personal Financial Interest)" Federal Register 61 (December 18, 1996): 66829.

8. 5 C.F.R 2640.103(a).

9. Anonymous, "How the Study Was Done," *USA Today,* September

25,2000.

10. Dennis Cauchon, "Number of Experts Available Is Limited," *USA Today,* September 25, 2000,10A.

11. Dennis Cauchon, "FDA Advisers Tied to Industry," *USA Today,* September 25, 2000.

12. Cauchon, "FDA Advisers Tied to Industry."

13. Cauchon, "FDA Advisers Tied to Industry."

14. Committee on Government Reform, U.S. House of Representatives, *Conflicts of Interest in Vaccine Policy Making,* majority staff report, August 21,2000, at house.gov/ reform/staff_report1.doc (accessed May 28, 2002).

15. Committee on Government Reform, *Conflicts of Interest,* 1.

16. Dan Burton, Chair, Committee on Government Reform, U.S. House of Representatives, letter to Secretary of Health and Human Services, Donna E. Shalala, August 10, 2000.

17. Committee on Government Reform, *Conflicts of Interest,* 19.

18. 食品医薬局のワクチンならびに関連生物学製品諮問委員会は、一九九七年十二月に、ロタシールドをロタウイルスのワクチンとして承認した。

19. Committee on Government Reform, *Conflicts of Interest,* 27.

20. Committee on Government Reform, *Conflicts of Interest,* 37.

21. Rose Gutfeld, "Panel Urges FDA to Act on Adviser Bias," *Wall Street Journal,* December 9, 1992, B6.

22. *Physicians Committee for Responsible Medicine v. Dan Glickman, Secretary,* USDA. Civil Action No.99-3107. Decided September 30, 2000.

23. Marion Nestle, *Food Politics* (Berkeley: University of California Press, 2002), 111（『フード・ポリティクス』、三宅真季子・鈴木真理子訳、新曜社、二〇〇五年）.

24. Marion Nestle, "Food Company Sponsorship of Nutrition Research and Professional Activities: A Conflict of Interest?" *Public Health Nutrition* 4 (2001): 1015-1022.

25. U.S. General Accounting Office, EPA's Science Advisory Board Panels (Washington, D.C.: GAO-01-536, June 2001).

26. U.S. General Accounting Office, EPA's Science Advisory Board Panels, 5.

27. U.S. General Accounting Office, EPA's Science Advisory Board Panels, 13.

28.「ハイゼンベルグの不確定性原理」とは、量子力学において原子より小さな粒子の位置と速度を同時に正確に測定することができないということである。位置と速度の測定精度は反比例する。

第七章

1. Sheila Slaughter and Larry L. Leslie, *Academic Capitalism* (Baltimore: The Johns Hopkins University Press, 1997), 7.

2.「ネイチャー」誌は生物学の商業化における大学の役割についての、デイビッド・ボルチモアと私との間の論争を掲載した。"The Ties That Bind or Benefit," *Nature* 283 (January 10, 1980): 130-131.

3. Eliot Marshall, "When Commerce and Academe Collide," *Science* 248 (April 13, 1990): 152.

4. Quoted in David Dickson, *The New Politics of Science* (New York: Pantheon, 1984), 78.

5. David Blumenthal, "Academic-Industry Relationships in the Life Sciences," *Journal of the American Medical Association* 268 (December 16, 1992): 3344-3349.

6. Elizabeth A. Boyd and Lisa A. Bero, "Assessment of Faculty Financial Relationships with Industry: A Case Study," *Journal of the American Medical Association* 284 (November 1, 2000): 2209-2214.

7. Editorial, "Is the University-Industrial Complex Out of Control?" *Nature* 409 (January 11, 2001): 119.

8. Howard Markel, "Weighing Medical Ethics for Many Years to Come," *New York Times,* July 2, 2002, D6.

9. Catherine D. DeAngelis, "Conflict of Interest and the Public Trust," editorial, *Journal of the American Medical Association* 284 (November 1, 2000): 2193-2202.

10. Sheldon Krimsky, L. S. Rothenberg, P. Stott, and G. Kyle, "Financial Interests of Authors in Scientific Journals: A Pilot Study of 14 Publications," *Science and Engineering Ethics* 2 (1996): 395-410.

11. Trish Wilson and Steve Riley, "High Stakes on Campus," *News & Observer,* April 3, 1994.

12. Steve Riley, "Professor Faulted for Role in Brochure," *News & Observer*, September 18, 1994.

13. Mathew Kaufman and Andrew Julian, "Medical Research: Can We Trust It?" *Hartford Courant,* April 9, 2000, A1, 10.

14. Slaughter and Leslie, *Academic Capitalism,* 203.

15. Tufts University, Dean of Students Office, School of Arts, Sciences, and Engineering, *Academic Integrity @Tufts, August* 1999.

16. Mathew Kaufman and Andrew Julian, "Scientists Helped Industry to Push Diet Drug," *Hartford Courant,* April 10, 2000, Al, A8.

17. See *Journal of the American Medical Association,* "Instructions for Authors" at ama-assn.org/public/journals/jama/instruct.htm.

18. Sheldon Rampton and John Stauber, *Trust Us, We're Experts* (New York: Tarcher/Putnam 2001), 201.

19. Sarah Bosely, "Scandal of Scientists Who Take Money for Papers Ghostwritten by Drug Companies," *The Guardian Weekly*, February 7, 2002.

20. Melody Peterson, "Suit Says Company Promoted Drug in Exam Rooms," *New York Times,* Business section, May 15, 2002, 5.

21. Annette Flanagin, Lisa A. Carey, Phil B. Fontanarosa, et al., "Prevalence of Articles with Honorary Authors and Ghost Authors in Peer-Reviewed Medical Journals," *Journal of the American Medical Association* 280 (July 15, 1998): 222-224.

22. *Allegiance Healthcare Corporation v. London International Group, PLC., Regent Hospital Products, Ltd., LRC North America.* United States District Court for the Northern District of Georgia, Atlanta Division. Civil Action No. 1:98-CV-1796-CC, pp. 2-3.

23. *Allegiance v. Regent.* United States District Court for the Northern District of Georgia, Atlanta Division. Civil Action No. 1:98-CV 1796-CC.

24. *Daubert v. Merrell Dow Pharmaceuticals, Inc.,* 43F.3d 1311 (9th Cir 1995).

第八章

1. 二〇〇一年八月二七日が、私の調査の開始日である。

2. *Random House Dictionary* では "conflict of interest" を "the circumstance of a public officeholder, business executive, or the like, whose personal interests might benefit from his or her official actions or influence."「利益相反とは、公職にある者、企業経営責任者などが、彼または彼女の行動・影響力によって、個人的利益を得るかもしれない状況にあること」と定義している。

3. Andrew Stark, *Conflict of Interest in American Public Life,* (Cambridge, Mass.: Harvard University Press, 2000).

4. Stark, *Conflict of Interest*, 123.

5. James Dao, "Rumsfeld Says He Is Limiting Role Because of Stock Holdings," *New York Times,* August 24, 2001.

6. D. F. Thompson, "Understanding Financial Conflicts of Interest: Sounding Board," *New England Journal of Medicine* 329 (1993): 573-576.

7. Association of American Medical Colleges, "Guidelines for Dealing with Faculty Conflicts of Commitment and Conflicts of Interest in Research," *Academic Medicine* 65 (1990): 488-496.

8. Department of Health and Human Services, National Institutes of Health, Conference on Human Subject Protection and Financial Conflicts of Interest, Plenary Presentation (Baltimore, Maryland, August 15-16, 2000) at aspe.hhs.gov/sp/coi/ 8-16.htm, p. 35 (accessed October 31, 2002).

9. *Moore v. Regents of the University of California,* 793 P. 2d 479, 271. Cal Rptr. (1990).

10. *Moore v. Regents of the University of California,* 793 P. 2d 479, 271. Cal Rptr. (1990).

11. *Moore v. the Regents of the University of California,* 51 Cal. 3d 120; P.2d 479.

12. Sheryl Gay Stolberg, "University Restricts Institute after Gene Therapy Death," *New York Times,* May 25, 2000, A18.

13. Jennifer Washburn, "Informed Consent," *Washington Post Magazine,* December 20, 2001, 23.

14. Washburn, "Informed Consent," 23.

15. Deborah Nelson and Rick Weiss, "Penn Researchers Sued in Gene Therapy Death," *Washington Post,* September 19, 2000, A3.

16. Eliot Marshall, "Universities Puncture Modest Regulatory Trial Balloon," *Science* 291 (March 16, 2001): 2060.

17. Department of Health and Human Services, Office of Public Health and Science, Draft, "Financial Relationships and Interests in Research Involving Human Subjects: Guidance for Human Subject Protection." *Federal Register* 68 (March 31, 2003): 15456-15460.

18. "Financial Relationships and Interests in Research Involving Human Subjects," March 31, 2003.

19. Deposition of Dr. Peter Tugwell, United States District Court, Northern District of Alabama, Southern Division, April 27, 1999. File #CV92-1000-S, p. 467.

20. Deposition of Dr. Peter Tugwell, File #CV92-1000-S, p. 447.

21. Deposition of Dr. Peter Tugwell, File #CV92-1000-S, p. 772.

22. Deposition of Dr. Peter Tugwell, File #CV92-1000-S, p. 462.

23. Deposition of Dr. Peter Tugwell, File #CV92-1000-S, p. 488.

24. Silicone Gel Breast Implant Products Liability Litigation (MDL 926). Deposition of Peter Tugwell, U.S. District Court, District of Alabama, Southern Division, April 5,1999,p.116.

25. Ralph Knowles (attorney), interview, November 29, 2001.

26. Barbara S. Hulka, Nancy L. Kerkvliet, and Peter Tugwell, "Experience of a Scientific Panel Formed to Advise the Federal Judiciary on Silicone Breast Implants," *New England Journal of Medicine* 342 (March 16, 2000): 912-915.

27. Hulka, Kerkvliet, and Tugwell, "Experience of a Scientific Panel," 912.

28. Robert Steinbrook, deputy editor, *New England Journal of Medicine,* letter to Ralph I. Knowles Jr., attorney, July 21, 2000.

第九章

1. 次の雑誌もそのひとつである。 *Accountability in Research: Policies and Quality Assurance; Science and Engineering Ethics.*

2. Editorial, "Avoid Financial 'Correctness,"' *Nature* 385 (February 6, 1997): 469.

3. この事例はおもに下記による。 Gilbert Geiss, Alan Mobley, and David Schichor, "Private Prisons, Criminological Research, and Conflict of Interest: A Case Study," *Crime & Delinquency* 45 (1999): 372-388.

4. Lonn Lanza-Kaduce, Karen E. Parker, and Charles W. Thomas, "A Comparative Recidivism Analysis of Releases from Private and Public Prisons," *Crime & Delinquency* 45 (1999): 28-47.

5. Samuel J. Brakel, "Prison Management, Private Enterprise Style: The Inmates Evaluation," *New England Journal of Criminal and Civil Commitment* 14 (1988): 174-214.

6. Geiss, Mobley, Schichor, "Private Prisons," 374.

7. U.S. General Accounting Office, *Private and Public Prisons: Studies Comparing Operational Costs and/or Quality of Service,* report to the Subcommittee on Crime, Committee on the Judiciary, House of Representatives, August 1996, GAO/GGD-96-158.

8. Richard A. Davidson, "Source of Funding and Outcome of Clinical Trials," *Journal of General Internal Medicine* 1(May-June 1986): 155-158.

9. Davidson, "Source of Funding," 156.

10. Lise L. Kjaergard and Bodil Als-Nielsen, "Association between Competing Interests and Authors' Conclusions: Epidemiological Study of Randomized Clinical Trials Published in *BMJ,*" *British Medical Journal* 325 (August 3, 2002): 249-252.

11. Kjaergard and Als-Nielsen, "Association between Competing Interests," 249.

12. K. Wahlbeck and C. Adams, "Beyond Conflict of Interest: Sponsored Drug Trials Show More Favourable Outcomes," *British Medical Journal* 318 (1999): 465.

13. Benjamin Djulbegovic, Mensura Lacevic, Alan Cantor et al., "The Uncertainty Principle and Industry-Sponsored Research," *The Lancet* 356 (August 19, 2000): 635-638.

14. H. T. Stelfox, G. Chua, G. K. O'Rourke, A.S. Detsky, "Conflict of Interest in the Debate over Calcium-Channel Antagonists," *New England Journal of Medicine* 338 (January 8, 1998): 101-106.

15. Stelfox et al., " Conflict of Interest," 101-106.

16. Kurt Eichenwald and Gina Kolata, "Hidden Interest: When Physicians Double As Entrepreneurs," *New York Times,* November 30, 1999, Al, C 16.

17. Mark Friedberg, Bernard Saffron, Tammy J. Stinson et al., "Evaluation of Conflict of Interest in Economic Analyses of New Drugs Used in Oncology," *Journal of the American Medical Association* 282 (October 20, 1999): 1453-1457.

18. Friedberg et al., "Evaluation of Conflict of Interest," 1455.

19. Friedberg et al., "Evaluation of Conflict of Interest," 1456.

20. Friedberg et al., "Evaluation of Conflict of Interest," 1456.

21. Sheldon Krimsky, "Conflict of Interest and Cost-Effectiveness Analysis," *Journal of the American Medical Association* 282 (October 20, 1999): 1474-1475.

22. Paula A. Rochon, Jerry H. Gurwitz, C. Mark Cheung et al., "Evaluating the Quality of Articles Published in Journal Supplements

Compared with the Quality of Those Published in the Parent Journal," *Journal of the American Medical Association* 272 (July 13, 1994): 108-113.

23. Rochon et al., "Evaluating the Quality of Articles," 111.

24. Rochon et al., "Evaluating the Quality of Articles," 112.

25. P. A. Rochon, J. H. Gurwitz, R. W. Simms et al., "A Study of Manufacturer Supported Trials of Nonsteroidal Anti-inflammatory Drugs in the Treatment of Arthritis," *Archives of Internal Medicine* 154 (1994): 157-163.

26. 私は次の二論文を参照した。 Katherine Uraneck, "Scientists Court New Ethics Distinctions: Questions about Litigation and Human Research Puzzle Ethicists," The Scientist 15 (July 23, 2001): 32. James Bruggers, "Brain Damage Blamed on Solvent Use. Railworkers Suffer after Decades of Exposure; CSX Denies Link," *The Courier-Journal,* May 13, 2001.

27. J. W. Albers, J. J. Wald, D. H. Garabrant et al., "Neurologic Evaluation of Workers Previously Diagnosed with Solvent-Induced Toxic Encephalopathy," *Journal of Occupational and Environmental Medicine* 42 (April 2000): 410-423.

28. See ourstolenfuture.org/policy/2001-07niehs.acc.htm. Also, niehs.nih.gov.

29. Dan Fagin and Marianne Lavelle, *Toxic Deception* (Secaucus, N.J.: Carol Publishing Group, 1996), 51.

30. **Blum v. Merrell Dow Pharmaceuticals, Inc.,** Supreme Court of Pennsylvania, 564Pa.3, 764A.2d.1, decided December 22, 2000. Dissent of Justice Ronald D. Castille.

31. *Blum v. Merrell Dow Pharmaceuticals,* 13.

32. United States District Court, Northern District of Alabama, Southern Division. In re: Silicone gel breast implants products liability litigation, (MDL 926), Case No. CV92 -P-10000-S.

33. Letter from M. C. Hochberg, Associate Professor of Medicine, Johns Hopkins University to R. R. LeVier, Dow Corning Corp., February 21, 1991:「研究実施計画書はダウ・コーニング社の科学者からの用意周到な批判に応じて改定された」

34. James R. Jenkins, Dow Corning Corporation, vice president, affidavit, July 10, 1995, record no.0486.

35. Letter from Allan Fudim, attorney (Lester, Schwab, Katz & Dwyer) to F. C. Woodside, Dinsmore & Shohl; G. G. Thiese, Dow Corning Corp.; R. Cook, Dow Corning Corporation, July 2, 1992.

36. John C. Stauber and Sheldon Rampton, "Science under Pressure: Dow-Funded Studies Say 'No Problem,'" *PR Watch Archives* 1, no.1(1996), at private.org/prwissues/ 1996Q1/silicone11.html (accessed November 29, 2001).

37. Nicholas Ashford, "Disclosure of Interest: A Time for Clarity," *American Journal of Industrial Medicine* 28 (1995): 611-612.

38. Department of Health and Human Services, National Institutes of Health, Conference on Human Subject Protection and Financial Conflicts of Interest, Bethesda, MD, August 15-16, 2000, plenary presentation, at aspe.hhs.gov/sp/coi/8-16.htm (p. 36; accessed October 31, 2002).

39. Justin E. Bekelman, Yan Li, and Cary P. Gross, "Scope and Impact of Financial Conflicts of Interest in Biomedical Research: A Systematic Review," *Journal of the American Medical Association* 289 (January 22/29, 2003): 454-465, p.454.

40. Bekelman, Li, and Gross, "Scope and Impact of Financial Conflicts,"

p.463.

第一〇章

1. 一九六三年の推定では、今日の科学の学術雑誌の数は約三万と予想された。See Derek J. de Solla Price, *Little Science, Big Science* (New York Columbia University Press, 1963). ウルリッチ（Ulrich）の医学・科学雑誌のオンライン・データベースによれば一九九七年ですべての言語含めた雑誌数は二万九六八三であった。See Sheldon Krimsky and L. S. Rothenberg, "Conflict of Interest Policies in Science and Medical Journals: Editorial Practices and Author Disclosures," *Science and Engineering Ethics* 7 (2001): 205-218

2. Sheila Slaughter, Teresa Campbell, Margaret Holleman, and Edward Morgn, "The 'Traffic' in Graduate Students: Graduate Students As Tokens of Exchange between Academic and Industry," *Science, Technology and Human Values* 27 (Spring 2002): 283-312.

3. Dorothy Nelkin, "Publication and Promotion: The Performance of Science" *The Lancet* 352 (September 12, 1998): 893.

4. Arnold Relman, "Dealing with Conflict of Interest," *New England Journal Medicine* 310 (May 31, 1984): 1182-1183.

5. Relman, "Dealing with Conflict of Interest," 1182.

6. Marcia Angel, "Is Academic Medicine for Sale?" *New England Journal of Medicine* 342 (May 18, 2000): 1516-1518.

7. Eliot Marshall, "When Commerce and Academe Collide," *Science* 248 (April 13, 1990): 152, 154-156.

8. Sheldon Krimsky, James Ennis, and Robert Weissman, "Academic Corporate Ties in Biotechnology: A Quantitative Study," *Science, Technology & Human Values* 16 (Summer 1991): 275-287.

9. Editorial, "Avoid Financial 'Correctness,"' *Nature* 385 (February 6, 1997): 469.

10. Editorial, "Avoid Financial 'Correctness,"' 469.

11. Editorial, "Declaration of Financial Interests," *Nature* 412 (August 23, 2001): 751.

12. Editorial, "Declaration of Financial Interests," 751.

13. International Committee of Medical Journal Editors, "Uniform Requirements for Manuscripts Submitted to Biomedical Journals," *Annals of Internal Medicine* 108 (1988): 258-265.

14. American Federation for Clinical Research (AFCR), "Guidelines for Avoiding a Conflict of Interest," *Clinical Research* 38 (1990): 239-240.

15. International Committee of Medical Journal Editors, "Conflicts of Interest," *The Lancet* 341 (1993): 742-743.

16. International Committee of Medical Journal Editors, "Statement on Project-Specific Industry Support for Research," *Canadian Medical Association Journal* 158 (1998): 615-616.

17. International Committee of Medical Journal Editors, "Sponsorship, Authorship, and Accountability," *New England Journal of Medicine* 345 (September 1 2001): 825-826.

18. Kevin A. Schulman, Damin M. Seils, Justin W. Timbie, et al., "A National Survey of Provisions in Clinical-Trial Agreements between Medical Schools and Industry Sponsors," *New England Journal of Medicine* 347 (October 24, 2002): 1335-1341.

19.「直近指数」とは、ある雑誌の論文が平均でどのくらい速く引用されるかについての尺度である。それは、ある雑誌に一年間に掲載された論文の本数で、同じ年にそれらが引用された回数を割ることで得られる。.

20. S. van McCrary, Cheryl B. Anderson, Jelena Jakovljevic, et al., "A National Survey of Policies on Disclosure of Conflicts of Interest in Biomedical Research," *New England Journal of Medicine* 343 (November 30, 2000):1621-1626.

21. Sheldon Krimsky and L. S. Rothenberg, "Conflict of Interest Policies in Science and Medical Journals: Editorial Practices and Author Disclosure," *Science and Engineering Ethics* 7 (2001): 205-218.

22. D. Blumenthal, N. Causino, E. Campbell, K. S. Louis, "Relationships between Academic Institutions and Industry in the Life Sciences-An Industry Survey," *New England Journal of Medicine* 334 (February 8,1996): 368-373.

23. Jeffrey M. Drazen and Gregory D. Curfman, "Financial Associations of Authors," *New England Journal of Medicine* 346 (June 13, 2002): 1901-1902.

24. Drazen and Curfman, "Financial Associations of Authors," 1901.

25. Jerry H. Berke, review of *Living Downstream: An Ecologist Looks at Cancer and the Environment* by Sandra Steingraber, *New England Journal of Medicine* 337 (November 20,1997):1562.

26. G. Edwards, T. R. Babor, W. Hall, and R. West, "Another Mirror Shattered? Tobacco Industry Involvement Suspected in a Book Which Claims That Nicotine Is Not Addictive," *Addiction* 97 (January 2002): 1-5.

27. Edwards et al., "Another Mirror Shattered?" 2.

28. Edwards et al., "Another Mirror Shattered?" 1.

29. Edwards et al., "Another Mirror Shattered?" 4.

30. Annette Flanagin, "Conflict of Interest," in *Ethical Issues in Biomedical Publication,* ed. Anne Hudson Jones and Faith McLellan (Baltimore: The Johns Hopkins University Press, 2000), 137.

31. George N. Papanikolaou, Maria S. Baltogianni, Despina G. Contopoulos-Ioannidis et al., "Reporting of Conflicts of Interest in Guidelines of Prevention and Therapeutic Interventions," *BMC Medical Research Methodology* 1(2001):1-6. E-Journal: biomedcentral.com/1471-2288/1/3.

第11章

1. Philip A. Sharpe, "The Biomedical Sciences in Context," in *The Fragile Contract: University Science and the Federal Government,* ed. D. H. Guston and K. Keniston (Cambridge, Mass.: MIT Press, 1994), 148.

2. Walter W. Powell and Jason Owen-Smith, "Universities As Creators and Retailers of Intellectual Property: Life Sciences Research and Commercial Development," in *To Profit or Not to Profit,* ed. Burton A. Weibrod (Cambridge, U.K.: Cambridge University Press, 1991), 192.

3. Derek Bok, "Barbarians at the Gates: Who Are They, How Can We Protect Ourselves, and Why Does It Matter?" A talk given at Emory University, at the Sam Nunn Bank of America Policy Forum titled "Commercialization of the Academy," April 6, 2002.

4. Website of the Association for Science in the Public Interest: public-science.org (accessed August 31, 2002).

5. Jospeh B. Perone, "Phi Beta Capitalism," *The Star-Ledger,* February 25, 2001.

6. Sheila Slaughter and Larry L. Leslie, *Academic Capitalism* (Baltimore: The Johns Hopkins University Press, 1997), 179.

7. Slaughter and Leslie, *Academic Capitalism,* 179.

8. Jeff Gerth and Sheryl Gay Stolberg, "Drug Companies Profit from Research Supported by Taxpayers," *New York Times*, April 23, 2000.

9. Gary Rhodes and Sheila Slaughter, "The Public Interest and Professional Labor: Research Universities," *Culture and Ideology in Higher Education: Advancing a Critical Agenda,* ed. William G. Tierney (New York: Praeger, 1991).

10. Donald Kennedy, "Enclosing the Research Commons," *Science* 294 (December 14, 2001): 2249.

11. Barry Commoner, interview by D. Scott Peterson, April 24, 1973.

12. Barry Commoner, interview by D. Scott Peterson, April 24, 1973.

13. B. Commoner, J. Townsend, and G. E. Pake, "Free Radicals in Biological Materials," *Nature* 174 (October 9, 1954): 689-691.

14. Barry Commoner, "Fallout and Water Pollution--Parallel Cases," *Scientist and Citizen* 7 (December 1964): 2-7.

15. Barry Commoner, *Science and Survival* (New York: Viking Press, 1971), 120.

16. Barry Commoner, an interview with Alan Hall, *Scientific American* 276 (June 23, 1997): 1-5, at sciam.com/search/search_result.cfm (accessed November 29, 2002).

17. Barry Commoner, *The Closing Circle* (New York: Alfred A. Knopf, 1971).

18. D. H. Kohl, G. B. Shearer, and B. Commoner, "Fertilizer Nitrogen: Contribution to Nitrate in Surface Water in a Corn Belt Watershed," *Science* 174 (December 24, 1971): 1331-1333.

19. Barry Commoner, P. Bartlett et al., "Long Range Transport of Dioxin from North American Sources to Ecologically Vulnerable Receptors in Nunavut, Arctic Canada," final report to Commission for Environmental Cooperation (October 2,000).

20. R. K. Byers amd E. E. Lord, "Late Effects of Lead Poisoning on Mental Development," *American Journal of Diseases of Children* 66 (1943): 471.

21. H. L. Needleman, O. Yuncay, and I. M. Shapiro, "Lead Levels in Deciduous Teeth of Urban and Suburban American Children, " *Nature* 235 (1972): 111-112.

22. H. L. Needleman, E. M. Sewell, and I. Davidson et al., "Lead Exposure in Philadelphia School Children: Identification by Dentine Lead Analysis," *New England Journal of Medicine* 290 (1974): 245-248.

23. Herbert L. Needleman, "Salem Comes to the National Institutes of Health: Notes from Inside the Crucible of Scientific Integrity," *Pediatrics* 90 (December 6, 1992): 977-981.

24. Needleman, "Salem Comes to the National Institutes of Health," 977.

25. Luz Claudio, "An Analysis of U.S. Environmental Protection Agency Testing Guidelines," *Regulatory Toxicology and Pharmacology* 16 (1992): 202-212.

26. Holcomb B. Noble, "Far More Poor Children Are Being Hospitalized for Asthma, Study Shows," *New York Times,* July 27, 1999, B1.

第11章

1. Noal Castree and Matthew Aprake, 'Professional Geography and the Corporatization of the University: Experiences, Evaluations, and Engagements," *Antipode* 32 (2000): 222-229.

2. James J. Duderstadt, *A University for the 21st Century* (Ann Arbor: University of Michigan Press, 2000), p.144.

3. Duderstadt, *A University for the 21st Century,* p.144.

4. U.S. House of Representatives, Committee on Energy and Commerce,

Sub-committee on Oversight and Investigations, *House Hearing on the ImClone Controversy*, October 10, 2002.

5. Council on Ethical and Judicial Affairs, American Medical Association, *Code of Medical Ethics* (Chicago: AMA, 2000-2001), xiii. 一九六六年六月までの報告に基づく。

6. American Medical Association, *Code of Medical Ethics,* 69.

7. American Medical Association, *Code of Medical Ethics,* 69-70.

8. American Society of Gene Therapy, "Policy/Position Statement: Financial Conflict of Interest in Clinical Research," April 5, 2000, at www.asgt.org/policy/index.html.

9. The Association of American Medical Colleges, Task Force on Financial Conflicts of Interest in Clinical Research, *Protecting Subjects, Preserving Trust, Promoting Progress* (December 2001), 3.

10. Association of American Medical Colleges, *Protecting Subjects,* 7.

11. Association of American Medical Colleges, *Protecting Subjects,* 7.

12. Association of American Medical Colleges, *Protecting Subjects,* 7.

13. Task Force on Research Accountability, Association of American Universities, *Report on Individual and Institutional Financial Conflict of Interest* (October 2001).

14. Task Force on Research Accountability, *Report on Individual,* 2.

15. Task Force on Research Accountability, *Report on Individual,* 4.

16. Task Force on Research Accountability, *Report on Individual,* 4.

17. Task Force on Research Accountability, *Report on Individual,* 6.

18. Task Force on Research Accountability, *Report on Individual,* 10.

19. Task Force on Research Accountability, *Report on Individual,* 12.

20. June Gibbs Brown, Office of the Inspector General, Department of Health and Human Services, *Recruiting Human Subjects* (June 2000), OEI-01-97-00196, appendix A, pp. 16-17.

21. Policies and Procedures Subcommittee, Executive Committee, Science Advisory Board, U.S. Environmental Protection Agency, *Overview of the Panel Formation Process at the EPA Science Advisory Board* (May 2002), A4.

22. National Institutes of Health, *Guidelines for the Conduct of Research in the Intramural Research Program at NIH,* adopted January 1997, at nih.gov/news/imews/guidelines.htm (accessed July 5, 2002).

23. Department of Health and Human Services, news release, "Secretary Shalala Bolsters Protections for Human Research Subjects," *HHS NEWS*, May 23, 2000.

24. Department of Health and Human Services, Office of the Secretary, "Human Subject Protection and Financial Conflict of Interest: Conference," *Federal Register* 65 (July 3, 2000): 41073-41076, p.41073.

25. At ohrp.osophs.dhhs.gov/humansubjects/finreltin/finguid.htm (accessed July 9, 2002).

26. At ohrp.osophs.dhhs.gov/humansubjects/finreltin/finguid.htm, p.1.

27. Department of Health and Human Services, Office of Public Health and Science, Draft, "Financial Relationships and Interests in Research Involving Human Subjects: Guidance for Human Subject Protection." *Federal Register* 68 (March 31, 2003): 15456-15460.

28. Department of Health and Human Services, "Financial Relationships in Clinical Research: Issues for Institutions, Clinical Investigators, and IRBs to Consider When Dealing with Issues of Financial Interests and Human Subject Protection" in *Draft Interim Guidance* (June 10, 2001), at http://ohrp.osophs.dhhs.gov/humansubjects/ finreltin/finguid.htm.

29. Lori Pressman, ed., *AUTM Licensing Survey: FY 1999* (Northbrook,

Ill.: Association of University Technology Managers, 2000), 2, at www.autm.net/surveys/99/ survey/99A.pdf (accessed October 18, 2002).

30. Peter Shorett, Paul Rabinow, and Paul R. Billings, "The Changing Norms of the Life Sciences," *Nature Biotechnology* 21(2003): 123-125.

31. Mildred K. Cho, Ryo Shohara, Anna Schissel, and Drummond Rennie, "Policies on Faculty Conflicts of Interest at U.S. Universities," *Journal of the American Medical Association* 284 (November 1, 2000): 2203-2208.

32. Cho et al., "Policies on Faculty Conflicts," 2208.

33. David Wickert, "UW Seldom Cuts Researcher, Corporate Ties," *The News Tribune,* October 14, 2002, A10.

34. Bernard Lo, Leslie E. Wolf, and Abiona Berkeley, "Conflicts-of-Interest Policies for Investigators in Clinical Trials," *New England Journal of Medicine* 343 (November 30, 2000): 1616-1620.

35. S. Van McCrary, Cheryl B. Anderson, Jelena Jakovljevic et al., "A National Survey of Policies on Disclosure of Conflicts of Interest in Biomedical Research," *New England Journal of Medicine* 343 (November 30, 2000): 1621-1626.

36. A. Bartlett Giamatti, "The University, Industry, and Cooperative Research," *Science* 218 (December 24, 1982): 1278-1280.

37. Giamatti, "The University, Industry, and Cooperative Research," 1280.

38. Hamilton Moses III and Joseph B. Martin, "Academic Relationships with Industry: A New Model for Biomedical Research," *Journal of the American Medical Association* 285 (February 21, 2001): 933-935.

39. Duff Wilson and David Heath, "Uninformed Consent: They Call the Place 'Mother Hutch,'" *The Seattle Times*, March 14, 2001.

40. Duff Wilson and David Heath, "He Saw the Tests As a Violation of 'Trusting, Desparate Human Beings,'" *The Seattle Times,* March 12, 2001.

第III章

1. Thorstein Veblen, *The Higher Learning in America* (New York: B. W. Huebsch, 1919).

2. Veblen, *The Higher Learning in America,* 170-171.

3. Veblen, *The Higher Learning in America,* 186.

4. A. Bartlett Giamatti, *The University and the Public Interest* (New York: Athenium, 1981), 18.

5. Giamatti, *The University and the Public Interest,* 23.

6. Veblen, *The Higher Learning in America,* 224.

7. Veblen, *The Higher Learning in America,* 190.

8. Barbara L. Culliton, "The Academic-Industrial Complex," *Science* 216 (May 28, 1982): 960-962.

9. Giamatti, *The University and the Public Interest,* 114.

10. James J. Duderstadt, *A University for the 21st Century* (Ann Arbor: University of Michigan Press, 2000), 163-164.

11. Cited in Duderstadt, *A University for the 21st Century,* 154.

12. Giamatti, *The University and the Public Interest,* 132.

13. Talcott Parsons and Gerald M. Platt, *The American University* (Cambridge, Mass.: Harvard University Press, 1975), 293.

14. Ronald B. Standler, *Academic Freedom in the USA,* at www.rbs2.com/afree.htm (accessed June 18, 2002).

15. At www.uh.edu/fsTITF/history.html (accessed June 18, 2002).

16. Richard Hofstader and Walter P. Metzger, *The Development of Academic Freedom in the United States* (New York: Columbia, 1955).

17. Stanley Aronowitz, *The Knowledge Factory* (Boston: Beacon Press, 2000), 65.

18. Jacques Barzun, *The American University* (New York: Harper and Row, 1968), 59

19. このことは、コネチカット大学、ミシガン州立大学、もっとも最近ではタフツ大学という三つの大学で学長を務めたジョン・ディビアジオ（John DiBiaggio）が私に指摘した。

20. Dan Fagin and Marianne Lavell, *Toxic Deception* (Secaucus, N .J.: Carol Publishing Group, 1996), 52.

21. Fagin and Lavell, *Toxic Deception,* 53.

22. Sheldon Krimsky, *Agricultural Biotechnology and the Environment* (Urbana: University of Illinois Press, 1996), 52-53.

23. Teresa Isabelle Daza Campbell and Sheila Slaughter, "Understanding the Potential for Misconduct in University-Industry Relationships: An Empirical View," in *Perspectives on Scholarly Misconduct in the Sciences,* ed. John M. Braxton (Columbus: Ohio State University Press, 1999), 259-282.

24. Duderstadt, *A University for the 21st Century,* 163.

25. Giamatti, *The University and the Public Interest,* 227.

26. Association of Governing Boards of Universities and Colleges, "AGB Statement on Institutional Governance and Governing in the Public Trust: External Influence on Colleges and Universities," Washington, D.C., 2001.

27. Ann S. Jennings and Suzanne E. Tomkies, "An Overlooked Site of Trade Secret and Other Intellectual Property Leaks: Academia," *Texas Intellectual Property Law Journal* 8 (2000): 241-264.

28. Institute of Medicine, Committee on Assessing the System for Protecting Human Research Participants, *Responsible Research: A Systems Approach to Protecting Research Participants* (Washington, D.C.: The National Academies Press, 2003), 74.

29. Hamilton Moses III and Joseph B. Martin, "Academic Relationships with Industry: A New Model for Biomedical Research," *Journal of the American Medical Association* 285 (February 21, 2001): 933-935.

30. David Michaels, Eula Bingham, Les Boden et al., "Advice without Dissent," editorial, *Science* 258 (October 25, 2002): 703.

参考文献

Bok, Derek. Universities in the Marketplace: The Commercialization of Higher Education. Princeton, N.J.: Princeton University Press, 2003.（『商業化する大学』、宮田由紀夫訳、玉川大学出版部、二〇〇四年）

Greenberg, Daniel S. Science, Money and Politics: Political Triumph and Ethical Erosion. Chicago: The University of Chicago Press, 2001.

Kenney, Martin. Biotechnology: The University-Industrial Complex. New Haven: Yale University Press, 1986.

Porter, Roger J., and Thomas E. Malone. Biomedical Research: Collaboration and Conflict of Interest. Baltimore: The Johns Hopkins University Press, 1992.

Rodwin, Marc A. Medicine, Money & Morals: Physicians' Conflicts of Interest. New York: Oxford University Press, 1993.

Slaughter, Sheila, and Larry L. Leslie. Academic Capitalism: Politics, Policies and the Entrepreneurial University. Baltimore: The Johns Hopkins University Press, 1997.

Solely, Lawrence C. Leasing the Ivory Tower: The Corporate Takeover of Academia. Boston: South End Press, 1995.

Weisbrod, Burton A., ed. To Profit or Not to Profit: The Commercial Transformation of the Non-Profit Sector. Cambridge, U.K.: Cambridge University Press, 1998.

Yoxen, Edward. The Gene Business. New York: Harper & Row, 1983.

訳者あとがき

本書はシェルドン・クリムスキー（Sheldon Krimsky）の *Science in the Private Interest: Has the Lure of Profits Corrupted Biomedical Research?*（Romans & Littlefield Publishers, 2003）の全訳である。クリムスキー教授は一九四一年にニューヨークで生まれ、ニューヨーク市立ブルックリンカレッジから物理学で学士号、パーデュ大学から物理学で修士号、ボストン大学から哲学の博士号をそれぞれ取得した。現在はタフツ大学の都市・環境政策計画学科の教授である。環境問題、リスク分析、バイオテクノロジーにかかわる問題、産学連携の弊害などで多くの著作があり、政府・学会の諮問委員会にも多数参加している。

本書が取り上げるのは、産学連携の弊害である。キーワードのひとつになっている利益相反（Conflict of Interest）とは、真理を追究し、学生を教育するという大学教員の使命が、それ以外の利益に妥協してしまうことである。今日、問題となっているのは、企業から研究資金を受けたり、自分でベンチャー企業を起こしたりすると、関係する企業の利益を優先し研究結果を歪めて発表したりすることである。また、スポンサー企業からの依頼や、教員や大学自身の研究成果の商品的価値への期待から、研究成果の公表、研究者同士の情報交換、データの共有などが妨げられる秘匿主義も弊害である。自由で開かれた意見・情報のやり取りで科学が進歩するという大学の価値観が、知識の商品化の流れの中で揺らいでいるのである。捏造のような不正行為、論文発表までの秘匿というのは研究者が出世のために行ってきたことではある。しかし、産学連携がこれらの問題を深刻化させている。

産学連携と利益相反との関係で、クリムスキー教授がもっとも憂慮するのが、産学連携が進むことで、公共の利益のために貢献する科学者が少なくなる点である。教授はとくに「公共」というときに、政治的発言力の弱い、貧困層、マイノリティ民族を指している。企業から研究資金やコンサルタント料を受けている研究者は、企業の利害がからむ科学技術、それにもとづく製品のもたらす安全性・有効性について客観的・中立的な意見が言えなくなる。優秀な科学者ほど、企業から接近されて関係を持っているので、政府が諮問委員会を作ろうとしたり、学術雑誌が論評を求めても、中立な立場の科学者が集まらなくなるおそれがある。

わが国では、「失われた一五年」の打開策、ハイテク産業推進政策として、産学連携が推進されている。大学には教育・研究・社会貢献という三つの使命がある。従来は教育による人材育成ならびに知識の継承、研究による知識の創造が重視されていたが、今日、研究成果の直接的な実用化に関わることでの社会貢献が新たに求められている。しかし、大学の研究者が先端科学技術の持つ可能性と危険性とをわかりやすく市民に説明し啓蒙すること、政府の委員会の諮問委員となり政策決定に対して客観的専門知識を提供することも社会貢献である。企業利益に貢献しているということは、売れるもの、人々が欲しがるものが市場に出ることに協力したことになるのだから社会に貢献していることになる、という論理のもとで、大学の研究者が企業側についてしまうことは問題である。社会貢献の名のもとで産学連携があまり行過ぎると、教育や研究という使命に支障をきたすというトレード・オフが生じるのだが、実は産学連携は社会貢献のひとつに過ぎないので、産学連携の過熱は社会貢献の中でもトレード・オフを生じさせるのである。

たしかに、わが国では産学連携は緒に就いたばかりなので、弊害を顕在化するほど活発になっていないのかもしれないが、アメリカの産学連携に重要な役割を果した一九八〇年の「バイ・ドール法」からほぼ四半世紀後の現状を伝えるために本書の翻訳を行った。さまざまな分野で、アメリカのやり方がグローバルスタンダードになっている今日、産学連携においても、アメリカにおける成功例、いわば光の部分ばかりが紹介されている傾向も否定できない。しかし、その裏には影の部分もある。科学の担い手である大学の価値観が、産学連携によって変容してしまうことは、科学が誤った方向に導かれることになり、長期的には社会にとって大きな損失であることを鋭く指摘した本書を、わが国の読者諸兄姉にも是非紹介したいと考えた。わが国の産学連携はアメリカの周回遅れと言われているが、アメリカの産学連携が生み出す弊害とそれに対処する彼らなりの努力を知り、わが国での政策に反映させることは「後発者のメリット」である。ただ、クリムスキー教授は、政府からの資金で行われている研究は中立でいられると主張しておられ、親ビジネスの共和党議会も地球温暖化の研究を妨げることはできなかったことを例にあげておられるが、評者としてはすこし楽観的すぎるようにも思われる。政府の政策に反対する結果を出すような研究が本当に支援されるのかについては、わが国でも検討する必要があろう。

浅学な訳者が本書の翻訳を完成させるには、さまざまな方からのご支援が必要であった。まず、第一に、京都大学国際融合創造センター教授の澤田芳郎先生には、企画段階からアドバイスを賜り、また、科学社会学関連の用語・人名に関しても教えて頂き、共訳者といってよいほどのご尽力を頂いた。大阪大学生物工学国際交流センター特任研究員の磯山純子先生と、大阪府立大学先端科学イノベーションセンター助手の川西優喜先生には、バイオテクノロジー関係の専門用語のチェックをして頂いた。大阪府立大学経済学部の大学院生の西川浩平君にも入力などでお手伝い頂いた。また、製薬会社の研究開発の最前線にいる義弟の井倉誠泰氏にも、いろいろと教えて頂いた。さらに、原著者のクリムスキー教授にもメールを通してわからないところを教えて頂いた。これらの方々に感謝申し上げる。もちろん最終的な翻訳の責任は訳者にある。なお、原著で「They」となっているところを「彼ら」と訳しているが他意はない。大阪大学時代の恩師山下博先生には、訳者の研究が先生のご専門である経済学史から離れてしまっても、温かく見守って頂いている。今回は、科学思想史に関する記述もあり、多少でも先生の学恩に報いることができれば幸甚である。

国士舘大学政経学部教授の木原英逸先生には海鳴社をご紹介いただだいた。同社編集部にもお世話になった。感謝申し上げる。

訳者に勉学の機会を与えてくれた両親と、この仕事中、励ましてくれた妻琴と（じゃましてくれた）息子圭にも感謝したい。

最後に私事になるが、本書校正中に岳父・森井浩世（大阪市立大学名誉教授）が急逝した。森井は、わが国で産学連携がブームになるずっと以前、学生運動激しき一九六〇年代から、臨床医学研究者として産学連携に真摯に取り組んできた。内分泌学の研究で国際的業績をあげ、多くの研究者・医師を育てる一方、骨粗鬆症の予防など市民への啓蒙活動を通して社会貢献にも尽力した。本書を森井にささげることをお許し願いたい。

二〇〇六年二月

宮田　由紀夫

な行

は行

ま行

や行

さ行

た行

索　引

著者：シェルドン・クリムスキー（Sheldon Krimsky）
1941年、ニューヨーク生まれ。ニューヨーク市立大学ブルックリンカレッジから学士号、パーデュ大学から修士号をそれぞれ物理学で取得し、ボストン大学から哲学の博士号を取得。現在、タフツ大学の都市・環境政策学科教授。環境問題、バイオテクノロジー、産学連携など、科学技術と社会との関係に関する著書・論文多数。
邦訳された著作に、『生命工学への警告』（木村利人監訳、玉野井冬彦訳、家の光協会、1984年）、『ホルモン・カオス』（松崎早苗・斉藤陽子訳、藤原書店、2001年）がある。

訳者：宮田　由紀夫（みやた　ゆきお）
1960年、東京生まれ。大阪大学経済学部卒、州立ワシントン大学（シアトル）材料工学科から学士号、ワシントン大学（セントルイス）工業政策学科から修士号、同大学経済学科から博士号を取得。大阪商業大学講師、助教授を経て、2001年4月より大阪府立大学経済学部教授。専門は産業組織論。
著書としては『アメリカの産業政策』（八千代出版、2001年）、『アメリカの産学連携』（東洋経済新報社、2002年）など。訳書に、ボック著『商業化する大学』（玉川大学出版部、2004年）がある。

産学連携と科学の堕落

2006年6月5日第1刷発行

発行所：㈱海鳴社　http://www.kaimeisha.com/
〒101-0065　東京都千代田区西神田２－４－６　Eメール：kaimei@d8.dion.ne.jp
電話：03-3262-1967　ファックス：03-3234-3643

発行人：辻　信行
組　版：海鳴社
印刷・製本：㈱シナノ

出版社コード：1097
ISBN 4-87525-232-3